跨境资金流动的宏观审慎管理

——上海自贸试验区金融改革开放创新的实践

张新 施琍娅 等著

中国金融出版社

责任编辑：任　娟
责任校对：潘　洁
责任印制：张也男

图书在版编目(CIP)数据

跨境资金流动的宏观审慎管理——上海自贸试验区金融改革开放创新的实践
（Kuajing Zijin Liudong de Hongguan Shenshen Guanli—Shanghai Zimao Shiyanqu
Jinrong Gaige Kaifang Chuangxin de Shijian）/ 张新，施玥娅等著. — 北京: 中国
金融出版社，2018.1

ISBN 978-7-5049-9343-4

Ⅰ.①跨… Ⅱ.①张…②施… Ⅲ.①自由贸易区—金融改革—研究—
上海 Ⅳ.① F832.751

中国版本图书馆CIP数据核字 (2017) 第299360号

出版
发行　**中国金融出版社**

社址　北京市丰台区益泽路2号
市场开发部　(010) 63266347，63805472，63439533 (传真)
网 上 书 店　http://www.chinafph.com
　　　　　　(010) 63286832，63365686 (传真)
　　　　　　读者服务部　(010) 66070833，62568380
邮编　100071
经销　新华书店
印刷　北京市松源印刷有限公司
尺寸　169毫米×239毫米
印张　20.5
字数　282千
版次　2018年1月第1版
印次　2018年11月第2次印刷
定价　50.00元
ISBN 978-7-5049-9343-4
如出现印装错误本社负责调换　联系电话(010) 63263947

前言

党的十九大对新时代的金融工作做了科学部署，强调要"健全货币政策和宏观审慎政策双支柱调控框架，深化利率和汇率市场化改革。健全金融监管体系，守住不发生系统性金融风险的底线"，为我们做好金融工作提供了根本遵循。此前召开的全国金融工作会议也要求"加强宏观审慎管理制度建设""强化人民银行宏观审慎管理和系统性风险防范职责"。党的十八届三中全会通过的《中共中央关于全面深化改革若干重大问题的决定》明确提出："建立健全宏观审慎管理框架下的外债和资本流动管理体系""建立中国上海自由贸易试验区是党中央在新形势下推进改革开放的重大举措，要切实建设好、管理好，为全面深化改革和扩大开放探索新路径、积累新经验"。

人民银行等中央各部委和上海市委、市政府紧密协作，一道认真贯彻落实党中央、国务院关于上海自贸试验区建设的战略部署，先后出台了支持上海自贸试验区建设的上海"金改51条"和"金改40条"，探索建立跨境资金流动的宏观审慎管理等创新制度。上海市委、市政府高度重视自贸试验区金融改革工作，成立了金融工作协调推进小组。上海市委明确要求，"改革与开放互动，深化自贸试验区金融开放与上海国际金融中心建设联动发展。按照宏观审慎、风险可控原则，构建以自由贸易账户为基础的金融开放创新框架，推进资本项目可兑换、人民币跨境使用、金融服务业开放"。

　　人民银行上海总部是上海自贸试验区金融改革任务的具体落实者，2013年以来先后出台了 15 个金融改革落地实施细则。四年来，我在人民银行上海总部有幸组织和参与了一系列有关上海自贸试验区的一线金融改革工作。我的体会是，要将国家关于自贸试验区建设的宏伟蓝图付诸实施，需要基层结合实际开展很多艰苦细致的工作，跨境资金流动的宏观审慎管理就是其中一项非常重要的探索。

　　回顾四年来上海自贸试验区的金融改革之路，我们深深地认识到，服务好实体经济，建设开放型经济新体制，做好金融风险的预警识别、早期干预及管理，需要我们在理论和实践上进行创新，坚持推改革与防风险"两条腿走路"，探索出一条既符合国际公认规则，又适合中国特色的金融对外开放新路径。上海自贸试验区建设给了我们一块很好的"试验田"。

　　在这块"试验田"中，我们从金融更好地服务实体经济参与全球竞争和防范金融风险的双维角度，率先探索实施了跨境资金流动的宏观审慎管理。其创新点在于：以本外币一体化的自由贸易账户为基础，将宏观审慎管理功能内嵌自由贸易账户监测管理信息系统，依托该系统对微观主体和宏观总量的跨境资金流动监测预警功能，创造性地设计使用了境外融资杠杆率、宏观审慎调节参数和风险转换因子等宏观审慎管理工具，实现了加强宏观审慎管理与放松微观企业跨境资金流动限制的双重目标。这套跨境金融领域的宏观审慎管理规则目前已产生了较好的社会和经济效益。

　　在上海市委、市政府的大力支持下，人民银行在上海自贸试验区创新性地建设了自由贸易账户体系，搭建了一个适应金融开放、有利于金融风险管理的"电子围网"。在这套系统支撑下，我们在上海自贸试验区率先建立了跨境资金流动的宏观审慎管理新模式，打破了长期以来依托政府监管部门逐案行政审批的金融管理模式，赋予了实体经济在规则范围内自主开展境外融资的权利，为实体经济合理、有效地利用境外金融资源提供了更便捷的渠道，也为开放条件下的金融风险管理探索了一条新路径，积累了新经验。

四年来，上海自贸试验区进行了一系列简政放权、放松管制的金融改革。这期间不但没有发生区域性、系统性金融风险，甚至也没有发生一起重大的个案风险事件。这些充分表明，依托自由贸易账户体系实现的金融改革开放创新以及相应的跨境金融风险宏观审慎管理是有效的。以自由贸易账户为基础的跨境资金流动宏观审慎管理框架，在国际金融领域也是一项制度首创，得到了国际上的广泛关注和专业认可。

有鉴于此，我们组织参与上海自贸试验区金融改革的一线工作人员对四年来的实践和思考进行了梳理、总结，汇编成此书，希望为下一步推进自贸试验区金融改革和全国金融改革开放、构建全方位的宏观审慎管理政策框架提供参考和借鉴。

本书系统梳理了上海自贸试验区在推进金融改革开放过程中搭建跨境资金流动宏观审慎政策框架的过程，包括背景、理论思考、自由贸易账户体系建设、宏观审慎管理的一套规则、跨境金融风险预警监测和宏观审慎政策工具应用等内容。总体上，本书遵循了从理论到实践的逻辑，重点是宏观审慎管理政策在上海自贸试验区跨境资金流动管理中的实践。这一实践既有效服务了实体经济，也大大推进了资本项目可兑换进程，更是宏观审慎管理的有益实践，可以说是上海自贸试验区最受企业欢迎的改革之一，具有重要的现实意义。

上海自贸试验区金融改革作为一项重要的区域性金融改革，与上海国际金融中心建设形成了很好的联动机制。依托自由贸易账户体系构建的跨境资金流动宏观审慎管理政策框架及其实践在前期的自贸试验区金融改革中发挥了重要作用，但这不是全部，上海自贸试验区金融改革还需要在对标国际高阶贸易投资规则方面下更多工夫。尤其是在上海自贸试验区金融改革和上海国际金融中心建设联动推进过程中，在发挥服务"一带一路"建设和企业主体"走出去"的"桥头堡"作用方面，我们需要抓住宝贵的战略机遇，主动对接，主动作为，把那些有利于建设开放型经济新体制的措施试深试透，并在实践中形成可在全国复制推广的新经验。从这一点来看，上海自贸试验区金融改革还任重而道远，跨境资金流动的宏观审慎管理模式也还需要不断完善优化。

目 录

第一章　上海自贸试验区跨境宏观审慎管理的核心思路与综述

　　自2013年9月中国（上海）自由贸易试验区（以下简称上海自贸试验区）挂牌启动以来，已有四年多的时间。四年多来，国务院印发了三份关于上海自贸试验区建设的方案，对金融改革提出了一系列新要求。人民银行、银监会、证监会和保监会也相应出台了一系列新举措。人民银行上海总部等作为在上海的金融管理部门，一个重要使命就是在上海市委、市政府的指导下，将国务院、各部委关于上海自贸试验区的部署落地实施，跨境资金流动的宏观审慎管理就是其中一项重要的开创性的探索。上海自贸试验区率先于2015年2月探索实施了跨境资金流动的宏观审慎管理体系。本章将概览式地介绍上海自贸试验区跨境资金流动宏观审慎管理的核心思路及其重点内容，作为本书的开篇。

第一节 | 从跨境资金流动的角度看宏观审慎管理制度

宏观审慎政策框架是一个动态发展的框架,其主要目标是维护金融稳定、防范系统性金融风险。其主要特征是建立更强的、体现逆周期性的政策体系。其主要内容包括对银行的资本要求、流动性要求、杠杆率要求、拨备规则,对系统重要性机构的特别要求、会计标准、衍生产品交易的集中清算等。

宏观审慎政策框架形成于2008年国际金融危机深化以后。2009年9月,在G20匹兹堡峰会上,最终形成的会议文件中开始正式引用"宏观审慎管理"和"宏观审慎政策"的提法。2010年,在党的十七届五中全会形成的决议文件中,明确提出要"构建逆周期的金融宏观审慎管理制度框架"。党的十八届三中全会通过的《中共中央关于全面深化改革若干重大问题的决定》中明确提出"建立健全宏观审慎管理框架下的外债和资本流动管理体系"。2017年7月,习近平总书记在第五次全国金融工作会议上强调,要强化人民银行的宏观审慎管理职责,防范系统性金融风险。

建立完善宏观审慎管理制度是中央对金融改革工作的一项明确要求,也是上海自贸试验区先行先试的重要内容。从国内外已有的宏观审慎管理经验来看,宏观审慎管理的着力点主要是应对金融机构经营行为的顺周期性,使信贷平稳增长。在上海自贸试验区金融改革过程中,我们发现要扩大金融开放与创新,让企业充分利用国际、国内两个市场、两种资源,放开跨境资金流动并有效防范其风险是绕不开的一环。因此,我们试图探索建立跨境资金流动的宏观审慎管理制度。从跨境资金流动的角度看,宏观审慎管理制度应该具有以下特点:

一是要体现逆周期调控。跨境资金流动与银行信贷一样,也有明显的顺周期性，其表现在跨境资金的大进大出上。受经济金融大环境和预期等因素的影响，跨境资金有时持续大幅流入，有时持续大幅流出。跨境资金异常流动影响很大，严重时会引起或加剧金融危机。跨境资金流动的宏观审慎管理就是要实现对跨境资金流动的逆周期调控，通过宏观审慎管理工具实施逆周期调控，打破汇率下跌、资本流出、外汇储备下降的恶性循环，防止跨境资金流动的顺周期现象和异常波动。

二是要抓住系统重要性机构。这些机构的跨境资金流动规模较大，它们可以是金融机构，也可以是大型企业。它们对资本流出、流入的整体冲击较大，对跨境资本流动管理的全局工作影响显著。因此，宏观审慎管理要重点关注和管住这些系统重要性机构。

三是要能防止预期引发的"羊群效应"。由预期引发的"羊群效应"对跨境资金流动的影响十分明显，一个常见的现象是企业和个人的结售汇容易产生跟风行为，出现集中购汇或售汇，影响外汇供需和外汇储备，进而对汇率产生显著影响。宏观审慎管理要能抑制这种效应的蔓延。

四是出发点与核心在于"放、管、服"。简政放权、放管结合、优化服务是政府职能转变的重要举措，也是上海自贸试验区建设的重要内容。宏观审慎管理最终要有利于放松管制，让微观更有活力，所以要管理好宏观。

第二节 ｜ 自贸试验区金融改革和跨境金融风险管理的基本框架：以账户为基础的宏观审慎管理

按照上文所述思路，从推进金融改革和加强风险管理的双维角度，我们在上海自贸试验区探索构建了适应开放环境的跨境资金流动宏观审慎管理体系。这一体系以本外币一体化的自由贸易账户为基础，将宏观审慎管理功能内嵌自由贸易账户监测管理信息系统，依托该系统对微观主体和宏观总量的跨境资金流动监测预警功能，创造性地使用了境外融资杠杆率、宏观审慎调节参数、风险转换因子等宏观审慎管理工具，实现了宏观审慎管理与放松微观企业跨境资金流动管制的双重目标。

其操作流程（详见图1-1）包括：一是合并账户，将外汇与人民币账户合并形成以结算主体为核心的单一账户，即自由贸易账户。二是构建以自由贸易账户监测管理信息系统为基础的"一线放开、二线管住"的金融"电子围网"环境，管住区域改革的金融外溢风险。三是颁布宏观审慎制度。取消对微观企业跨境资金流动的事前审批，加强事中、事后监管，通过宏观审慎工具对微观企业跨境资金流动和宏观总量实施调节。四是实时监测企业行为。通过自由贸易账户监测管理信息系统对企业实行逐企业、逐笔、7×24小时的实时监测，并将宏观审慎制度嵌入系统。五是依靠自由贸易账户监测管理信息系统进行监测预警。发现问题后及时通知银行处置企业，或者实施宏观审慎调节。

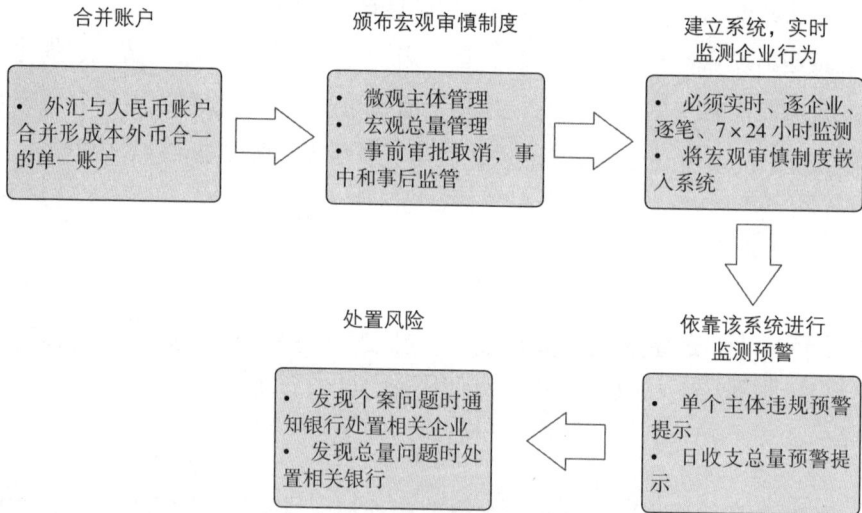

图1-1 上海自贸试验区跨境资金流动宏观审慎管理体系的操作流程

下文将就上述环节做详细介绍。

第三节 | 从合并账户做起：建立本外币合一的自由贸易账户

我国现行的账户管理体系除一般结算户外，均为专户模式，专户专管，专款专用。目前，各类人民币银行结算专用账户多达12个，其中外商直接投资相关账户6个，外来证券投资相关账户5个，跨境人民币资金池账户1个。外币银行结算专用账户一度多达63个，其中经常项目账户15个，资本项目账户38个，其他账户10个。

专户模式的账户管理有利于监管，方便做到可控、可管、可定向。开户前需要审批或者备案，专户的使用规则可根据监管需要随时制定，管理的作用点可定向确定。但同时，专户模式也提高了企业的财务管理成本。尽管分散于各账户内的资金都归属于同一主体，但"买油的钱不能买米"，多账户需要雇多人进行管理，一旦资金使用违反规定，就会面临处罚，资金分散导致财务收益低、操作成本高。对银行来说，不同账户适用不同规则，占用了系统资源，降低了服务效率。专户管理模式与宏观审慎管理模式下放开微观管制、管住宏观风险的理念相悖。

为合并精简账户、推进风险管理和改革，我们经过研究论证，最终决定建立自由贸易账户。实际上，在上海自贸试验区金融改革政策论证初期，我们面临以下三种选择。

一是以区内金融机构为基点，即所有金融机构创新业务只允许在自贸试验区设立的金融机构办理。这就要求金融机构必须在自贸试验区内设立物理形态的机构网点，使得自贸试验区内金融服务的成本大幅提高；且从某种角度来看，这与后期联动上海国际金融中心建设的目标也不相符。

二是以业务为基点，即以业务准入试点的方式允许部分金融机构开展自贸试验区金融创新业务。这就涉及新设行政许可和准入管理，不符合自贸试验区建设中转变政府职能、简政放权的初衷。同时，一项一项业务的准入管理，也不利于在自贸试验区框架下实现整体推进金融改革开放创新，为国家全面推行金融改革开放探索新路径、积累新经验的目标。

三是以账户为基点，即上海金融机构按照规则建立自由贸易账户分账核算单元，通过自由贸易账户为区内及境外主体提供创新型金融服务。这就需要金融机构在内部建立分账核算体系，人民银行同步建立相应的监测管理信息系统进行支持。

权衡利弊后，本着公平竞争、成本节约以及风险可控的原则，我们选择了第三种方式，开发建设了自由贸易账户监测管理信息系统。在"创新有利于风险管理的账户体系"思想指导下，我们梳理了现有的账户体系及其对应的管理框架，并针对实体经济对跨境金融服务的需求和自贸试验区建设定位以及自贸试验区金融改革的方向，从统一本外币账户和账户规则着手，形成了以经济主体为核心的自由贸易账户这一单一账户体系概念。上海自由贸易账户体系按主体分类标识账户，共设有区内企业账户、境内个人账户、境外企业账户、境外个人账户、金融机构账户等五类账户。

在本外币合一的自由贸易账户体系下，企业等主体可以开立一个以人民币为本位币、本外币规则统一的可兑换账户，即以一个自由贸易账户可以办理本外币跨境结算和人民币境内结算，账户内本外币资金可兑换。这解决了一直以来数十个专用账户"专户专管、专款专用"带来的账户众多、资金分散、成本高企、规则不一等问题。以上海自贸试验区内在线视频企业PPTV为例，其借用了3年期的8700万欧元，购买英超、西甲、欧冠等体育赛事的转播权，涉及多币种进口支付。该企业在自由贸易账户的服务下，灵活地将资金兑换成欧元、英镑后对外支付，比境内先进行人民币贷款后兑换成各种外币节省了5000多万元成本，同时还省却了许多汇兑环节的手续和成本。

自由贸易账户可以办理企业日常经营活动相关的所有经常项下交易的

跨境本外币结算和境内人民币结算、实业投资项下的跨境本外币结算和境内人民币结算、跨境及区内本外币融资结算等，可以按规定办理境内同名账户间的人民币资金划转，主要包括经常项下交易，如境内物料采购、劳务及服务采购、公用事业费支付、税费支付等企业日常经营所需的划转；各项实业投资相关的划转；偿还自身名下超过6个月存续期的上海市银行业金融机构的借款（含中期票据、短期融资券等）；人民银行上海总部规定的其他跨境交易。

在"成熟一项，推出一项"的规则下，自由贸易账户目前已经提供并开展的服务主要有：经常项下跨境结算，跨境并购、跨境投资等资本项下跨境结算，跨境电子商务结算；信用证、保函、银行承兑汇票，贸易融资，跨境担保；外汇买卖，外汇衍生品；本外币存款、理财，跨境存单；外币信贷，境外融资，对外放款，同业拆借，中长期借款，自贸债发行及交易，境外债券买卖，买入返售资产，卖出回购资产；黄金交易国际板业务、自贸区大宗商品现货交易、集中清算模式下的商品相关指数产品交易如保税铜溢价等；全功能型人民币跨境双向资金池；对海外引进人才的跨境金融服务；等等。

第四节 ｜ 建立放松事前审批和加强事中、事后管理的自由贸易账户监测管理信息系统

自贸试验区设立后，管理部门制定并公开跨境资金流动的标准和规则，取消事前审批，但放开跨境资金流动也具有很大的风险。这些风险从个体上讲，主要是资金外逃、洗钱、恐怖融资和恶意逃税的风险；从宏观上讲，主要是"热钱"大规模流入和流出，冲击我国货币政策、证券市场和外债过度膨胀的风险。要控制这些风险，加强金融开放和简政放权后的事中、事后管理与风险防范，就必须要有一个强大的监测管理信息系统，以适应瞬息万变

的金融市场形势与金融环境。为此，依托自由贸易账户，在上海市委、市政府的大力支持下，人民银行在上海建立了自由贸易账户监测管理信息系统（详见图1-2）。

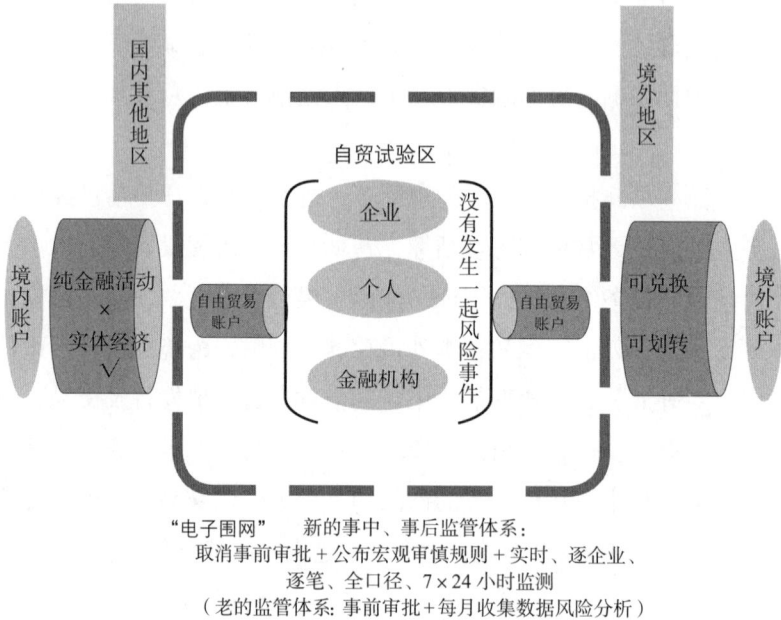

"电子围网"　　新的事中、事后监管体系：
取消事前审批＋公布宏观审慎规则＋实时、逐企业、
逐笔、全口径、7×24小时监测
（老的监管体系：事前审批＋每月收集数据风险分析）

图1-2　上海自贸试验区自由贸易账户监测管理信息系统

这套系统主要具有如下特点与功能：

一是具有实时监测功能。原有的系统多数是按月或旬、周汇总数据，时效性不够，不能适应简政放权后跨境资金流动瞬息变化的市场环境。自由贸易账户系统在数据收集方面，能够实现对跨境资金流动的企业和个人"逐笔交易、一星期7天、每天24小时"的实时监测。

二是具有强大的事中、事后管理和宏观审慎管理功能。系统将管理与信息监测融为一体，将宏观审慎管理功能内嵌系统，依托这个系统可以自动计算企业和金融机构能够从境外融资的上限，通过监测实现预警功能。当发

现个体超过融资上限或其他不正常行为时，可以对企业进行提醒纠正；当发现宏观的跨境资金流动总量超过管理部门预设上限时，可以采取宏观审慎管理等措施。自由贸易账户系统是开展跨境资金流动宏观审慎管理的重要支撑。

三是具有反洗钱、反恐怖融资、反逃税的"三反"监测功能。依托这一系统，完善了自贸试验区"三反"资金监测系统和可疑交易报告机制，成立了跨境资金流动的实时监测室，重点监测涉及洗钱的高风险行业、高风险产品和过度利用"避税天堂"的异常跨境交易等可疑行为，充分运用大数据信息，不断提升自贸试验区"三反"措施对金融开放创新态势的适应性。

四是具有"电子围网"功能。资金是流动的，区域性金融改革的难点是如何阻断改革风险的外溢。通常的办法是封闭式的物理隔离，在一个封闭的区域搞改革。这种办法显然不符合建立开放型经济新体制的要求。另一个办法就是"电子围网"，在保持开放的同时实现风险隔离。自由贸易账户系统为金融机构建立了分账核算的一系列制度安排，通过提供"电子围网"式的服务，实现了自贸试验区内与境内、境外资金的有序流动，同时有效隔离金融风险，最终实现了"一线高度放开、二线高效管住"的目标。

第五节 | 颁布和实施"电子围网"环境下的宏观审慎管理制度

以自由贸易账户为载体的金融机构分账核算管理形成的"电子围网"是宏观审慎管理落实的基础。分账核算规则主要体现在"二十字要求"上。在账户和核算上的要求为"标识分设"和"分账核算"。"标识分设"是指金融机构应在自贸试验区分账核算单元中为区内主体及境外机构开立自由贸易账户。所有自由贸易账户的账号必须加相应的前缀同步标识。"分账核算"

是指金融机构应建立独立的核算科目体系，确保分账核算业务及资金与其他业务及资金分开核算。金融机构在为自由贸易账户办理本外币资金的出账、清算、兑换、入账等业务时，应确保账户前缀标识在业务流程中全程体现。在信息报送上的要求为"独立出表"和"专项报告"。"独立出表"是指金融机构应就分账核算业务编制独立的损益表、资金来源运用表以及业务状况表等报表，并聘请在境内注册的会计师事务所进行审计。各类报表应于每个会计年度结束后三个月内上报中国人民银行上海总部。"专项报告"是指金融机构应就分账核算业务发展规划、可能发生的风险隐患以及重大事项等向中国人民银行上海总部专项报告。在境内区外相对隔离上的要求为"自求平衡"，即金融机构应按自求平衡原则对分账核算业务进行管理，并建立资金、敞口、杠杆率、流动性和风险控制等市场化运作管理的内部业务管理流程，以及相应的应急预案（见图1-3）。

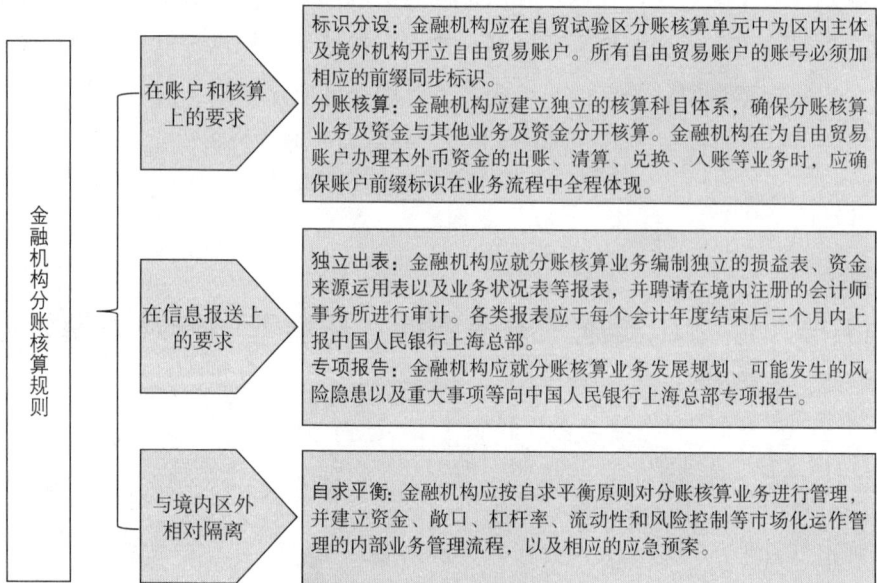

金融机构分账核算规则

在账户和核算上的要求
标识分设：金融机构应在自贸试验区分账核算单元中为区内主体及境外机构开立自由贸易账户。所有自由贸易账户的账号必须加相应的前缀同步标识。
分账核算：金融机构应建立独立的核算科目体系，确保分账核算业务及资金与其他业务及资金分开核算。金融机构在为自由贸易账户办理本外币资金的出账、清算、兑换、入账等业务时，应确保账户前缀标识在业务流程中全程体现。

在信息报送上的要求
独立出表：金融机构应就分账核算业务编制独立的损益表、资金来源运用表以及业务状况表等报表，并聘请在境内注册的会计师事务所进行审计。各类报表应于每个会计年度结束后三个月内上报中国人民银行上海总部。
专项报告：金融机构应就分账核算业务发展规划、可能发生的风险隐患以及重大事项等向中国人民银行上海总部专项报告。

与境内区外相对隔离
自求平衡：金融机构应按自求平衡原则对分账核算业务进行管理，并建立资金、敞口、杠杆率、流动性和风险控制等市场化运作管理的内部业务管理流程，以及相应的应急预案。

图 1-3　金融机构分账核算规则

金融机构以自由贸易账户为基础建立的分账核算制度，为上海自贸试验区金融改革提供了一个"电子围网"式的金融监管环境，主要体现在：一是对跨境一线资金流动实行宏观审慎基础上的全面放开，区内自由贸易账户之间、区内与境外之间资金可兑换、可划转。二是对境内二线资金流动采取了有限渗透管理，区内自由贸易账户与境内区外同名账户可通过经常项下业务、偿还贷款与实业投资等通道划转，异名账户划转视同跨境管理。在上述"电子围网"环境下，在以下两个层面实施总量管理：

首先是对金融机构层面的总量管理。

（1）防止人民币资金在跨境收支领域过多地向内渗透。根据既有规则，金融机构试验区分账核算单元（FTU）可以通过内部联行往来的方式在其境内法人机构开立人民币清算专用账户，用于系统内及跨系统清算。该账户的日常管理应满足以下三个公式条件：

① FTU清算账户日末余额≤该日清算收支净收额的10%×宏观审慎调节参数；

② FTU清算账户月内日终累计净额≤10亿元；

③ FTU清算账户按月的日余额累计≤0。

（2）要求FTU资金遵循"自求平衡"的原则。FTU资金应来源于区内和境外，用于区内和境外。当出现流动性问题时，其境内总行负责提供人民币的最终流动性支持。

（3）明确外币资金无渗透。FTU的自营外汇头寸管理须在区内及境外平盘，不得进入境内银行间市场平盘或纳入其境内总行结售汇综合头寸管理。

其次是对实体经济层面的总量管理。

（1）明确区内自由贸易账户与区外同名普通账户之间划转的"四通道"规则，即经常项下业务，偿还自身名下且存续期超过6个月（不含）的上海市银行业金融机构发放的人民币贷款，新建投资、并购投资、增资等实业投资，人民银行上海总部规定的其他跨境交易（见图1-4）。

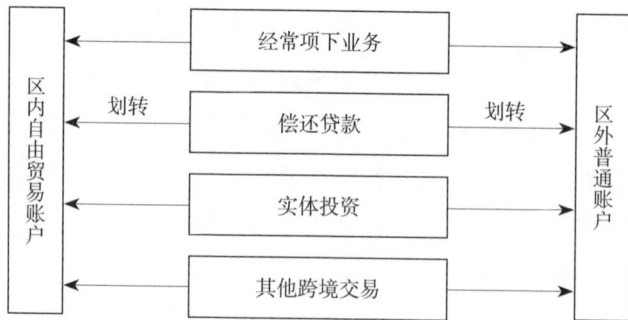

图1-4　自由贸易账户与二线区外资金划转的通道

（2）明确异名账户之间按跨境人民币规则办理结算。银行需要根据"展业三原则"对业务的真实性及合规性进行相应的审核。

（3）明确外币资金无渗透。企业层面的二线资金流动只能以人民币进行，即自由贸易账户提供跨境资金流动可自由选择币种，但境内只能以人民币结算划拨。

第六节｜探索"长臂监测"　将监测视野辐射到全球

"长臂管理"的提法起源于美国司法领域的长臂管辖权。为了避免国家财富与税收的流失，识别和防范资本外逃，美国很早就确立了对境外投资、返程投资等的长臂管辖权。长臂管辖是美国为了扩大其司法管辖权而发展起来的，它常常会因侵犯他国的司法主权而受到有关国家的反对，是一个有争议的概念。

长臂管理应用到经济领域，从大的方面可以划分为管理和信息监测两大方面。在管理上，实施长臂管辖，需要将国内的有关经济管理权限扩大管辖空间，延伸到与境内企业或个人有关联关系的境外主体，并继续加强追踪，乃至跟踪到最底层交易。在信息监测上，可以由境内关系人将境外关联方的相关信息向境内管理部门申报。境内管理部门可以广泛采集信息，对与境内主体有关联关系的一系列主体的交易信息进行综合监测。

目前，我国对外投资日益增加，已超过吸引外资金额，我国已经成为净对外投资国。在这种情况下，需要对我国的对外经济交往尤其是开展对外投资交易的企业进行监测。监测和美国的长臂管理并不一样。长臂管理的方式更加强有力，包括法律、行政、税收、金融等。

对流出境外的我国资金进行跟踪监测是一个重要探索。众所周知，资金依托开立在银行体系的账户和网络流动，在人民币作为我国发行的法定货币以及国际货币清算规律的作用下，建立人民币跨境流动的"长臂监测"是可行的。国际主要货币发行国一般都建立了对其发行货币资金流动的全方位监测体系，以支持反洗钱、反恐怖融资和反逃税的开展。

"长臂监测"是对资金发生跨境流动的相关环节的延伸监测，以了解资金流出或流入的后续情况。依托自由贸易账户系统和人民币作为我国发行货币的天然优势，上海自贸试验区在推进金融改革的过程中，尝试探索建立跨境资金流动的"长臂监测"工作机制，自由贸易账户系统可以监测跨境资金流出后的境外流向与分布，让我们做到心中有数。当然，这种探索目前还是初步的，需要进一步完善。

第七节 | 宏观审慎管理在跨境融资领域中的实际应用

上海自贸试验区跨境资金流动宏观审慎管理制度主要是在跨境融资领域率先应用，核心是利用宏观审慎参数和结构性参数调节跨境融资的总量与结构。其主要特点包括以下几个方面：

一是本外币一体化管理。企业可以在统一的规则内，自主决定从境外融资的币种和期限等。原来，本外币境外融资实施不同的规则，而且由不同的部门管理审批，企业很不方便，效率低，成本高。

二是依托自由贸易账户系统，建立公平统一的宏观审慎管理规则。依托规则对跨境融资总量实行上限管理，在上限内不再实行事前审批，由企业自主决策。其规则是跨境融资风险加权余额≤跨境融资上限。

跨境融资上限=资本×杠杆率×宏观审慎调节参数。其中，资本包括实收资本（股本）和资本公积；杠杆率按主体类型设定，区内法人企业为2，不同类型的金融机构分别设置了不同的杠杆率，这样就抓住了系统重要性机构；宏观审慎调节参数初始值为1，可根据宏观形势调整。

跨境融资风险加权余额=∑跨境融资余额×期限风险转换因子×币种风险转换因子×类别风险转换因子。期限风险转换因子方面，中长期融资的期限风险转换因子设定为1，短期融资的期限风险转换因子设定为1.5。币种风险转换因子方面，人民币计价结算的跨境融资为1，以外币计价结算的为1.5。类别风险转换因子方面，表内融资的风险转换因子设定为1，表外融资（或有负债）的风险转换因子设定为0.2和0.5两档。

三是宏观审慎管理工具既包括总量性工具，也包括结构性工具。结构性工具对于控制跨境资金流动的风险非常重要，也是对宏观审慎管理工具的创新和丰富。在上述宏观审慎管理规则中，包含了宏观审慎调节参数和融资杠杆率两个总量性工具，可以根据形势实施逆周期的调节。同时，也可通过调整期限风险转换因子、币种风险转换因子与类别风险转换因子对跨境融资进行结构管理。例如，如果想减少外币负债，就可以提高外币融资的风险转换因子；反之，则降低外币风险转换因子，通过调整币种风险转换因子优化跨境融资结构，防范汇率风险。同样，通过调整期限风险转换因子，可以优化跨境融资的期限结构，防范期限错配风险。

四是宏观审慎管理依托于自由贸易账户系统。跨境资金流动的宏观审慎管理需要依靠功能强大的系统来实现。上海自贸试验区的实践是依托于自由贸易账户系统，将宏观审慎管理的功能内嵌系统，系统可以自动计算企业跨境融资的上限，人民银行、外汇局可实时监测。在传统的管理模式下，监管部门需对企业跨境融资进行事前审批，业务发生之后进行数据采集，时效相对滞后。在宏观审慎管理的新模式下，事前审批转为事中、事后监管，建立与风险管理能力相匹配的自由贸易账户实时监测系统，该系统直接从银行采集相关数据，银行的业务可同步映像反映在自由贸易账户系统中，人民银行、外汇局可实施逐企业、逐笔、全口径、7×24小时的实时监测。

五是设立监测预警指标体系。系统内嵌设了一系列微观和宏观运行的预警指标，既可以发现单个主体在某一领域的违规现象，也可以发现总量、宏观以及价格等层面的苗头性、趋势性现象，如单一账户出现异常收支时的预警、当日收支总量达到一定规模时的预警等。预警设置I、II、III三级，分别对应不同的规模或现象，并配以相应的行动方案。非现场监测预警指标体系主要包括四类：流量预警指标、交易预警指标、先行预警指标、业务评估监测指标。当系统监测到企业跨境融资超过上限或者自贸试验区跨境融资总量超过我们预设的上限时，系统可以自动报警，人民银行、外汇局可视情况采取措施，或者启用相应的宏观审慎管理工具。

六是人民银行和金融机构之间的监管直通处理机制。这一制度特别强调金融机构对人民银行宏观审慎措施的正响应机制建设，要求金融机构能够对人民银行发出的风险监管指令实施第一时间见效的快速响应。具体执行中，只要发现某一区内主体（企业或金融机构）对外举债超过规定的境外融资/资本杠杆率×宏观审慎调节参数，人民银行就会向整体金融体系发出信号，整个自由贸易账户体系将不再为该企业办理任何的跨境融资业务，必须等既有外债合约到期还款后才能释放新的举债空间。同样地，当发现自贸试验区整体对外举债出现结构性偏离，如短期外债偏多或外币外债偏多时，人民银行将直接调节相应的期限风险转换因子或币种风险转换因子，引导区内主体调整举借外债的期限结构和币种结构。

为了确保金融机构能够建立对跨境资金流动和风险宏观审慎管理的正响应机制，人民银行还针对自由贸易账户体系建立了风险审慎合格评估机制，评估的内容包括金融机构内部授权管理情况、分账核算科目设置、账务处理等财务会计核算制度、分账核算业务的财资管理及跨境风险管理制度、金融机构试验区分账核算中各项业务的处理流程、金融机构"展业三原则"的落实情况、金融机构内部风险控制落实措施、金融机构内部应急预案措施以及金融机构相关系统准备情况等。风险审慎合格评估由学术专家和实践专家共同组成。

第八节 │ 跨境宏观审慎管理带来的制度和改革红利

上海自贸试验区率先探索建立的跨境资金流动宏观审慎管理制度以"创新有利于风险管理的账户体系"为抓手，试图解决阻碍金融服务实体经济和涉外风险管理能力提升的关键矛盾，取得了一定的成效。

一是实现了跨境及境内结算便利化。上海自贸试验区金融改革不是通过"一放了之"的方式来推动金融的开放，而是通过自由贸易账户体系建设将原本分开隔离的本外币管理统一在一个账户体系内，为实体经济解决了跨境贸易投资活动中账户繁多、资金分散、管理不一、成本高企的问题，有力地提升了金融机构向实体经济提供跨境金融服务的能力。一个自由贸易账户解决了实体经济跨境收支币种的自由选择问题和境内日常生产经营活动、实业投资以及银行贷款借、用、还的人民币结算问题。2017年9月底，已经发生的跨境收支累计折合人民币15万亿元，境内结算人民币13万亿元，累计汇兑折合人民币近3万亿元。

二是实现了跨境融资便利化。在全新的跨境融资宏观审慎管理政策框架下，区内主体可以充分利用境内外两个市场、两种资源来切实解决融资难、融资贵的问题。目前，自由贸易账户实现的融资折合人民币近万亿元，涉及的币种包括人民币、美元、欧元、日元和英镑等。人民币跨境融资利率平均仅为3.9%，比国内融资低30%~50%。

三是支持了上海科创中心建设。支持科技创新领域中海外高层次人才引进，以比肩国际的跨境金融服务满足了引进的海外人才在境外的子女教育、公共服务、养老保险、医疗保险等各种需求，极大地改善了人才引进环境。与此同时，建立了覆盖科技创新全生命周期内各个阶段不同企业的跨境金融服务需求。启动了有利于企业集团在岸集中管理全球资金的全功能型人民币跨境双向资金池服务。2017年9月底，科创企业已累计发生跨境收支折合人民币537亿元，境内人民币结算2221亿元。

四是取得了可复制、可推广的制度创新成果。可复制、可推广是中央对上海自贸试验区建设的一项重要要求。上海自贸试验区在金融开放过程中尝试建立的跨境资金流动宏观审慎管理政策框架取得了积极的效果，相关政策试点已被人民银行复制、推广到全国，也得到了国际相关组织的认可。

从实践路径来看，上海自贸试验区金融改革是在我国长期以来坚持改革开放的基础上，针对新时期新开放格局开展的有益尝试，达到了党中央、国务院对上海自贸试验区建设"探索新路径、积累新经验"的目标定位和要求，为实体经济释放了金融体制机制改革带来的红利。同时，上海自贸试验区金融改革也牢牢把握了"风险底线"的原则，没有采取"一放了之"式的开放，也没有依循既有模式下的审批式开放，而是走出了一条依托本外币合一的可兑换自由贸易账户体系管理金融风险的新路径，积累了金融开放条件下通过宏观审慎管理模式来发现、识别和管控跨境金融风险的新经验。随着实践的进一步深入，相信这些探索出来的新路径和积累起来的新经验将对全国层面的金融改革开放提供一些借鉴。

第二章 上海自贸试验区建设整体框架

上海自贸试验区是中国政府设立在上海的区域性自由贸易园区，位于浦东境内。

2013年9月29日，上海自贸试验区正式成立，面积28.78平方公里，涵盖上海市外高桥保税区、外高桥保税物流园区、洋山保税港区和上海浦东机场综合保税区等四个海关特殊监管区域。2014年12月28日，全国人大常委会授权国务院扩展上海自贸试验区区域，将面积扩展到120.72平方公里。

上海自贸试验区范围涵盖上海市外高桥保税区、外高桥保税物流园区、洋山保税港区、上海浦东机场综合保税区、金桥出口加工区、张江高科技园区和陆家嘴金融贸易区七个区域。

设立上海自贸试验区是党中央、国务院在新形势下全面深化改革和扩大开放的一项战略举措。上海自贸试验区建设主要包括投资管理改革、贸易监管改革、事中和事后监管、政府职能转变、金融改革开放、支持"一带一路"建设等内容。金融改革开放既是上海自贸试验区建设的一项重要内容，也能大力支持上海自贸试验区建设。本章将概括介绍上海自贸试验区建设与金融改革的主要内容及其进展，这是上海自贸试验区跨境资金流动宏观审慎管理的背景。

第一节 ｜ 上海自贸试验区的定位

　　我国成立自由贸易试验区有着深刻的国内和国际背景。从国内看，我国经济运行步入新常态。我国依靠改革开放，促进了经济的高速增长，享受了全球开放和经济全球化的红利，GDP已超过11万亿美元，我国已经成为世界第二大经济体，有世界第一的外汇储备（超过3万亿美元），综合国力大幅上升。我国吸引外资与对外投资形势开始发生逆转，处于净资本输出的新形势。2014年，我国吸收外资1196亿美元，对外直接投资1029亿美元；2016年，吸引外资1260亿美元，对外投资1701亿美元，已经成为净对外投资国。随着对外投资的持续增加，我国需要管理国外经济和保护投资，需要一个标准更高的国际经贸投资准则。

　　从国际看，全球经贸投资形势发生了很大变化。全球现行的多边贸易规则主要是1995年成立的世界贸易组织（WTO）确立的。世界贸易组织主要是明确了货物贸易、服务贸易以及知识产权贸易的规则，投资、非关税壁垒等方面的规则较少。国际投资规则主要靠双边协议约定，碎片化和低层次已无法保护和规范国际投资活动。世界贸易组织新一轮多边贸易谈判的进展不顺利，新兴市场及发展中国家与发达经济体之间的谈判冗长。一些发达国家试图撇开世界贸易组织，转向利用双边和区域协定推进贸易投资合作进程，重建国际经济新规则。例如，《2012年美国双边投资协定范本》（BITs）中提出的相关贸易投资规则、部分国家推动的跨太平洋伙伴关系协议（Trans-Pacific Partnership Agreement，TPP）以及跨大西洋贸易与投资伙伴协议（Transatlantic Trade and Investment Partnership，TTIP）等。但2016年以来，经济全球化面临一些全新的挑战。首先是2016年6月英国脱欧公投成功，2017年3月正式启动脱欧程序。其次是2017年1月，美国总统特朗普签署行政命令，决定退出TPP。全球贸易保护主义正在兴起。

为应对上述挑战，我国对外加快开放合作，对内加快改革。一方面，积极参与全球治理，构建新一轮全球经贸投资规则，加强国际经济合作，推进"一带一路"建设；另一方面，设立上海等自贸试验区，主动融入全球，将国际通行经贸规则在国内先行先试，通过对内改革适应对外发展新趋势。上海自贸试验区于2013年9月29日挂牌，是我国第一个自贸试验区，至今已四年多。四年多来，上海自贸试验区大致经过了三个阶段，中央对每个阶段的上海自贸试验区定位不断深化。这充分体现在国务院发布的关于上海自贸试验区的三份建设方案中。

一是要建成"具有国际水准的投资贸易便利、货币兑换自由、监管高效便捷、法制环境规范的自由贸易试验区"。2013年9月18日国务院发布的《中国（上海）自由贸易试验区总体方案》明确："试验区肩负着我国在新时期加快政府职能转变、积极探索管理模式创新、促进贸易和投资便利化，为全面深化改革和扩大开放探索新途径、积累新经验的重要使命，是国家战略需要。""率先建立符合国际化和法治化要求的跨境投资和贸易规则体系，使试验区成为我国进一步融入经济全球化的重要载体，打造中国经济升级版。""着力培育国际化和法治化的营商环境，力争建设成为具有国际水准的投资贸易便利、货币兑换自由、监管高效便捷、法制环境规范的自由贸易试验区。"上海自贸试验区最初的范围涵盖外高桥保税区、外高桥保税物流园区、洋山保税港区和上海浦东机场综合保税区等四个海关特殊监管区域，总面积为28.78平方公里。从地理区位上看，上述区域不是连接成片的区域，而是分散的海关特殊监管区域。一看区域位置，就能明确我们当初设立自贸试验区的主要目标是政府职能转变和投资贸易的便利化。

二是要建成开放度最高的自由贸易园区。在上海自贸试验区一周年后，国家决定在天津、广东和福建再建三个自贸试验区，并大幅扩展了上海自贸试验区的范围，形成了四个自贸试验区的格局。2015年4月8日，国务院印发了

《进一步深化中国（上海）自由贸易试验区改革开放方案》，要求上海自贸试验区"加快政府职能转变，在更广领域和更大空间积极探索以制度创新推动全面深化改革的新路径，率先建立符合国际化、市场化、法治化要求的投资和贸易规则体系，使自贸试验区成为我国进一步融入经济全球化的重要载体，推动"一带一路"建设和长江经济带发展，做好可复制可推广经验总结推广，更好地发挥示范引领、服务全国的积极作用""深化完善以负面清单管理为核心的投资管理制度、以贸易便利化为重点的贸易监管制度、以资本项目可兑换和金融服务业开放为目标的金融创新制度、以政府职能转变为核心的事中、事后监管制度，形成与国际投资贸易通行规则相衔接的制度创新体系，充分发挥金融贸易、先进制造、科技创新等重点功能承载区的辐射带动作用，力争建设成为开放度最高的投资贸易便利、货币兑换自由、监管高效便捷、法制环境规范的自由贸易园区"。建成开放度最高的自由贸易园区是国家赋予上海自贸试验区建设第二阶段的重要目标。

三是对照国际最高标准、最好水平的自由贸易区，建成"三区一堡"。2017年4月，国务院决定新设的辽宁、浙江、河南、湖北、重庆、四川、陕西七个自贸试验区陆续挂牌，至此全国一共有11个自贸试验区，形成了东中西协调、陆海统筹的全方位、高水平开放格局。同年3月30日，国务院印发了《全面深化中国（上海）自由贸易试验区改革开放方案》，要求上海自贸试验区"进一步加强与上海国际金融中心和具有全球影响力的科技创新中心建设的联动""到2020年，率先建立同国际投资和贸易通行规则相衔接的制度体系，把自贸试验区建设成为投资贸易自由、规则开放透明、监管公平高效、营商环境便利的国际高标准自由贸易园区，健全各类市场主体平等准入和有序竞争的投资管理体系、促进贸易转型升级和通关便利的贸易监管服务体系、深化金融开放创新和有效防控风险的金融服务体系、符合市场经济规则和治理能力现代化要求的政府管理体系，率先形成法治化、国际化、便利化的营商环境和公平、统一、高效的市场环境"。具体要求就是建成"三区一堡"，即建设开放和创新融为一体的综合改革试验区、开放型经济体系的风险压力测试区、提升政府治理能力的先行区以及服务国家"一带一路"建设、推动市场"走出去"的"桥头堡"。

第二节 ｜ 上海自贸试验区建设进展

上海自贸试验区自设立以来，在以习近平同志为核心的党中央领导下，在国家有关部门的大力支持下，以建设开放度最高的自由贸易园区为目标，把制度创新作为核心任务，把防范风险作为重要底线，把企业作为重要主体，把形成可复制、可推广的制度创新成果作为着力点，大胆试、大胆闯、自主改，在投资管理、贸易便利化、金融改革创新、事中和事后监管、政府职能转变等领域形成了一批基础性和核心性制度创新，法治化、国际化、便利化的营商环境不断完善。

一、建立了以负面清单管理为核心的投资管理制度

在投资上，以促进投资便利化为目标，接轨国际标准，确立以负面清单管理为核心的投资管理制度，全面推进了外商投资、境外投资、商事制度等市场准入管理改革，形成与国际通行规则一致的市场准入方式。自上海自贸试验区挂牌至2017年2月，累计新设企业4.4万户，其中，内资企业3.6万户，占81.8%；外资企业8057户，占18.2%，社会投资活力大幅提升。

一是制定发布首份负面清单，建立准入前国民待遇加负面清单的外商投资管理制度。负面清单制度是上海自贸试验区最重要的改革亮点。上海自贸试验区率先建立了外商投资负面清单管理模式，在挂牌当天即发布了2013年版负面清单，在全部1069个小类中只做了190条特别管理措施。2014年6月，又发布了2014年版负面清单，外商投资特别管理措施由190条进一步减少到139条，

减少27%。2015年版的负面清单进一步缩减至122条。2017年版再次压缩为95条，只有第一版的一半。经过几次修订，90%左右的国民经济行业对外资实现了准入前国民待遇，开放度大幅提高。同时，改变长期以来对外商投资逐案审批的管理方式，对负面清单以外领域，取消外商投资项目和外商投资企业设立及变更审批，实施备案管理，超过90%的外商投资企业通过备案方式设立，大幅缩短了办理时间，极大地方便了投资者。

二是实施备案制为主的境外投资管理模式。放开对市场主体境外投资的管制，除敏感地区和敏感行业外，实行境外投资备案制，由投资者自主决定投资领域、方式、时间等事项。改革境外投资管理流程，实施"一表填报、一口受理、一次发证"，办结时间大幅缩短。设立境外投资服务平台，集聚法律、会计、评估、保险等多种国际化专业服务资源。指导商业银行通过尽职调查等方式，提供外汇收支便利。加强对企业"走出去"的引导和服务，掌握企业境外投资的实际需求，防范境外投资风险。境外投资管理体制改革落实了企业境外投资自主权，企业通过上海自贸试验区"走出去"的质量不断提高，加快形成了境外投资的新布局。

三是建立企业准入单一窗口制度。改变由多个部门分别管理企业准入事项的状态，实行由市场监管部门一口受理的企业准入单一窗口制度，通过"一表申报、一口受理、并联办事"的服务模式，实现跨部门数据共享和企业网上办事，打破各部门"信息孤岛"，推动部门管理行为的清单化、标准化、规范化和制度化建设，减少自由裁量权。近十个部门的相关业务实现了"多证联办"。

四是商事登记制度改革顺利推进。率先探索投资者先办理营业执照、后根据需要办理经营许可的"先照后证"改革，并通过"双告知"、信息公示等制度安排，强化市场主体的自律意识和主管部门的监管职责。营业执照样式由14种统一成1种，突出了不同所有制商事主体平等的法律地位。实施注册资本认缴制，取消出资方式和最低注册资本等要求，有效激发了社会投资活力。实行"集中注册""一址多照"等登记改革，降低初创企业的设立成本。开展简易注销登记，对个体工商户、未开业及无债权债务企业实行简易注销程序，方便企业退出。

二、建立了国际高标准的贸易监管制度

对标国际高标准贸易便利化规则，以风险分类管理为基础，以信息化系统监管为支撑，以贸易安全为基本底线，实现口岸监管部门信息互换、监管互认、执法互助，形成集约高效、协调统一、具有国际竞争力的贸易监管和通关服务环境。

一是实施"一线放开、二线安全高效管住"的贸易监管制度。实施口岸监管部门信息互换、监管互认、执法互助，以信用管理、分类管理和风险管理为基础，海关推出"自主申报、自助通关、自动审放、重点稽核"的监管模式，实现了由海关审核把关为主向企业自主申报为主的转变。检验检疫部门构建了基于风险分类监管的"十检十放"监管新模式。一线"先进后报"、二线"批次进出、集中申报""预检核销"、区内"自行运输"等管理创新措施落地，促进物流链高效运作。目前，上海自贸试验区的海关特殊监管区域已实现一线进境货物当天入区，进出境时间较全关区平均水平大幅缩短，物流成本也有所降低。

二是实施信息化和智能化为核心的贸易便利化改革。建立信息化监管为主、现场监管为辅的监管方式，覆盖自贸试验区的所有海关业务和创新制度，海关自动化作业率和海关特殊监管区域海关监管作业无纸化率、卡口智能化验放率都显著提升。提升海关风险防控水平，建立涵盖企业、商品、业务领域的一体化风险监控处置体系，以及以风险分析为基础的分层随机布控查验方式。检验检疫部门科学调整检疫准入制度，下放行政审批权，积极推进申报、审单、查验和放行无纸化工作。关检联合查验作业在主要口岸现场全面实施。海事部门实施集约登轮检查制度，全面实现船舶进出口岸审批电子化，显著缩短了船舶停靠港口办理审查手续的时间。海关和检验检疫全国

通关一体化改革进一步提高了企业通关效率。

三是建成上海国际贸易"单一窗口"。创新通关协作机制，提高监管服务效率。按照"一个平台、一次提交、结果反馈、数据共享"的模式，以电子口岸平台为依托，构建了货物进出口、运输工具、贸易许可与资质、支付结算等九大功能板块，实现口岸通关的申报、查验、支付、放行、提离、运抵等各业务环节全覆盖，并纳入出口退税以及商务、农业、环保等类别的贸易许可办理，在跨部门、跨业务领域的单一集成系统和部分数据标准方面取得实质进展。通过"单一窗口"，实现了企业通过一个平台申报并获取处理结果，监管部门通过一个平台进行信息交换、业务处理和结果反馈，大幅缩短了企业申报环节。

三、建立了透明高效的事中和事后监管制度

上海自贸试验区制定了进一步深化事中和事后监管体系建设总体方案，确立了市场主体自律、业界自治、社会监督、政府监管互为支撑的综合监管格局，建立部门协同监管机制，运用信息化监管手段，统筹多元化监管力量，实施过程监督和规范管理，做到放得更活、管得更好、服务更优。

一是建成公共信用信息服务平台。围绕以信用为核心的监管理念，初步形成由信息查询、信用监管、信用名单、信用服务、信息归集、效能监督、法规政策和系统管理等部分组成的公共信用信息服务平台框架，将登记类信息、资质类信息、监管类信息纳入信用信息服务平台，并依法向社会公示。同时，实施信用信息归集使用的数据、行为、应用"三清单"制度和事前告知承诺、事中评估分类、事后联动奖惩"三阶段"管理，形成全过程信用管理模式，打破政府内部的"信息孤岛"和部门对公共信用信息数据的垄断，为通过信用记录对市场主体实行信用约束提供了基础支撑。

二是建立企业年度报告和经营异常名录制度。改革工商年检制度，建立以社会信用为约束的年度报告制度。企业按照年度在规定期限内，自主向市场监管部门报送年度报告，并向社会公示。企业对年度报告的真实性、合

法性负责。未按照规定期限公示或公示的信息隐瞒真实情况、弄虚作假的企业，列入经营异常名录。

三是形成信息互联共享的协同监管机制。建立事中、事后综合监管平台，整合原来分散在各部门的监管信息，初步形成了信息查询、协同监管、联合惩戒、行刑衔接、社会监督、数据分析和"双告知""双随机"的"6+2"功能框架，实现了部门之间的协同监管，并通过信息抽取、信息联动、锁定限制等功能，实施风险分类监管，对安全生产、食品药品等重点领域的严重失信行为制定和实施了跨部门联动惩戒措施。

四是形成社会力量参与的多元监督机制。发挥行业组织的自律作用，在新兴产业领域制定满足市场和创新需要的团体标准，成为对国家标准、行业标准和地方标准的重要补充。引入具备相关资质的中介机构，通过审计、评估、鉴定、认证等方式，辅助开展保税监管和企业稽查。在进口机动车辆检验监管过程中，采信第三方检验机构出具的鉴定报告。设立上海自贸试验区仲裁院，制定自贸试验区仲裁规则，完善第三方仲裁调解机制。目前，在行业准入、认证鉴定、评审评估、标准制定等方面，上海自贸试验区已系统引入社会力量参与。

五是建立安全审查和反垄断审查制度。在外资准入的办理环节，上海建立了投资主管部门和市场监管部门为主，行业主管部门、地方投资服务机构参加的自贸试验区外商投资安全审查工作组，通过安全审查因素排查、商事登记信息过滤、许可管理把关和属地服务发现的"四环协同"机制，把住关键环节，提高研判效率。完善反垄断审查工作机制，形成上海自贸试验区管委会和市发展改革、商务、工商部门的"1+3"工作机制，实现研判信息共享和工作信息互通。出台中小企业反垄断豁免办法，避免了反垄断"一刀切"的情况，更好地维护市场竞争的公平。

四、支持"一带一路"、上海科创中心建设取得重要进展

上海自贸试验区积极支持"一带一路"、上海科创中心建设等国家战略

任务,加强与科创中心的联动,努力建成服务"一带一路"的"桥头堡"。

一是大力支持"一带一路"建设。研究制订上海服务"一带一路"的行动方案,搭建"一带一路"开放合作新平台,推动投资、贸易、科技创新、基础设施、金融等领域的合作。设立"一带一路"进口商品国别馆。完善自贸试验区境外投资服务平台。支持"一带一路"沿线国家企业发行"熊猫债"。筹备建设"一带一路"技术贸易措施企业服务中心。

二是加强与上海科创中心建设的联动。不断完善自贸试验区与张江自主创新示范区"双自联动"协调推进机制。张江跨境科创监管服务中心投入运营,构建关检联合查验平台和一站式通关平台,使跨境研发进出口更加便利。在浦东设立首家国家级知识产权保护中心,打造全产业、全类别、全链条的国家级知识产权功能性平台。创新生物药许可管理制度。打造创新创业策源地,推进各种孵化平台建设。拓宽科技金融渠道,推动投贷联动试点,自由贸易账户应用主体范围拓展至全市科创企业。人才服务体系进一步优化,挂牌成立首家海外人才局,为人才创新创业、进出境等提供便利化服务。

五、政府职能转变取得新突破

充分发挥上海自贸试验区管委会与浦东新区政府合署办公的优势,以提升一级地方政府行政效率和公共服务能力为重点,着力在行政执法、许可管理、科技创新的体制机制方面形成改革突破,处理好政府和市场的关系,切实加快政府职能转变。

一是建立综合执法的新体制。实施分类综合执法体制改革,着力解决执法部门职责交叉、处置效率不高的弊端,调整组织架构、集中执法事项、优化运行机制,探索建立新的政府经济管理体制。建立市场监督管理局,彻底改变了市场监管领域碎片化、分段式、重复性的状况。设立知识产权"三合一"机构,实现专利、商标、版权的集中行政管理和统一综合执法,构建司法保护、行政保护、调解仲裁、社会监督的知识产权保护模式。组建集中环保市容、建设交通、规划土地等执法事项的城管执法局，基本实现城市管理领域综合执法的全覆盖。改革后，80%以上的执法力量下沉到基层及一线执法，有效解决了重复监管和多头监管问题，减少了对企业正常经营的干扰。

二是全面实施"证照分离"改革试点。深化法人资格与经营资格相分离的市场准入制度改革，对审批频次比较高、投资主体关注度大的行政许可事项先行开展改革试点。对企业能够自主决策的经营活动，取消行政审批，或改为备案管理；对暂时不能取消审批的行政许可，简化审批方式，实行告知承诺制；对不适合采取告知承诺制的行政许可事项，简化办事流程，公开办事程序，提高审批的透明度和可预期性；对涉及国家安全、公共安全等的特定领域，继续强化市场准入管理，加强风险防范。通过改革审批方式和加强综合监管，进一步完善市场准入管理，企业办证更加便捷高效。

第三节 ┃ 上海自贸试验区金融改革的主要任务

从根本上说，金融要服务于实体经济。在上海自贸试验区，也是如此。上海自贸试验区首先是自由贸易的试验区，金融改革要能有利于贸易投资的便利化。金融支持自贸试验区建设的出发点和落脚点是为实体经济服务，绝不能搞金融内部的"自娱自乐"，也不能为金融而金融、为创新而创新。检验自贸试验区金融改革成功与否的标志，就是金融对实体经济活动的支持服务是不是更适应、更高效、更完善。

一、上海自贸试验区实体经济的主要金融需求

在自贸试验区金融政策设计中，人民银行等部门坚持"开门搞改革"，深入到码头、深入到企业，主动联系工人、财务会计人员以及金融从业者，

广泛听取并征集来自一线的意见和建议，切实掌握了自贸试验区企业的金融需求。

从当初一线调研的情况来看，自贸试验区企业和个人希望金融服务进一步改进的方面主要有如下几个方面：一是新兴产业、中小企业存在贷款难的问题，融资渠道不够畅通；二是企业普遍感到融资成本偏高，大大挤压了企业利润空间；三是跨境资金流动管制较多，影响了企业在国际市场上的跨境资产配置，降低了企业的国际竞争力；四是各类所有制企业在发起设立、参与投资金融机构方面的权利、机会、规则不平等，不利于形成金融市场的公平竞争；五是企业反映当前金融管制偏紧、偏严、偏细，行政审批繁多，不尊重市场主体的客观运行规律，削弱了企业的发展活力；六是个人金融消费的自主选择权没有得到尊重，居民在国际金融市场上优化配置资产的需求得不到满足。

二、上海自贸试验区金融改革的三个阶段及其主要任务

针对实体经济反映的金融方面的主要问题，上海自贸试验区金融改革始终坚持服务实体经济和风险可控的原则，加强与上海国际金融中心建设的联动。国家给上海自贸试验区金融改革的主要任务，集中体现了金融服务实体经济的全局意识、工作重点和力度，也是对党的十八届三中全会深化金融体制改革任务结合实际的探索和落实。当然，在不同的阶段，上海自贸试验区金融改革的重点略有差异。与上海自贸试验区建设经过了三个阶段一样，上海自贸试验区的金融改革也大致经历了三个阶段。

第一阶段是从2013年9月到2015年10月，重点是金融促进投资贸易的便利化。2013年9月，国务院印发的《中国（上海）自由贸易试验区总体方案》要求："加快金融制度创新。在风险可控前提下，可在试验区内对人民币资本项目可兑换、金融市场利率市场化、人民币跨境使用等方面创造条件进行先行先试。在试验区内实现金融机构资产方价格实行市场化定价。探索

面向国际的外汇管理改革试点，建立与自由贸易试验区相适应的外汇管理体制，全面实现贸易投资便利化。鼓励企业充分利用境内外两种资源、两个市场，实现跨境融资自由化。深化外债管理方式改革，促进跨境融资便利化。深化跨国公司总部外汇资金集中运营管理试点，促进跨国公司设立区域性或全球性资金管理中心。建立试验区金融改革创新与上海国际金融中心建设的联动机制。""增强金融服务功能。推动金融服务业对符合条件的民营资本和外资金融机构全面开放，支持在试验区内设立外资银行和中外合资银行。允许金融市场在试验区内建立面向国际的交易平台。逐步允许境外企业参与商品期货交易。鼓励金融市场产品创新。支持股权托管交易机构在试验区内建立综合金融服务平台。支持开展人民币跨境再保险业务，培育发展再保险市场。"

　　上述任务主要涉及资本项目可兑换、利率市场化、人民币跨境使用、外汇体制改革、金融服务业对内和对外全面开放、国际金融交易平台建设和简政放权等方面。按照上述改革任务，人民银行和银监会、证监会、保监会三会（以下简称"一行三会"）研究出台了支持上海自贸试验区建设的51条措施。其中，人民银行的30条改革措施涉及自由贸易账户体系、资本账户可兑换、利率市场化、人民币跨境使用、外汇管理体制改革、风险管理六个方面；银监会八项措施主要涉及中外资银行入区经营发展、区内设立非银行金融公司以及区内开展离岸业务等；证监会五条措施旨在深化资本市场改革，提升中国资本市场对外开放度；保监会的八项措施主要包括支持在自贸试验区内试点设立外资专业健康保险机构、完善保险市场体系等内容。

　　在上海自贸试验区层面，主要是贯彻"一行三会"出台的51条措施，重点是做了两大方面的工作。一方面是推进金融改革，使上海自贸试验区的金融改革取得了重大进展。人民银行上海总部先后出台了支付机构跨境人民币支付业务、扩大人民币跨境使用、放开小额外币存款利率上限、外汇管理、反洗钱与反恐怖融资、自由贸易账户、宏观审慎的境外融资等实施细则。上海银监局出台了简化银行业监管的细则。保监会和上海保监局出台了简化保险行政审批和实施保险公司高管备案管理的细则。另一方面是防控风险，推进了以自由贸易账户为核心的现代跨境金融安全网建设，金融安全网建设为进一步深化金融改革奠定了坚实的基础。

第二阶段是从2015年10月底人民银行、上海市政府等颁布"上海自贸试验区金融改革40条"开始至2017年3月底，重点是加强自贸试验区金融改革与国际金融中心建设的联动。2015年4月，国务院印发的《进一步深化中国（上海）自由贸易试验区改革开放方案》要求"加大金融创新开放力度，加强与上海国际金融中心建设的联动。具体方案由人民银行会同有关部门和上海市人民政府另行报批"。

根据深化方案的部署，人民银行牵头，会同上海市人民政府和国务院有关部门于2015年10月发布《进一步推进中国（上海）自由贸易试验区金融开放创新试点 加快上海国际金融中心建设方案》（"上海金改40条"），将加强自贸试验区金融改革与国际金融中心建设的联动放在了更加重要的位置。内容主要包括率先实现人民币资本项目可兑换、进一步扩大人民币跨境使用、不断扩大金融服务业对内与对外开放、加快建设面向国际的金融市场、不断加强金融监管等五大方面。

第三阶段是自2017年3月国务院印发《全面深化中国（上海）自由贸易试验区改革开放方案》至今，提出了增强"一带一路"金融服务功能的新要求。该方案对金融工作有了新的部署："（十五）进一步深化金融开放创新。加强与上海国际金融中心建设的联动，积极有序实施《进一步推进中国（上海）自由贸易试验区金融开放创新试点加快上海国际金融中心建设方案》。加快构建面向国际的金融市场体系，建设人民币全球服务体系，有序推进资本项目可兑换试点。加快建立金融监管协调机制，提升金融监管能力，防范金融风险。""（二十一）增强'一带一路'金融服务功能。推动上海国际金融中心与'一带一路'沿线国家和地区金融市场的深度合作、互联互通。加强与境外人民币离岸市场战略合作，稳妥推进境外机构和企业发行人民币债券和资产证券化产品，支持优质境外企业利用上海资本市场发展壮大，吸引沿线国家央行、主权财富基金和投资者投资境内人民币资产，为'一带一路'重大项目提供融资服务。大力发展海外投资保险、出口信用保险、货物运输保险、工程建设保险等业务，为企业海外投资、产品技术输出、承接'一带一路'重大工程提供综合保险服务。支持金砖国家新开发银行的发展。"把上海国际金融中心建成金融服务"一带一路"的"桥头堡"是下一步金融工作的重要内容。

第四节 ｜ 上海自贸试验区金融改革开放进展

上海自贸试验区在各方的共同努力下，不断完善金融改革开放的政策框架，以自由贸易账户系统为基础，建立了资本项目可兑换、利率市场化、金融市场开放、人民币国际化等八大国家核心领域金融改革开放的上海操作样本，向全国复制、推广了二十多项金融改革创新成果，圆满完成了中央交办的难点、重点金融改革任务。

一是建立了集金融业负面清单管理和强大的事中与事后风险监测管理于一体的自由贸易账户监测管理系统，摸索出了开放型经济体制下的新的管理模式。这个模式就是扩大开放、取消行政审批后，通过微观实时监测、宏观审慎管理的方式加强事中与事后管理。为适应上海自贸试验区金融简政放权和负面清单管理的新形势，有效防范金融风险，加强事中与事后管理，人民银行在上海创设了自由贸易账户监测管理系统。这套系统提供了"一线审慎监管、二线有限渗透"的"电子围网"式的事中和事后管理环境，能够对跨境资金流动进行逐企业、逐笔、全口径的实时监测。同时，依托这个系统，完善了反洗钱、反恐怖融资和反逃税即"三反"机制。在股票市场、汇率波动以及跨境收支形势震荡时，自由贸易账户系统经受住了考验，体现了强劲的抗风险能力。中央高度肯定了自由贸易账户系统的重要作用。

二是率先建立跨境资金流动的宏观审慎管理制度，摸索出了适应资本项目可兑换后跨境风险管理的操作模式。这个模式就是将宏观审慎管理功能内嵌自由贸易账户系统，依托系统的宏观预警功能和自动计算监测微观主体的境外融资上限功能，实现了区内企业和金融机构不经行政审批，就可自主开展本外币跨境融资。这一模式在实时防范外债风险的前提下，扩大了经济主体从境外融资的规模和渠道，大幅降低了融资成本，有效服务了实体经济。

三是率先建立了利率市场自律组织，为全国利率市场化改革提供了操作模式。这个模式就是通过先建立"利率市场秩序自律委员会"这一市场利率稳定机制，再推进利率市场化。2014年2月，上海自贸试验区通过这一模式率先实现了"存款不搬家、利率不上升"的外币存款利率市场化。2015年10月，全国采用这一模式，实现了利率的全面市场化。

四是建立面向国际的金融资产交易平台，摸索出了黄金国际板和沪港通两种金融市场对外开放的新模式。启动证券沪港通，推进资本市场"点对点"的双向开放。推出通过自由贸易账户操作的黄金国际板，推进"点对面"全方位开放，增强我国在国际黄金市场上的定价话语权。成立上海国际能源交易中心，完成原油期货产品设计和配套制度。合资成立中欧国际交易所，成立上海保险交易所、上海票据交易所、全国性信托登记机构，设立以人民币计价结算的国际金融资产交易平台，率先推出场外市场外汇期权交易中央对手清算服务。

五是推动债券等人民币资产向境外投资者全面直接的开放，建立人民币国际化的有效实施模式。这个模式就是紧密结合人民币加入特别提款权（SDR）在上海的落实，通过扩大引进境外投资者，满足其持有人民币资产的需求，将上海打造成全球人民币的跨境使用、投资、交易与清算中心。大幅放开境内外投资者投资银行间债券市场。银行间市场"熊猫债"发行取得突破。引入境外清算行参与境内同业拆借交易。允许符合条件的境外机构参与银行间外汇市场，外汇市场不断与国际接轨。进一步便利跨境证券投资，对合格境外机构投资者（QFII）外汇管理制度进行改革。稳步推进人民币境外借款、跨境双向人民币资金池、人民币计价的SDR债券等创新业务。

六是深化金融领域简政放权，促进投资贸易便利化，摸索出金融服务实体经济的有效模式。这个模式就是取消一系列金融行政审批，便利企业利用国内、国外两个市场、两种资源。取消区内银行、保险机构部分准入事项和高管的行政审批。大幅削减或简化外汇管理审批，率先开展外债比例自律管理、外汇资本金和外债意愿结汇试点，放宽对外债权债务管理，改进跨国公司本外币资金集中运营管理，完善结售汇管理，便利银行开展大宗商品衍生品的柜台交易，为企业节省了人力、物力、运营成本和汇兑成本，极大地便利了对外贸易和投资。

七是研究发布金融服务业负面清单，摸索出金融服务业对内、对外开放的模式。这个模式就是在研究发布金融服务业负面清单的同时，通过个案突破的方式扩大金融服务业对内、对外开放。实施自贸试验区银行业务创新监管互动机制。率先发布金融服务业对外开放负面清单指引。推进中资商业银行离岸业务经营授权制度创新，率先明确非居民理财业务监管规则。首批民营银行华瑞银行在自贸试验区成立，申港证券、华菁证券两家多牌照的合资证券公司获准设立。实施航运保险产品注册制，全国十余家航运保险运营中心落地上海。这些措施促进了金融业在自贸试验区的集聚发展。2016年底，浦东有各挂牌类金融机构963家，金融业增加值占浦东生产总值的27%，金融业已成为浦东的支柱产业。

八是探索实施金融综合监管，摸索出了实现金融风险监测全覆盖的有效模式。这个模式就是成立自贸试验区金融工作协调推进小组和综合监管联席会议制度，探索形成了以市场全覆盖为目标、以信息互联共享为基础、以监管合作为保障、以综合监管联席会议为平台、以业界自律共治为补充的金融综合监管新方案。推进事中、事后监管制度创新，依托自由贸易账户系统建立实时监测室，完善跨部门协作机制，加强对跨境金融活动和跨行业、跨市场等复杂金融活动的监测，完善全覆盖的风险监测与管理系统。

　　四年多来，上海自贸试验区以可复制、可推广为金融改革的重要方向，向全国和其他自贸试验区复制、推广了23项金融改革创新成果，上海自贸试验区摸索出的各项金融改革操作模式为全国金融改革提供了"上海样本"。人民银行和外汇局已经把在上海自贸试验区先行先试的16项金融改革开放成果推广至全国，涉及资本项目可兑换、利率市场化、人民币国际化、外汇管理和支付结算五大方面。银监会已将简化区内银行业金融机构和高管准入等四项制度在国内其他三个自贸试验区不同程度地复制和推广。保监会已将保险业简政放权、鼓励开展跨境投融资业务等政策复制、推广至国内其他三个自贸试验区。上海自贸试验区有效发挥了全国金融改革"试验田"的作用。

第五节｜上海自贸试验区跨境融资宏观审慎管理

　　跨境资金流动宏观审慎管理是上海自贸试验区金融改革最重要的内容和改革成果之一。上海自贸试验区跨境资金流动宏观审慎管理的应用实践是首先从跨境融资开始的。深刻分析上海自贸试验区跨境融资宏观审慎管理的实践，可以起到"解剖麻雀"的作用，可以窥见上海自贸试验区金融改革的起因、过程与结果。

　　一是以跨境融资作为跨境资金流动宏观审慎管理试点内容符合企业的实际需要。2014年和2015年，境外利率明显低于境内，尤其是境外离岸人民币市场的利率显著低于境内人民币融资利率。企业经营比较困难，希望能够降低融资成本，拓宽融资渠道。对跨境融资实施宏观审慎管理，取消跨境融资的行政审批，有助于企业充分利用境内、境外两个市场、两种资源，有助于企业从境外融入低成本的资金，降低企业融资成本。

　　二是自由贸易账户系统的运行为实施跨境融资的宏观审慎管理提供了

良好的防控风险的基础设施。在推进自贸试验区金融改革时，有效防控金融风险始终是前提。取消对境外融资的行政审批后，企业也不能无限地从境外融资，如何实时监控企业跨境融资的规模、对跨境融资实施总量调控便是一个需要解决的问题。人民银行在上海自贸试验区建设的自由贸易账户系统为解决上述问题提供了良好的基础，这也是上海自贸试验区率先试点跨境资金流动宏观审慎管理的有利条件。把宏观审慎管理功能内嵌自由贸易账户系统后，可以利用自由贸易账户系统的实时监测功能，实时监控企业个体的境外融资情况，进而可以对接近融资上限的企业进行提醒；也可以通过自由贸易账户系统的总量预警功能，实时监测境外融资的总量，当实际总量超过预期总量时，通过调节相关参数实施宏观审慎管理。

三是跨境融资宏观审慎管理涉及很多方面的金融改革，是金融改革的重要突破口。跨境融资宏观审慎管理，涉及资本项目可兑换、金融简政放权、跨境人民币使用和外汇管理等多项改革。从资本项目可兑换来看，跨境融资尤其是外币跨境融资是资本项目管制的一项重要内容，取消对境外融资的行政管制是推进资本项目可兑换的重要一步。我国政府大力倡导简政放权，通过对跨境融资实施宏观审慎管理，让企业自主在境外融资，将融资的自主权赋予企业，是金融简政放权的重要一环。同时，上海自贸试验区的跨境融资宏观审慎管理是本外币一体化的，既推进了人民币国际化，也深化了外汇管理体制改革。可以说，实施跨境融资的宏观审慎管理，撬动了好几项金融改革，达到了"一石数鸟"的效果。

四是跨境融资宏观审慎管理收到了良好的效果。对实体经济来说，企业的融资渠道拓宽，降低了融资成本。上海自贸试验区企业累计通过自由贸易账户融资超过9000亿元，人民币融资成本大约为4%，远低于国内人民币融资，节约融资成本约200亿元。对全国来说，为全国实施跨境融资宏观审慎管理积累了经验。在上海自贸试验区成功实践的基础上，人民银行将跨境融资宏观审慎管理制度复制、推广到全国，形成了可复制、推广的改革成果，支持了全国实体经济的发展。

　　基于以上原因，上海自贸试验区实施的跨境资金流动宏观审慎管理是一只值得"解剖"的"麻雀"。在"解剖"的过程中，我们可以体会到在国家做好改革顶层设计以后，基层是如何创造条件让改革的宏伟蓝图一步步落地的。

第三章　宏观审慎政策、金融审慎例外以及监管沙盒机制

　　2013年9月，我国启动上海自贸试验区建设。根据总体方案，自贸试验区概念下"自由贸易"范围已经从单纯的货物贸易以及与货物贸易相关的服务贸易扩展到了服务贸易以及投资等领域。金融作为服务贸易的一个分支以及为实体经济提供服务的一个部门，既面临着"扩大投资领域的开放""增强金融服务功能"的任务，又承担着"加快金融制度创新"的任务。

　　那么，"扩大投资领域的开放"与"增强金融服务功能"究竟意味着什么？自贸试验区金融改革开放带来的涉外金融风险防控又应该如何设计和开展呢？本章将从自贸试验区金融改革开放的任务、面临的风险管理挑战以及宏观审慎管理政策框架、金融审慎例外规则、监管沙盒机制等角度，来对自贸试验区金融改革开放及跨境金融风险防控的相关理论和实践问题展开讨论。

第一节 ┃ 自贸试验区金融改革开放创新相关的监管概念

上海自贸试验区要推进金融改革开放创新，就必须有相应的监管配套跟进。同时，也必须有相关的监管理念和方法创新。在系统梳理学习了开放宏观下相关的监管倡议、监管规则以及监管实践后，我们认为以下三个方面对上海自贸试验区金融改革开放创新的监管具有重要作用。

一、宏观审慎政策框架

近年来，围绕宏观审慎政策框架（macro prudential policy framework）的国际研讨引人关注。2016 年，杭州召开的 G20 会议等均有所涉及。早期提出宏观审慎政策框架的是 G30 小组[①]。该小组认为，金融领域周期性循环式爆发的金融危机需要从宏观审慎角度着手应对，传统的微观审慎监管已无法承担防范金融风险的职责。在美国次贷危机引爆国际金融危机后，G20 更是明确要在国际金融监管领域引入宏观审慎政策框架，并由国际清算银行及巴塞尔银行监管委员会等机构具体以逆周期缓冲资本等形式落实到巴塞尔 III 等监管协议中。

尽管对宏观审慎政策框架的理论探讨和实践时间并不算太长，但国际社会普遍认同隐含在宏观审慎政策框架中的风险管理理念，并对政策框架形成了相应的共识。具体来说，宏观审慎政策框架应该包含以下四个方面的要素。

一是宏观审慎政策的作用范围是对整个金融体系进行的政策反应，而非孤立地针对单个机构或特定经济措施。

---

① G30 小组成立于 1978 年，是一个由 30 名左右国际财经界知名权威人士组成的咨询小组，专门就国际经济、金融治理等提供政策意见和建议。

二是宏观审慎政策的作用机理是增强抗风险能力和控制系统性风险，减缓风险通过机构间的关联、共同的风险敞口、放大金融周期波动性的机构顺周期行为倾向等因素向整个金融体系的蔓延。

三是宏观审慎政策工具包括可变工具和固定工具，用于减少系统性风险，同时增强金融体系的抗风险能力以防范风险。其中，可变工具是指可以通过灵活的参数自动调整或响应商业周期发展进行变化的工具，如逆周期资本缓冲；固定工具是指不在经济周期中进行调整以增强金融体系在周期内各个时点抵御风险能力的工具，如资本乘数概念中的总资本杠杆率和核心融资比率等。

四是宏观审慎政策需要有对执行机构获取信息的安排。

综上所述，宏观审慎政策的特点是"逆向调节+预发调节"，主要是防止金融体系的系统性风险。目前来看，宏观审慎政策框架虽然已经提出并在巴塞尔Ⅲ层面有所落实，但具体到每个国家，还大多处于探索性实践中，也就是"有共识有定论，但尚未有成例"。

尤其是在跨境领域，宏观审慎政策框架的搭建还没有相关实践。这是因为，对于发达国家而言，跨境资本自由流动是其诉求，任何形式的监管都有可能构成阻碍资本自由流动的因素，所以在国际规则建设领域掌握话语权的发达国家大多不会主动发起倡议来妨碍资本的跨境流动；广大的新兴市场和发展中国家虽然是多次国际金融危机的受害者，但其在国际经济中的地位和所处的发展阶段无法支持其在庞大的国际资本面前发声倡议约束国际资本流动或拥有这方面的话语权。

二、金融审慎例外规则

"金融审慎例外"是一个在双边投资协定谈判中被提及的概念，对应的是金融开放。由于"投资"的涉及面相当广泛（详见本章第二节的分析），所涉及的领域几乎覆盖了整个金融领域，因此在倡导金融开放的同时，为了赋予签约国适当的权限管理好开放带来的风险，就在"协定"中提出了"金融审慎例外"的概念，以便形成"金融开放是原则，金融审慎可例外"的对外开放机制。那么，金融审慎例外究竟是指什么呢？

根据《2012年美国双边投资协定范本》，金融审慎例外规则具体包括两条：一是协定"不得阻止东道国出于审慎考虑而采取或维持有关金融服务的措施，包括保护投资者、储户、保险单持有人或者以金融服务提供者为受托人的信托委托人利益的措施，或者是确保金融体系完整和稳定的措施"。此处的审慎考虑包括对个别金融机构安全、健康、完整以及金融职责的维持，对支付清算系统安全以及财务、营运完整性的维持。二是协定"不适用于央行或货币当局为追求货币政策及相关信贷政策、汇率政策目标而普遍运用的非歧视性的措施"。

金融审慎例外规则可以说是金融开放环境下签约国实施相关措施来干预和管理金融开放风险的保护性条款。当然，执行中必须事出有因且遵循一定的规则。第一条既包括了微观层面的审慎措施（如对个别金融机构采取的措施），也包括了金融稳定运行的措施（如保障整个支付清算系统安全运行的措施等）；第二条则是宏观层面的审慎措施，因为要求是"普遍运用的非歧视性的措施"。

当然，为了防止签约国自行其是地以"金融审慎例外"名义随意出台相关措施，签约双方需要指定金融监管机构之上的更高层国家机关来共同认定所采取的措施是否符合"金融审慎例外"的概念，如果无法达成共同认定，则可以诉诸国际仲裁。

综上所述，金融审慎例外虽然已被提出作为金融开放下的风险应对及管理措施，但实际运用尚处于实践探索阶段。

三、监管沙盒机制

"监管沙盒"借用的是计算机软件开发中的一个"沙盒"（sandbox）概念，是指在开发软件的过程中，工程师建立的一个与外界环境隔绝但又有真实数据支持的测试环境，为一些来源存疑或有一定破坏力的程序提供试验环境。这一被称为"沙盒"的测试环境兼顾了测试的准确性与安全性。最先提出"监管沙盒"概念的是英国，其主要用于金融创新，即监管机构在可以控制的范围内允许一些金融创新机构测试开展产品和服务的创新。因此，可以说，在监管沙盒机制下，这些创新是在监管机构可控的真实环境下进行的，可以让监管机构比较清晰地了解相关监管规定与金融创新之间的关系，及时发现监管规定存在的不足并进行调整以适应金融创新的推进及后续的监管。

根据国务院先后发布的三个方案①，上海自贸试验区定位为"开放度最高的自由贸易园区"，既需要按照国家给定的方案去大胆试，也需要充分运用好国际推荐和认可的规则去探索开放后风险管理的新模式。只有这样，才能为国家进一步融入全球化积累新经验、探索新路径。

第二节 ｜ 自贸试验区金融改革开放与扩大投资领域开放

我国的金融改革与整体的经济改革几乎同步，一直随着经济改革开放的推进进行金融领域的改革开放。截止到自贸试验区金融改革开放方案研拟时，我国金融领域的改革开放已经达到了一定程度，具体表现在金融机构法人治理基本建立、金融市场资源配置作用基本确立、金融价格传导机制基本形成、金融对外开放格局基本确立。那么，自贸试验区金融改革开放与自贸试验区扩大投资领域开放是什么关系呢？

在经济全球化的推动下，当前国际经济合作规则正在经历一场深刻的变化。二战后形成的全球多边合作体制出现了区域多边、伙伴多边或双边化的

---

① 三个方案分别是指《中国（上海）自由贸易试验区总体方案》（国发〔2013〕38号）、《进一步深化中国（上海）自由贸易试验区改革开放方案》（国发〔2015〕21号）以及《全面深化中国（上海）自由贸易试验区改革开放方案》（国发〔2017〕23号）。

趋势。贸易规则已逐步开始向贸易与投资规则并重且尤重投资规则建设的趋势发展。一些以投资保护为核心要素的规则在区域多边、伙伴多边以及双边贸易投资协定谈判中萌动形成。如人们熟知的TPP、TTIP、TISA以及BIT谈判等，都引入了一些以适应投资全球化、投资全程保护为特色的高标准投资规则。

一、投资的开放意味着金融的开放

上述区域多边、伙伴多边以及双边贸易投资协定中的"投资"概念已远超我国传统意义上对"投资"的理解。

以《2012年美国双边投资协定范本》为例，该范本对"投资"的定义是：投资者以直接或间接方式拥有或控制的各项资产，只要该项资产具有资本保证、利润预期或风险承担等"投资特征"就可以被认为是"投资"。具体包括：（1）国际直接投资；（2）股票等权益工具；（3）债券、信贷等债务工具；（4）期货、期权等各类金融衍生工具；（5）承包、建设、管理、生产、受让、收益分享以及其他类似合约；（6）知识产权；（7）许可证、授权及其他符合东道国法律的权利；（8）其他有形或无形、动产或不动产，以及租赁、抵押、留置、质押等相关的财产权益。

与投资相关的所谓六大高阶投资规则，就是全面的国民待遇（覆盖投资准入前阶段）、公平竞争或竞争中立（不论投资的资本背景如何，一视同仁的商务环境）、资金自由转移（与投资相关的资金可以自由无延误地进出并且可以随时兑换成可自由使用货币进出）、业绩要求禁止（不对投资形成的经营提出业绩性要求）、高管非国籍歧视（不对投资的高管团队组成提出国籍要求）以及P2G争端解决机制（投资者与东道国产生纠纷时的处理）等。当然，考虑到投资可能产生的负面效应以及缔约方自身所处的经济发展阶段，该范本也明确缔约方可以在这六大高阶投资规则的谈判中以"与上述规则不符的例外措施"方式提出"不符或例外清单"（"负面清单"概念），以最终实现逐步过渡到高阶规则的目的。但"不符或例外清单"一旦形成，则只减不增。

仔细分析这一范本的核心理念，其实就是对投资（各种形式的投资）的全生命周期保护。这些投资本质上就是国际收支平衡表中归类为"经常账户"和"误差与遗漏"以外的所有类别，也就是资本及金融账户的内容（详见表3-1），甚至更广，包括一些归类在经常项下的合约类，如承包、建设、管理、生产、受让、收益分享以及其他类似合约等。

表 3-1　国际收支平衡表中资本及金融账户主要项目一览表（BPM6）

资本账户	金融账户
21. 非生产的、非金融的资产的收买与放弃	31. 直接投资
211. 自然资源	311. 股权及投资基金份额
212. 合约、租约及许可证	312. 债务工具
213. 可交易资产（和声誉）	32. 证券投资
22. 资本转移	321. 股权及投资基金份额
	322. 债务工具
	33. 金融衍生品和员工股票期权
	34. 其他投资
	341. 其他股权类
	342. 货币与存款
	343. 贷款
	344. 保险、养老金和标准化担保计划
	345. 贸易信贷和预付款
	346. 其他应收／应付

因此，可以理解为新的投资规则实际上是针对资本及金融账户交易而言的。若再结合"资金自由转移"这一规则，毫无疑问，这里的"广义投资定义+与投资相关的资金自由转移"已经构成了资本及金融账户开放和可兑换的概念。

二、自贸试验区扩大投资领域的开放带来的挑战

自贸试验区扩大投资领域的开放意味着自贸试验区将面临新的跨境资

金流动格局。根据我们的调研分析论证，这种新格局大致表现在以下几个方面：一是驱动跨境资金流动的参与主体增加。与境内区外相比，自贸试验区扩大投资领域的开放后将有更多的境内外主体参与进来，尤其是投资开放中落实的准入前国民待遇将吸引更多的境外主体以非商业存在模式参与进来。二是跨境资金流动的覆盖范围扩大。与境内区外相比，自贸试验区各类跨境交易更多，尤其是包含在广义投资范畴内的非直接投资类跨境交易将使得跨境资金流动的覆盖范围扩大。三是跨境金融服务的种类增多。随着自贸试验区产业升级、企业跨境综合经营能力的提升，对跨境金融服务种类的需求也将增多，不再局限于存、贷、汇、兑等传统金融服务，需要有更多有利于资金集中管理、财务集约管理、风险对冲管理等的服务。四是资金流动复杂性增大。与金融服务种类和主体增多同步的是其所引发的资金流动的复杂性。自贸试验区主体不再局限于"银货两讫"式的资金所有权转移引发的流动，更多的是资金使用权阶段性让渡型交易引发的跨时流动。五是流动形式趋于多样化。由投资开放带来的企业跨国经营活动将导致跨境资金流动与跨境商务投资活动的对应性减弱，流动形式的多样化显现，如经常项下集中收付或轧差收付、资金池的双向流动等。六是流动规模加大，速度趋快。广义投资的开放带动的资金流动将是批发性的。根据大西洋理事会的一份调研报告，若A股纳入MSCI指数，将带动1.3万亿美元的资本跨境流动。若基金互认开启，则会带动3万亿美元的资本跨境流动。七是货币错配以及相应的对冲管理会增加。投资引发的是资金所有权不变下的使用权阶段性让渡，因此资金的跨境流动、兑换以及与记账货币不一致导致的汇兑损益管理将引发庞大的货币敞口对冲管理需求，带动人民币与外币、外币与外币间的交易。这既对跨境金融服务提出了需求，也对货币定价权管理等提出了挑战。

三、宏观审慎政策以及金融审慎例外规则是金融开放后风险管理的主要方法

鉴于史上多次爆发的金融危机对全球实体经济的伤害，无论是发达国家

还是发展中国家或欠发达国家，均对金融风险高度重视。尽管在经济全球化思想和实践的推动下，要求投资便利化的呼声也很高，金融自由化也获得了一定程度的认可，但对金融风险加以防范并引入宏观审慎政策框架来提前干预和管理金融风险也是国际普遍认同的。因此，即便是《2012年美国双边投资协定范本》中也明确可以有"金融审慎例外"安排来支持缔约方采取相应的措施应对金融开放后的风险冲击，即"金融开放是原则，金融审慎措施可以例外"。

我国经过改革开放的积累，已经由原先的净债务国转变为净债权国。因此，这些对投资的全生命周期式的保护规则对我国下一步深度参与经济全球化无疑是有利的。这和我国加入世界贸易组织后受到的国际贸易规则保护一个道理。同时，我国作为吸收外资的大国，也需要接受并在涉外经济管理中实施这些保护规则。但这些投资规则在境内的运用无疑会在一定程度上冲击我国多年来形成的既有涉外经济管理理念和模式，调整境内部分经济利益格局。因此，党的十八届三中全会明确提出"建立中国上海自由贸易试验区是党中央在新形势下推进改革开放的重大举措，要切实建设好、管理好，为全面深化改革和扩大开放探索新途径、积累新经验。"国家发布的上海自贸试验区建设总体方案也明确了上海自贸试验区建设的指导思想："……率先建立符合国际化和法治化要求的跨境投资和贸易规则体系，使试验区成为我国进一步融入经济全球化的重要载体，打造中国经济升级版……"自贸试验区金融改革开放方案设计正是遵循了党中央、国务院的要求，将高阶投资规则在自贸试验区框架下先行先试，为国家启动或参与国际投资规则相关协定的谈判积累实践基础。

四、投资开放需要创新涉外金融风险管理模式

投资尤其是广义概念下的投资的开放意味着资本及金融账户的开放，且与投资相关的资金自由无延误地进出并以可自由使用货币进出意味着资本项

目可兑换。这对于我国长期以来只是将投资狭义地定义为"直接投资"的管理模式构成了巨大挑战。无论是从国际收支平衡表分类还是资本项目可兑换评估表（七大类40子项）分类，抑或是美国双边投资协定范本的定义来看，直接投资只是众多投资中的一两个分类而已（详见表3-2）。

表 3-2　　　　　国际货币基金组织对资本账户可兑换评估表内容

一、对资本和货币市场工具的管制	三、对信贷业务的管制
1. 资本市场证券交易	1. 商业信贷
A. 股票或其他具有参股性质的证券	居民向非居民提供
非居民境内购买	非居民向居民提供
非居民境内出售或发行	2. 金融信贷
居民境外购买	居民向非居民提供
居民境外出售或发行	非居民向居民提供
B. 债券或其他债务性证券	3. 担保、保证和备用融资便利
非居民境内购买	居民向非居民提供
非居民境内出售或发行	非居民向居民提供
居民境外购买	四、对直接投资的管制
居民境外出售或发行	1. 对外直接投资
2. 货币市场工具	2. 对内直接投资
非居民境内购买	五、对直接投资清算的管制
非居民境内出售或发行	六、对不动产交易的管制
居民境外购买	居民境外购买
居民境外出售或发行	非居民境内购买
3. 共同投资证券	非居民境内出售
非居民境内购买	七、对个人资本流动的管制
非居民境内出售或发行	1. 贷款
居民境外购买	居民向非居民提供
居民境外出售或发行	非居民向居民提供
二、对衍生工具和其他工具的管制	2. 礼品、捐赠、遗赠和遗产
非居民境内购买	居民向非居民提供

续表

非居民境内出售或发行	非居民向居民提供
居民境外购买	3. 外国移民境外债务的结算
居民境外出售或发行	4. 资产的转移
	国内移民向国外的转移
	国外移民向国内的转移
	5. 博彩和奖励收入的转移

　　我国在直接投资领域开放的风险管理一直遵循"双Q"制[资质（qualification）和额度（quota）]的投资事前准入管理模式（具体表现为需要相关政府职能部门的事前批准或备案）。无论是外商来华直接投资还是我国对外直接投资都是如此，执行着按金额、分层次一单一单地审批、核准或备案办理的流程。如果说外商来华直接投资涉及我国境内产业布局中的国家安全问题、反垄断问题或者环保问题等的管理，对外直接投资涉及国际产业布局等问题，仍然需要政府部门事前把关审核且逐单审核或备案也依然可行的话，那么其他形式的投资，如货币及资本市场投资的开放、集合投资以及衍生品投资开放的风险管理也采用这种模式显然是不合适的，也是无法实施的，或即便采用了这一模式，效果也是不好的。这是因为政府部门的人力资源配置不可能比市场自身配置的人力资源更优，行政管理模式的时效也不可能比市场运行的时效更快，风险管理上更是难以适应瞬息万变的市场运行规律。

　　因此，"投资"开放（也即资本及金融账户的开放）后风险防控需要有新的管理模式。也就是说，在引入上述与投资相关的六项高阶规则实现投资的原则性开放后，涉外金融风险的管理也需要有新的思路和模式——以金融审慎例外作为规则来做好应对风险的安排。

　　综上所述，对于负责货币政策和宏观审慎管理的央行来说，自贸试验区金融改革开放的实质，除了更好地增强金融服务功能、满足实体经济的跨境金融服务需求外，推动涉外金融风险管理模式的转变以顺应这种开放形势是必有的内容，也契合党的十八届三中全会决定和国家建设上海自贸试验区的指导思想。所以，自贸试验区金融改革开放需要同步做涉外金融风险管理模式的创新。

第三节 | 自贸试验区金融改革开放与增强金融服务功能

从研究自贸试验区建设的整体方案到自贸试验区金融改革开放方案的最终落地，自贸试验区金融改革开放主要考虑实体经济对跨境金融服务的需求。在海关综合保税区基础上升级推出的自由贸易试验区涵盖的内容不仅仅是货物贸易和与货物相关的服务贸易，还包括其他服务贸易和投资等；区内经济主体的层级也不再只是贸易公司或加工型企业，而是跨国公司地区总部、跨境结算中心和研发中心以及综合经营型的外向型企业。因此，对跨境金融服务存在更高层次的需求，不再局限于传统的存、贷、汇、兑。金融作为服务业的一个子行业，自身也存在金融服务的跨境贸易需求。因此，自贸试验区金融改革开放不同于其他区域性金融改革开放，其主要针对的是跨境金融服务。

跨境金融服务是对金融部门为实体经济部门提供的与涉外商务投资活动相关的各项金融服务的总称。服务的主体是金融机构及金融基础设施机构，服务的客体是实体经济部门，包括各类企业主体和个人主体。

根据世界贸易组织对服务贸易的界定，服务的国际贸易可以通过四种方式开展：一是跨境提供，二是境外消费，三是商业存在，四是自然人流动。上海自贸试验区金融改革开放任务中"增强金融服务功能"主要涉及两个方式，即跨境提供和商业存在。其中，跨境提供是指金融部门向实体经济部门的跨境商务投资活动提供的金融服务国际贸易，商业存在是指金融机构跨境设立经营性机构提供的金融服务国际贸易。上海自贸试验区除了向境外资本开放商业存在模式的市场准入外，还需要重点弥补金融服务跨境提供上的短板。

在长期以来外币主导我国国际收支的格局下，金融服务部门向实体经济部门提供跨境金融服务的能力和空间在很大程度上受传统管制的影响和限制较多。改革开放以来，我国一直在推进汇兑领域的改革。1996年实现人民币经常账户可兑换后，资本账户的改革开放也在稳步推进。从目前学术界评估来看，除了少数几项外，已基本实现了资本账户的可兑换。但实体经济部门仍然反映当前的跨境金融服务用户体验并不好，由此形成了学术界评估和实体经济用户体验之间的较大落差。比如，经常账户已于1996年可兑换，但银行在提供经常账户跨境结算的流程上设置了不少的细节性预审安排，在某种程度上构成了对经常项下交易支付的阻缓或延迟，导致对外支付效率低下。又如，直接投资实现了基本可兑换，但前置手续依然不少，投资后在资金使用环节上的国民待遇也有一些未到位。在汇兑服务领域，实体经济部门通常会面临一些临时性管制措施而导致涉外经济合同执行难的问题，在一定程度上也导致我国的实体经济部门在对外商务合同谈判和履约中面临不确定性而增加成本。金融服务部门也因为一直要配合监管部门的要求，不停地实施流入或流出方向上的调控措施而增加成本、降低效率。当然，商业金融机构由此还获得了优于实体经济部门的商业地位，在其提供商业金融服务时对实体经济部门拥有更大的源自监管政策而非其自身商业能力的优势。

再有一点，就是专户管理模式将资金分散在不同的账户中，使得企业无法便利地使用和管理其可支配的资金，反而在"专户专款、专管专用"的管理模式下增加了财务管理成本和失误性违规可能，降低了资金的使用效率。如人民币跨境使用框架下的十多个专户、外汇管理框架下的几十个专户，都需要企业多开支人力成本进行管理，一旦用错账户（即便都是企业的可支配资金）就要面临被处罚的问题。银行层面也为了满足庞大复杂的账户分类管理要求而需要投入更多的人力，并增加了失误性违规的可能。

因此，实体经济对于自贸试验区的跨境金融服务是有合理期待的。根据我们的调查，这些需求主要归类为以下几个方面：一是账户服务方面，希望规则统一，操作简单，不要强制性地开立那么多专户，能给企业一个便利使用可支配资金的权利；二是结算服务方面，希望快捷便利，简单直通，不要有那么多落地处理环节的细节性要求，减少企业往返跑的频次；三是融资服务方面，希望成本低廉，选择充分，打开境内外两个市场、两种资源，而不是需要层层审批才能办理而导致时机的错失；四是投资服务方面，希望能够实现多渠道的保值增值，风险可控；五是风险管理方面，希望能够提供丰富的风险管理和风险分散、对冲的手段和工具，市场化定价并有充分的选择空间；六是资金管理方面，希望实现集约化、规模化、内部化的财务管理，而非分散圈制在不同专户中，虽然都是自己的钱，但受到监管部门认定的"'买油的钱不能用于买米'，即便调个头寸也属于违规"这样的约束。综合来说，实体经济部门既希望金融部门能够为其开展的各项涉外商务投资活动提供便利化的金融服务，也希望在其走向国际、参与国际竞争的过程中金融部门能够持续性地提供满足其境外投资后日常生产经营以及后续投资管理需求的全程金融服务。

对于监管部门来说，通过上海自贸试验区建立监管沙盒机制，开展先行先试，增强我国金融机构的金融服务功能，不仅是为了更好地促进金融服务实体经济，更可以通过壮大我国金融机构的金融服务功能向外延伸金融服务，跟进实体经济"走出去"的步伐，实现金融服务的国际化布局，更好地服务于我国对外开放和参与经济全球化。

第四节 ｜ 自贸试验区金融改革开放与涉外金融风险管理

根据国务院先后发布的关于上海自贸试验区建设的三个方案，上海自贸试验区金融改革开放的主要任务和措包括：一是"深化金融领域的开放创新"，包括"增强金融服务功能"和"加快金融制度创新"两个方面，具体落实到"一行三会"发布的举措，共有51条（人民银行30条、银监会8条、证监会5条、保监会8条）。二是"深入推进金融制度创新"，加大金融创新开放力度，加强与上海国际金融中心建设的联动。"一行三会一局"、商务部和上海市人民政府联合报国务院批准后发布《进一步推进中国（上海）自由贸易试验区金融开放创新试点　加快上海国际金融中心建设方案》，明确了上海自贸试验区与上海国际金融中心联动建设的40项措施（以下简称"金改40条"）。"金改40条"包括率先实现人民币资本项目可兑换、进一步扩大人民币跨境使用、不断扩大金融服务业对内与对外开放、加快建设面向国际的金融市场以及不断加强金融监管、切实防范风险等方面。三是"进一步深化金融开放创新"，积极有序地实施"金改40条"。加快构建面向国际的金融市场体系，建设人民币全球服务体系，有序推进资本项目可兑换试点。加快建立金融监管协调机制，提升金融监管能力，防范金融风险。增强"一带一路"金融服务功能，推动上海国际金融中心与"一带一路"沿线国家和地区金融市场的深度合作、互联互通。加强与境外人民币离岸市场战略合作，稳妥推进境外机构和企业发行人民币债券和资产证券化产品，支持优质境外企业利用上海资本市场发展壮大，吸引沿线国家央行、主权财富基金和投资者投资境内人民币资产，为"一带一路"重大项目提供融资服务。大力发展海外投资保险、出口信用保险、货物运输保险、工程建设保险等业务，为企业海外投资、产品技术输出、承接"一带一路"重大工程提供综合保险服务等。

从三个方案对上海自贸试验区金融改革开放的定位以及中央对上海自贸试验区建设的总体定位来看，金融改革开放创新无疑是主旋律。这里既包括广义投资的开放以及涉及投资规则的创新建设，也包括投资开放后的风险防控体制机制创新建设。应该说，中央对上海自贸试验区金融改革开放的定位是清晰的，就是"在风险可控的前提下"开展自贸试验区金融改革开放。

中国人民银行发布的《关于金融支持中国（上海）自由贸易试验区建设

的意见》第一项措施就是"创新有利于风险管理的账户体系",也就是"金融改革开放需要推动,风险必须防,防控模式要创新"的概念。这一概念正切合了前述广义投资范畴下的资本及金融账户开放后以金融审慎例外为切入点的新型涉外金融安全防控体系建设的逻辑。也就是说,上海自贸试验区金融改革开放不仅要在跨境金融服务实体经济领域开放创新,按照全面的国民待遇原则来提供跨境金融服务,也要在涉外金融风险防控体系建设上改革创新。

因此,自贸试验区金融改革开放具有双重性,且涉外金融风险防控体系建设比跨境金融服务实体经济方面的开放创新更重要。可以说,没有开放风险的防控体制机制创新与建设,就谈不上对实体经济跨境金融服务层面管制的开放。根据政府职能转变的要求,前置行政审批管理放开,事中、事后的风险防控体系就必须跟进;否则,金融的开放就等于"不设防的开放",就会把整个国家拖入外部冲击的风险中。

既然三个方案都明确指向了金融开放创新,那么对标什么进行金融改革开放以及如何改是必须解决的问题。党的十八届三中全会以及国务院发布的三个方案已经给出了明确方向。党的十八届三中全会决定指出,建立中国上海自由贸易试验区是党中央在新形势下推进改革开放的重大举措,要切实建设好、管理好,为全面深化改革和扩大开放探索新途径、积累新经验。《中国(上海)自由贸易试验区总体方案》(2013)指出,上海自贸试验区建设的指导思想是:"率先建立符合国际化和法治化要求的跨境投资和贸易规则体系,使试验区成为我国进一步融入经济全球化的重要载体,打造中国经济升级版……"总体目标是"……着力培育国际化和法治化的营商环境,力争建设成为具有国际水准的投资贸易便利、货币兑换自由、监管高效便捷、法制环境规范的自由贸易试验区,为我国扩大开放和深化改革探索新思路和新途径,更好地为全国服务。"

根据前文关于上海自贸试验区建设的背景分析,对标国际高阶贸易投资规则来推进自贸试验区金融改革开放并将自贸试验区作为我国进一步融入全球化的一个先导"试验田"，与上海国际金融中心建设联动推进无疑是一个合理的选择。当然，对标国际高阶贸易投资规则推动上海自贸试验区金融改革开放过程中，通过引入国际认可的宏观审慎管理政策框架和金融审慎例外规则，构建金融全面开放后涉外风险防控新机制也是必不可少的选项，毕竟没有一个国家的金融开放是不设防的，关键是如何设防才能达到服务实体经济和金融风险管理的最优解。因此，引入监管沙盒机制无疑是最好的解决方案。

鉴于金融是服务业的一个分支，本质上属于竞争性服务行业，以及世界贸易组织等对国际服务贸易的分类定义，金融服务的国际贸易也可以通过跨境提供、境外消费、商业存在以及自然人流动四种方式开展。无论是世界贸易组织框架下的国际服务贸易协定还是多双边机制下的自由贸易协定，都已经将金融服务作为一个领域纳入了开放谈判的范畴。但无论何种形式，金融服务贸易的载体必然是资金和信用，都离不开账户。因此，总行明确上海自贸试验区金融改革开放的第一步是创新有利于风险管理的账户体系。这是上海自贸试验区坚持风险可控原则下推动金融改革开放的前提，也是依托自由贸易账户体系构建自贸试验区金融改革开放创新监管沙盒机制的基础。可以说，自贸试验区金融改革开放的逻辑很大程度上可以通过对自由贸易账户体系的解读来梳理。第二步是推动投融资汇兑便利，也即人民币资本项目可兑换，对应的就是广义投资领域的开放并实现与投资相关的资金自由无延误地进出，并以可自由使用的货币进出的目标。当然，这是一个需要逐项通过细则来完成的目标。

因此，从整体来看，自贸试验区框架下"货币兑换自由"这一目标的实现是分步走的。首先是已经实现可兑换的经常项目交易和实业投资进入自由贸易账户，满足实体经济部门对汇兑更便利的诉求。其次是跨境融资，通过分账核算境外融资和跨境资金流动宏观审慎管理规则的建设进入自由贸易账户，并实现了区内实体经济和金融机构分账核算单元（FTU）跨境融资以及相关汇兑的便利化诉求。最后是跨境金融交易，在自由贸易账户的支持下，黄金交易国际板以及自贸债（包括柜台债）实现了同步向境内外开放，并实现了汇兑便利化诉求。当然，在跨境金融交易方面还有跨境股权投资以及自贸试验区内相关国际金融资产交易平台建设等方面的相关安排等，支持上海国际金融中心建设目标的实现。金融整体开放的关键是建好涉外金融风险管理的新模式——依托自由贸易账户的"电子围网"体系，构建跨境资金流动与风险宏观审慎管理政策框架。

第五节 │ 自由贸易账户支持下的跨境金融服务与风险管理特色

经过四年多的实践，依托自由贸易账户体系，金融机构向实体经济部门提供了以下金融服务：

一是跨境金融服务。金融机构按全面的国民待遇原则向境内外经济主体（境内主要指上海自贸试验区内及上海市内科技创新相关主体）提供基于自由贸易账户的各类跨境结算、贸易融资、各币种间兑换、各类存款（包括理财）、贷款、担保、实业投资及与投资相关的跨境融资、跨境资金集中管理（全功能型跨境资金池）、经常项目（如供应链）集中（轧差）结算、跨境融资、大宗商品现货交易及相关价格衍生品交易（如保税铜溢价等）、黄金交易国际板、跨境股权投资，（包括天使基金、种子基金等风险投资）、为"一带一路"等海外投资提供基于FTN的后续配套金融服务，为海外引进人才提供全方位的境外金融服务。

二是境内金融服务。基于自由贸易账户"二线有限渗透"的管理规则，金融机构向境内外主体提供基于自由贸易账户的、除现钞外的各类境内人民币结算服务，满足其与境内其他主体之间的商务投资活动所需；为开立自由贸易账户的企业提供与其同名账户间基于日常生产经营活动所需、境内实业投资所需、偿还金融机构人民币贷款（6个月以上）所需以及参与自贸试验区相关金融资产交易（如目前已经开放的黄金交易国际板）等的人民币资金划转。

三是金融市场服务。基于自由贸易账户分账核算管理后的资金头寸管理需要，金融机构FTU同业间以及与境外同业间可以开展本外币兑换、金融市场投融资、本外币流动性管理以及风险管理等相关的同业业务。

自由贸易账户支持下的跨境金融服务与普通账户的跨境金融服务相比有以下特色：

首先，政策安排上无偏，实现了公平竞争或竞争中立规则。自由贸易账户实现了跨境金融领域全面的国民待遇。境内外企业开立自由贸易账户后接受到的跨境金融服务是一视同仁的，无论是境外企业开的FTN账户还是境内主体开的FTE账户，在围绕账户的跨境金融服务方面是一致的，不再因其资本背景而做政策上或产品上、服务上的差异化安排。即便投资行为尚未发生，只要开立了自由贸易账户就可以接受到同等的跨境金融服务。自由贸易账户实现了金融服务领域的公平竞争或竞争中立。从跨境金融服务的提供方角度来看，只要是在境内注册设立的金融机构，无须领取额外的准入许可或设立实体经营网点，只需设立内部分账核算管理制度并接入央行的系统实现信息报送即可提供跨境金融服务和境内金融服务，服务能力和市场份额完全取决于金融机构自身，没有任何政策上的差异化安排。从跨境金融服务的接受方角度来看，金融机构一视同仁地向所有开立自由贸易账户的境内外企业提供均等化的金融服务，不因企业的资本背景做差异化安排。

其次，服务效率上便利，实现了跨境汇兑便利化规则。自由贸易账户在遵循既有的经常账户可兑换基础上，实现了与投资相关的资金自由无延误的收付并且可自由选择跨境收付的币种。具体操作上，金融机构在按国际金融服务普遍要求的"了解客户、了解业务以及展业尽调"原则做好反洗钱、反恐怖融资以及反逃税审查后，就可以提供各项跨境金融服务和境内金融服务。自由贸易账户按开户主体属性不同设置账户。其中，企业类的分为FTE和

FTN，分别适用区内及境内企业和境外企业；个人类的分为FTI和FTF，分别适用区内及境内个人和境外个人；同业类的为FTU账户。按"成熟一项，推出一项"的原则，目前除了FTI账户外，其余账户均已启动服务并实现了跨境金融服务上的便利，账户内资金可兑换也省却了开户主体需要管理多个专用账户的麻烦，实现了对可支配资金的便利化管理、集约化管理和集中使用，提高了资金管理的效率和财务收益率，降低了账户管理成本和风险。

再次，风险管理上创新，建立了自贸试验区金融改革开放创新的监管沙盒机制，实现了向以金融审慎例外为规则的跨境宏观审慎管理模式的转变。金融开放重在风险管理。风险管理分为风险定义、识别和干预三个方面。风险定义很关键，是指什么样的事件可以被认定为风险；风险识别是根据标准认定风险事件的过程；风险干预则是阻止风险发生后蔓延的手段。客观来看，金融其实就是风险管理的过程。监管沙盒机制既支持了自贸试验区跨境金融服务的开放创新，又支持了监管实践的创新。

我国改革开放以来，对金融风险的定义、识别和干预正在从微观走向宏观。这既是监管层认识逐步提高的过程，也是涉外金融实践逐步演进的过程。在跨境金融服务领域，早期的涉外风险管理更多地依靠汇兑管制。依据相关规定，国家对跨境金融服务的开放遵循了沿国际收支平衡表编制中的项目分类法逐步推进。在实现了经常账户可兑换、资本账户逐步开放兑换的过程中，涉外金融风险管理的理念和手段更新略有滞后。事前审批、备案的路条式前置管理以及按经常和资本两大账户分别管理依然是涉外金融开放风险管理的主要手段。对于涉外金融风险的定义、识别和干预的全流程管理还停留在传统的微观管理观念上。比如，仍然对实体经济的微观活动倾注过多的监管精力，风险的定义依然停留在界定实体经济的微观行为上的违规，而非宏观层面上的金融风险（如期限/币种敞口以及未来现金流等），风险的干预也依然停留在对实体经济微观行为的矫正上，而非宏观审慎政策工具的嵌入式传导机制。

自由贸易账户形成的"电子围网"支持涉外金融风险管理的创新。一方面实现政府管理职能的转变，另一方面尝试实现金融风险管理模式上的转变，构建一套能够由宏观指标触发直达微观运行的嵌入式风险管理体系。在这一体系下，虽然放弃了前置的、路条式的逐笔业务、逐项开放的行政审批/备案管理手续，但通过有效的数据采集和建立高效处理的管理信息系统支持开展事中、事后管理，形成快速有效的监测查疑和风险识别机制，构建嵌入到涉外金融活动内在的政策调控工具，从而支持在放开对实体经济跨境金融服务限制的同时有效地管理涉外金融风险的新模式。

当然，这里关于涉外金融风险的定义已不再局限于单个企业的违规行为，而是由宏观预警指标（如债务率，市场价格如汇率、收益率变化，国际收支流量变化以及共同敞口引发的预期等）触发的趋势性苗头，是能够借助共同的敞口产生蔓延性效果的现象。这是因为，实践经验显示，单一主体的微观行为不足以构成宏观风险，只有当单一主体的微观行为成为趋势时，才有可能引发宏观风险。从目前来看，跨境金融领域中很多被定义为违规的微观行为并不一定引发宏观风险，而且这类宏观风险也难以通过一单一单的审核来加以防范。比如对外直接投资，当汇率变动引起公众的贬值预期时，一单一单审核通过的对外直接投资反而成为资本外流的合法外衣。在银行被告知只要审核了什么凭证就可以为企业办理结算时，要逆向调节资本外流就成为一句空话，只能通过资本管制来强制性断流。此时，对政府经济治理的公信力和境内企业的对外履约信用都将构成难以挽回的伤害。

最后，信息覆盖上创新，支持跨境宏观审慎管理政策落到实处。自由贸易账户体系建立的跨境宏观审慎管理模式，尝试将整个国民经济分成两部门框架，即实体经济部门和金融服务部门。在这两部门框架中搭建基于金融审慎例外规则的跨境资金流动宏观审慎管理政策框架。实体经济部门可以依据真实合法交易办理各项跨境资金流动并可自由选择跨境结算的币种。金融服务部门则根据人民银行对跨境资金流动宏观审慎管理的要求，对其所服务的实体经济部门跨境收支的结果承担部分的反向比例对冲责任，参与并配合央行共同做好跨境资金流动的宏观审慎管理。这是上海自

贸试验区金融改革开放中"放开实体，管好金融"的核心所在，也是自由
贸易账户系统既关注实体经济层面的跨境收支和跨区收支，更关注金融服
务层面的跨境收支和跨区收支的原因。自由贸易账户体系的信息采集和支
持更多地放在金融服务部门，以支持对金融服务部门的更强大的宏观调控
需求。

第四章　创新有利于风险管理的账户体系

　　上海自贸试验区建设之初，中国人民银行发布了《关于金融支持中国（上海）自由贸易试验区建设的意见》，其中第一项任务就是"创新有利于风险管理的账户体系"。本章通过对现有单币种银行账户体系的梳理分析，将其作为自由贸易账户体系建设的背景，探讨了自由贸易账户体系建设的必要性、可行性以及下一步推动全国性账户体系改革的参考性。

第一节 │外汇账户管理体系与建设现状

外汇账户作为跟踪跨境资金流动、监测主体行为的基本工具,通过对其进行管理,有利于及时发现跨境资金的异常变动,维护跨境资金有序、合理的运行。

一、建设思路与发展历程

随着经济发展形势、外汇收支状况的转变,资本项目可兑换进程的加速推进以及人民币在跨境交易中的广泛使用,我国的外汇账户管理经历了多次制度变迁。

(一)整体性外汇账户管理改革

1993年11月,党的第十四届三中全会通过了《中共中央关于建立社会主义市场经济体制若干问题的决定》。按照该决定改革外汇管理体制的要求,中国人民银行在1994年进行了一系列外汇管理体制改革。在这次改革中,我国实行了银行结售汇制度,取消了外汇留成、上缴和外汇收支的指令性计划管理,对中资企业实行强制结售汇制度。在中资企业的经常项目收入项下,中资企业可以开立外汇账户,保留经营境外承包工程、劳务技术合作及其他暂收待付项下的外汇收入;其他经常项目外汇收入均应办理结汇,不可保留在外汇账户中。对外资企业则未进行强制结售汇管理,并允许外资企业开立外汇账户来保留经常项目项下的外汇收入。

为了与人民币经常项目可兑换的实现相适应,1997年,《境内外汇账户管理规定》《境外外汇账户管理规定》相继发布,对原有的账户管理政策进行了调整,初步构建起比较完整的外汇账户管理体系,但对中资企业开户资格的限制比较严格，中资企业开立经常项目外汇账户保留外汇的起点较高。同时，从方便管理的角度出发，将经常项目外汇账户按照功能划分为外汇结算账户和外汇专用账户，并根据外汇账户性质的不同实行不同的管理方式。基于方便中资企业生产经营的目的，此次账户改革允许中资企业在符合一定条件的前提下开立外汇结算账户，并在限额内保留经常项目项下的外汇收入。具体来讲，年进出口总额在3000万美元以上、注册资本在1000万元人民币以上的有进出口经营权的外经贸公司，以及年进出口总额在1000万美元以上、注册资本在3000万元人民币以上的有进出口经营权的生产型企业，可以开立经常项目外汇结算账户，保留一定限额的外汇收入，其账户限额为该企业上年进出口总额的15%。但绝大多数中资企业并不满足限制条件，不具备开户资格。与此同时，外资企业均可以开立外汇结算账户，并根据企业的实收资本情况和经常项目资金的周转情况核定其账户的限额。

（二）经常项目外汇账户改革

为了鼓励和促进出口，增强企业的国际竞争力，适应加入世界贸易组织的形势，国家外汇管理局在2001年发布了《中资企业外汇结算账户管理实施细则》，降低了中资企业开立外汇结算账户的标准。新标准允许年度出口收汇额在等值200万美元以上，且年度外汇支出额在等值20万美元以上、享有进出口经营权的中资企业开立外汇结算账户，保留一定限额的外汇收入。该外汇结算账户的最高限额按照开户中资企业上一年度出口收汇累计额、外汇支出累计额中较小额的25%核定。外资企业外汇结算账户的管理政策及限额核定标准保持不变。2002年9月，国家外汇管理局发布的《境内机构经常项目外汇账户管理实施细则》进一步取消了对中资企业开立经常项目外汇账户的限制条件，统一了中外资企业账户管理的政策。该政策对具有涉外经营权或有经常项目外汇收入的中资企业和外资企业均允许其开立经常项目外汇账户；对经常项目外汇账户实行统一的限额管理，按照其上一年度经常项目外汇收入的20%核定账户限额，同时根据上一年度经常项目外汇收入的25%核定地区总限额。针对境内机构的特殊情况，允许外汇分局在地区限额范围内对其账户限额予以调整。新的经常项目外汇账户管理政策实施后，全国境内机构经常项目外汇账户大幅增加。

（三）改进和完善外汇账户限额管理

2003年8月，国家外汇管理局发布《关于调整国际承包工程等项下的经常项目外汇账户管理政策有关问题的通知》，放开了国际承包工程等暂收待付项下经常项目外汇账户限额。具体来说，国际承包工程及国际劳务项下、国际海运及船运运输代理和货物运输代理项下、国际招标项下、从境外收入外汇后需向其他境内机构或个人划转的暂收暂付项下的经常项目外汇账户，纳入到特殊来源和指定用途的经常项目外汇账户进行管理，并允许其外汇收入全额保留在外汇账户中，即根据其外汇收入的100%核定账户限额。

2004年5月，企业可保留经常项目现汇比例由当时的20%提高到30%或50%，此额度于2005年8月进一步提高到50%或80%，并将新开立账户的初始限额调整为不超过等值20万美元；在核定账户限额时，根据企业上一年度经常项目外汇实际收入情况，结合其实际用汇情况，在一定情况下做到了"按需限额"。2005年2月4日，国家外汇管理局发布《关于调整经常项目外汇账户限额管理办法的通知》（汇发〔2005〕7号），对经常项目外汇账户限额管理办法作出了重大调整，主要内容包括：（1）境内机构超限额结汇期限由原来的10个工作日延长至90日。也就是说，境内机构在其经常项目外汇账户余额超出核定限额后的90天内仍可以保留其外汇资金。（2）根据实际外汇收入的100%核定经常项目外汇账户限额的企业范围得以进一步扩大。外汇局可根据实际情况，对因实际经营需要而确实需要全额保留经常项目外汇账户外汇收入的进出口及生产型企业，根据其实际外汇收入的100%核定经常项目外汇账户限额。逐步放宽的账户限额，大大拓宽了境内机构自主使用经常项目外汇资金的空间，降低了其结售汇成本，提高了企业的国际竞争力。

（四）逐步放开经常项目开户和限额管理

2006年，经常项目外汇账户的政策调整主要包括：（1）外汇账户管理由事前审批调整为事后备案。企业除了在开立首个账户时需要进行机构基本信息登记之外，开立、变更和关闭经常项目外汇账户无须经外汇局审批，可由银行按外汇管理要求和商业惯例直接办理。取消程序性重复的审核模式，一方面减少了企业办理外汇账户所耗费的时间，体现了外汇管理便利化的原则，另一方面使经常项目外汇账户管理模式从直接管理转向间接管理，日常监管由前台转向后台，由程式性管理转向有关信息分析基础上的信息管理。（2）外汇账户限额进一步提高。企业可保留经常项目现汇比例由之前的50%或80%，统一提高到按上一年度经常项目外汇收入的80%与经常项目外汇支出的50%之和确定，新开立账户的初始限额由之前的不超过等值20万美元调整为50万美元。（3）为了便利进口企业生产经营用汇需要，有进口支付需求的企业可以提前购汇，存入外汇账户。

2007年，外汇管理制度实现了由强制结售汇向意愿结售汇的转变。国家外汇管理局发布《关于境内机构自行保留经常项目外汇收入的通知》，其主要内容包括：（1）境内机构可根据经营需要自行保留其经常项目外汇收入。（2）银行在为境内机构开立账户和办理外汇收支业务时，停止使用外汇账户管理信息系统的"限额管理"功能。（3）强化对经常项目外汇账户收支的监测力度，银行按规定向所在地外汇局报送经常项目外汇账户及外汇收支等信息。

（五）进一步规范和完善外汇账户管理

2008年，我国设立出口收汇待核查账户。国家外汇管理局、海关总署和商务部联合下发的《出口收结汇联网核查办法》规定，企业在贸易项下的外汇收入必须先进入出口收汇待核查账户，经外汇指定银行或者外汇局审核后方可办理结汇或划转手续。2009年7月，《国家外汇管理局关于境外机构境内外汇账户管理有关问题的通知》对境外机构境内外汇账户（NRA账户）的开立、使用等行为做了进一步明确的规范，并重申了境外机构、个人在有离岸银行业务经营资格的境内银行离岸业务部开立离岸账户及该账户和境内之间的外汇收支，要严格按照《离岸银行业务管理办法》及其实施细则等有关规定办理。2009年12月，国家外汇管理局下发的《关于境内机构捐赠外汇管理有关问题的通知》规定设立捐赠外汇账户，明确规范了不同类型境内机构捐赠外汇账户的开立、收支范围，体现了以账户为手段规范业务管理的建设思路。

二、外汇账户管理信息系统建设

（一）外汇账户管理信息系统的产生背景

随着外汇账户管理政策的发展和政府部门职能转变的需要，电子化的信息系统成为信息采集、监测分析的必要工具。在这一背景下，外汇账户管理信息系统应运而生并不断完善。外汇管理由事前审批转变为事后监管，要求外汇管理部门建设一个高效的账户监管体系，该体系将账户作为采集银行数据的基础，进而监测账户的流量和存量情况。这就意味着银行数据的采集成为能否进行有效监管的关键。外汇账户管理信息系统架设了从银行直接采集原始账户信息的通道，外汇局可以通过外汇账户管理信息系统、国际收支系统等挖掘信息产品，进一步发现风险。因此，以账户为基础，实现对跨境资金的全面监测具有内在优势和可行性。

（二）外汇账户管理信息系统的发展过程

2002年，外汇账户管理信息系统得以在全国推广。此时的外汇账户管理信息系统旨在满足外汇账户基本信息采集和外汇账户电子化管理的需求，从而提高对外汇账户的电子化监管水平，实现对境内机构外汇流量和存量的监管。2006年，外汇局对外汇账户管理信息系统进行了升级，提高了主体监测的功能，并将外汇账户统计分析系统在全国范围内投入使用，形成了目前账户二期的格局。在外汇局服务贸易管理体制改革后，外汇局进一步对外汇账户系统和国际收支系统的信息系统进行整合，进而开发了服务贸易非现场管理系统，使外汇账户系统的外延得到拓展。外汇账户系统的数据质量将随着外汇管理改革的进行而得到进一步的提高，信息的内涵也将得以挖掘，其外延功能也将会根据监测需要的不同而不断加以拓展和丰富，进而成为多角度、全方位的统计监测体系中的重要组成部分。

（三）外汇账户管理信息系统的构成

目前，外汇账户管理信息系统由四个子系统构成，前两个系统是日常监测数据应用平台，后两个系统是后台数据质量控制及维护系统。各子系统的功能如下：

1. 外汇账户管理信息1期系统。该系统具有账户审批管理、银行数据入库及账户监管等功能模块，对银行报送的O、Q、A、B数据文件进行入库处理。该系统以银行报送的外汇账户数据为基础，提供客户电子账本、客户主体监测、金融机构主体监测、账户基本信息查询、账户收入和支出查询等功能。其实现的主要功能有对银行报送的外汇账户信息进行校验和采集、对外汇账户及其主体信息进行日常管理、提供外汇账户交易明细的监测查询以及按主体实施监测等。该系统是展示微观数据的主要平台。

2. 外汇账户统计分析系统。该系统具有外汇账户审批统计、外汇账户总量统计、经常项目外汇账户限额情况、收支明细分析、企业数量统计、错误信息统计和每日账户余额统计等功能模块。每一个相对并列的多维统计分析模块背后都有一个数据模型，数据模型的建立以明细数据为基础，并配有相应的信息目录（诸如地区、行业、交易性质等需要考察的要素）。该系统可以提供外汇账户报表统计和数据分析手段，实现对外汇账户信息的宏观统计监测。

3. 外汇账户信息交互平台。该平台主要用于解决银行数据上报、信息交互和数据质量管理的问题，实现了外汇局和银行之间的信息交互。

4. 外汇账户辅助工具软件。该软件具有代码维护，折算率导入，数据的查询、导出和删除功能，以及完成其他非正常业务操作，提供对非正常业务流程产生的数据的处理手段。

（四）外汇账户管理信息系统各子系统间的关系

外汇账户管理信息1期系统是外汇账户系统的核心。外汇账户统计分析系统、外汇账户信息交互平台、外汇账户辅助工具软件都是在外汇账户管理信息系统的基础上开发完成的。外汇账户系统以外汇账户管理信息系统作为运行的基础和系统规则的执行者。从业务的角度来看，业务管理人员通过外汇账户管理信息系统获取最基础的信息，该系统提供以账户为单位的明细信息。此外，该系统可以实现按主体进行监测查询。外汇账户统计分析系统是在外汇账户管理信息系统1期的基础上实现数据再利用的工具，外汇账户信息交互平台和外汇账户辅助工具软件是外汇账户管理信息系统数据质量维护功能的延伸。

外汇账户管理信息系统是外汇账户统计分析系统的基础，外汇账户统计分析系统是外汇账户管理信息系统的外延。外汇账户管理信息系统和外汇账户统计分析系统是外汇账户系统的应用层面，两者之间相互联系，但又发挥各自的作用。外汇账户管理信息系统为外汇账户统计分析系统提供数据来源，也是将来进一步挖掘数据信息、拓展信息产品的唯一来源，在信息的展示上具有基础性、唯一性和明细化的特征。外汇账户统计分析系统又是外汇账户管理信息系统中汇总统计功能的重要补充。外汇账户统计系统中，除已设置的九个统计分析模块外，今后还可以根据业务管理的需求而不断增加，这意味着外汇账户统计分析系统在信息的展示上具有可拓展性、灵活性和归类性。

外汇账户管理信息系统与外汇账户统计分析系统各有侧重又相互补充。从应用的角度来看，外汇账户管理信息系统侧重于主体监测、账户交易明细等多条件查询等微观层面的监测管理。外汇账户统计分析系统则侧重于宏观层面的统计监测，例如该系统九个统计分析模块所展示的数据都是先根据相应的要素（时间、账户性质、交易性质、银行、地区等）组合实现汇总。从业务监测的角度来看，通过对外汇账户管理信息系统中主体明细的监测查询，可以为总量变化特征提供现实依据；相应地，通过对外汇账户统计分析系统中总量数据变动的要素分析，可以为外汇账户管理信息系统中的主体监测指明需要定位的方向。

第二节 ｜人民币账户管理体系与建设现状

一、人民币账户管理的发展历程

我国人民币结算账户管理制度诞生于改革开放前夕，并随着市场经济的不断发展而逐步演化，最终形成了如今的管理体系。总体而言，人民币结算账户管理体系的发展历程可以分为三个阶段。

1. 制度初创时期。1977年10月，中国人民银行发布《银行账户管理办法》。这份文件第一次以独立法规的形式对银行账户的开立和使用进行了规范。由于我国在当时实行的是计划经济体制，开立和使用银行账户仍然要受到严格的限制，使用的主体仅限于编报财政预算、决算报表的独立会计单位或实行独立经济核算的企业单位。

2. 逐步规范时期。20世纪90年代初，随着市场经济的发展，人民币银行结算账户的管理层面出现了一些新的情况：一方面，社会对人民币结算账户的需求越来越大；另一方面，出现了企事业单位多头开户的行为，个别银行为吸收客户存款而为客户随意开户的状况也屡见不鲜，银行账户的开立和使用比较混乱。为了强化对账户的管理，1994年11月，中国人民银行发布新的《银行账户管理办法》（银发〔1994〕255号），获准开立人民币银行结算账户的存款人范围被大大拓宽了：企业法人、企业法人内部独立核算的单位、财政部门、行政机关、事业单位、军队、武警单位、外国驻华机构、社会团体、私营企业、个体经济户、承包户等均可以申请开立基本账户。在账户的设置上，进一步将人民币存款账户划分为基本存款账户、一般存款账户、临时存款账户和专用存款账户，初步建立了人民币银行账户分类管理的模式，对人民币银行结算账户开立、使用的规范化起到了重要的作用。

3．持续深化时期。到了21世纪，在社会主义市场经济不断深化发展的条件下，我国经济格局和市场环境发生了很大的变化。一方面，经济格局呈现出经济形式多元化、组织机构多样化、资金管理个性化、企业经营集团化等新的特征，这就对人民币银行账户的开立、使用提出了新的要求；另一方面，1994年发布的《银行账户管理办法》并没有充分界定银行账户管理的监督手段和措施，出现了一些企业单位通过多头开户逃税、逃债、逃贷、私设"小金库"和套取现金，甚至利用违规开户进行诈骗、洗钱等违法犯罪活动。为了进一步解决上述问题并增强对违法犯罪活动的威慑力，2003年4月，中国人民银行发布《人民币银行结算账户管理办法》，这标志着我国基本建立了比较完善的人民币银行结算账户管理制度。

二、人民币账户管理模式概述和主要制度

（一）人民币账户管理模式概述

账户管理模式是指对银行结算账户的开立、使用、撤销进行管理时采用的固定模式，这种模式并非是一成不变的，而是随着经济、市场环境的变化而不断发展和创新。我国现行的账户管理模式以《人民币银行结算账户管理办法》为核心，具体参照《人民币银行结算账户管理办法实施细则》，采取现场检查和非现场检查相结合的监管手段，并按照人民银行印发的账户管理相关规定对违规行为进行处罚。《人民币银行结算账户管理办法》明确了基本存款账户是单位的主办账户，可以在异地开立，具有唯一性。专用账户在异地实行了有条件的放开，一般存款账户完全放开。这就意味着人民银行对银行结算账户的管理模式从过去的"封闭式"转变为"半开放式"。

目前，人民币银行结算账户管理模式的主要内容包括：（1）明确了以《中华人民共和国中国人民银行法》和《中华人民共和国商业银行法》等法律法规为基础，对银行结算账户进行管理。（2）存款人在原有的基础上增加了非法人企业、民办非企业组织、居民委员会、村民委员会、社区委员会和

其他组织。（3）缩小了存款账户的范围。外汇存款账户、个人储蓄账户和单位定期存款账户被排除在外。（4）账户种类被划分为两大类，即单位银行结算账户和个人银行结算账户，其中单位银行结算账户又被进一步分成四类，即基本存款账户、一般存款账户、专用存款账户、临时存款账户。（5）开户银行不仅在办理基本户的开户、销户时须向人民银行申报，除注册验资临时账户外，开立所有银行结算账户时均要向人民币银行结算账户管理系统报备。对基本存款账户、预算单位专用存款账户、临时存款账户（注册验资户除外）核发开户许可证。（6）存款人可自主选择银行开立银行结算账户。（7）银行除为存款人账户信息保密外，对执法机关符合法律法规规定的查询工作应积极配合，但对于不符合法律法规规定的，银行也可拒绝办理。（8）所有存款人只能开立一个基本结算账户。（9）放开了存款人开立一般存款账户的限制。除存款人与开户银行有借款关系外，存款人还可因其他结算需要开立数量不受限制的一般存款账户。（10）有条件地放开异地账户的开立条件。存款人可在异地开立基本存款账户、收入汇缴和业务支出专户、临时存款账户以及一般存款账户，突破了属地开立、属地管理的原则。

（二）人民币账户管理主要制度

随着我国社会主义市场经济发展水平和金融改革的不断深化，人民币账户管理制度也不断发展和完善。《人民币银行结算账户管理办法》建立了以基本存款户为主的账户管理体系，规范了账户的开户条件和开户手续，极大地满足了各类存款人的结算需求和资金管理需要。此后，针对人民币银行结算账户管理制度执行过程中出现的情况，人民银行相继制定出台了《人民币银行结算账户管理办法实施细则》《中国人民银行关于规范人民币银行结算账户管理有关问题的通知》等一系列规范性文件，在2005年人民银行结算账户管理系统建成运行之后，还制定印发了《人民币银行结算账户管理系统业务处理办法》等与其相配套的制度文件，形成了以《人民币银行结算账户管理办法》为核心、其他账户管理规范性文件为补充的账户管理制度体系（见表4–1）。

表 4-1　　　　　　　　　　我国银行账户管理主要制度

年份	制度名称	备注
1977	《银行账户管理办法》	已废止
1994	《银行账户管理办法》	已废止
1997	《支付结算办法》	银发〔1997〕393 号
2000	《个人存款账户实名制规定》	中华人民共和国国务院令〔第 285 号〕
2000	《中国人民银行关于〈个人存款账户实名制规定〉施行后有关问题处置意见的通知》	银发〔2000〕126 号
2000	《中国人民银行关于严格执行〈个人存款账户实名制规定〉有关问题的通知》	失效
2003	《人民币银行结算账户管理办法》	中国人民银行令〔2003〕第 5 号，自 2003 年 9 月 1 日起施行，1994 年 10 月 9 日中国人民银行发布的《银行账户管理办法》同时废止
2005	《中国人民银行关于印发〈人民币银行结算账户管理办法实施细则〉的通知》	银发〔2005〕16 号
2006	《中国人民银行关于规范人民币银行结算账户管理有关问题的通知》	银发〔2006〕71 号
2006	《中国人民银行办公厅关于严格执行人民币银行结算账户管理制度有关事项的通知》	银办发〔2006〕230 号
2007	《中国人民银行办公厅关于印发〈银行业金融机构联网核查公民身份信息业务处理规定（试行）〉和〈联网核查公民身份信息系统操作规程（试行）〉的通知》	银办发〔2007〕126 号
2007	《中国人民银行关于改进个人支付结算服务的通知》	银发〔2007〕154 号
2007	《中国人民银行、公安部关于切实做好联网核查公民身份信息有关工作的通知》	银发〔2007〕345 号
2008	《中国人民银行关于进一步落实个人人民币银行存款账户实名制的通知》	银发〔2008〕191 号
2011	《中国人民银行关于进一步加强人民币银行结算账户开立、转账、现金支取业务管理的通知》	银发〔2011〕116 号
2011	《中国人民银行关于开展全国存量个人人民币银行存款账户相关身份信息真实性核实工作的指导意见》	银发〔2011〕254 号
2015	《中国人民银行关于改进个人银行账户服务　加强账户管理的通知》	银发〔2015〕392 号
2016	《中国人民银行关于加强支付结算管理　防范电信网络新型违法犯罪有关事项的通知》	银发〔2016〕261 号

1. 人民币银行结算账户的开立。开立人民币银行结算账户应遵守以下规定：单位人民币银行结算账户的存款人只能在银行开立一个基本存款账户。存款人应在注册地或住所地开立银行结算账户，可在异地开立结算账户的情形有：一是存款人营业执照注册地和经营地不在同一地，可在经营地或注册地开立基本账户；二是存款人因结算需要可在异地开立一般存款账户；三是存款人可在异地开立收入汇缴和业务支出专用存款账户；四是在异地有短期临时经营活动的，可在异地开立临时存款账户。

除国家法律、行政法规和国务院规定外，存款人可以自主选择银行开立银行结算账户。银行为存款人开立银行结算账户，应与存款人签订银行结算账户管理协议，明确双方的权利和义务。除人民银行另行规定外，应建立存款人预留签章卡片，并将签章式样和有关证明文件的原件或复印件留存归档。存款人在申请开立单位银行结算账户时，其申请开立的银行结算账户的账户名称、出具的开户证明文件上记载的存款人名称以及预留银行签章中公章或财务专用章的名称应保持一致，但下列情形除外：一是因注册验资开立的临时存款账户，其账户名称为工商行政管理部门核发的"企业名称预先核准通知书"或政府有关部门批文中注明的名称，其预留银行签章中公章或财务专用章的名称应是存款人与银行在银行结算账户管理协议中约定的出资人名称；二是预留银行签章中公章或财务专用章的名称依法可使用简称的，账户名称应与其保持一致；三是没有字号的个体工商户开立的银行结算账户，其预留签章中公章或财务专用章应是个体户字样加营业执照上载明的经营者的签字或盖章。

（1）基本存款账户的开立。基本存款账户是存款人因现金收付和转账结算需要而开立的人民币银行结算账户。《人民币银行结算账户管理办法》明确规定了申请开立基本存款账户主体资格，如机关、事业单位、医院、福利院、学校等不以盈利为目的的民办组织。具备开立基本存款账户资格的主体以具有民事权利能力和民事行为能力的法人和其他组织为主。同时，为满足些具有独立核算资格的法人以外组织办理资金结算的需要，《人民币银行结算账户管理办法》也允许单位附属的、独立核算的幼儿园、招待所、食堂等单位开立基本存款账户，具有营业执照的企业分公司也可开立基本存款账户。

（2）一般存款账户的开立。一般存款账户的设立是为了避免资金集中存放带来的风险，同时促进银行机构通过提供更优质的服务吸引客户。根据《人民币银行结算账户管理办法》的规定，若存款人具有借款等结算需求，都可以申请开立一般存款账户。存款人可以根据自身结算需求选择开户银行，但不能在其基本存款账户的开户银行开立一般存款账户，并且对一般存款账户的开立没有数量限制。

（3）专用存款账户的开立。专用存款账户是存款人根据相关法律法规要求，为了对其资金进行专项管理而开立的。《人民币银行结算账户管理办法》对专用存款账户管理作出了明确规定：一是将信托基金、政策性房地产开发资金等具有专项投资用途的资金纳入专用存款账户管理；二是将财政预算外资金、更新改造资金等按国家有关规定需要专项使用和管理的资金纳入专用存款账户管理；三是将党、工会、团等机构经费以及金融机构在同业存放款项等资金、合格境外机构投资者在境内从事证券投资开立的人民币特殊账户和人民币结算资金账户也纳入其中。

（4）临时存款账户的开立。临时存款账户是存款人因临时需要并在规定期限内使用而开立的。针对各个会计主体经营活动需求的不同，《人民币银行结算账户管理办法》对因临时活动需要银行结算服务的存款人，设立了临时存款账户，其突出特点体现在临时性上。

（5）个人银行结算账户的开立。个人银行结算账户是自然人因投资、消费、结算等业务需要而开立的可办理结算业务的存款账户。自然人使用支票、信用卡等信用支付工具或办理汇兑、定期借记、定期贷记、借记卡等结算业务时可申请开立个人人民币银行结算账户。该账户具有储蓄功能，开户行对个人银行结算账户计付活期利息。

2. 人民币银行结算账户的使用。

（1）各类银行结算账户功能介绍。基本存款账户是存款人办理业务的主要账户。存款人应通过该账户办理资金的收付、支取及其工资、奖金的发放等业务；各类专项资金收付业务可在专用存款账户办理；借款转存、归还等业务可在一般存款账户办理；存款人临时经营活动发生的资金收付可通过临时存款账户办理；个人银行结算账户可用于个人转账收付和现金存取业务。

（2）单位银行结算账户的取现规定。《人民币银行结算账户管理办法》对哪些账户可以支取现金做了明确的规定。为方便存款人控制其资金流向，并避免出现银行存款账户多头套现的现象，该办法规定一般存款账户不得支取现金。为预防单位银行卡持卡人挪用单位资金或占用单位资金，该办法要求单位结算卡只能用于消费结算，不可支取现金，其账户内资金只能从其基本存款账户转账存入。为防止挪用投资者或交易人的投资资金，维护国家利益，保障投资者的合法权益，部分专用存款账户如信托基金专户资金等也不可支取现金。

（3）区别对待专用存款账户现金支取。根据《人民币银行结算账户管理办法》，社会保障基金、住房基金等专用存款账户办理支付时，其支付对象主要是个人的零散支出，此类账户无须经人民银行批准即可直接支取现金，但相关的支取行为必须按照国家有关现金管理的要求进行。政策性房地产开发资金、基本建设资金等专用存款账户资金需要取现的，必须报批人民银行。

（4）账户生效时间。单位存款人开立的结算账户，从开立日当日起三个工作日内只能办理资金的转入、存入，三个工作日后方可正常办理付款业务。规定账户生效时间的原因主要是：一方面，开户银行有充足的时间核对和调查存款人的身份和开户资料的真实性；另一方面，防范不法分子利用开立的结算账户，从事诈骗、敲诈勒索等犯罪活动。账户生效时间的设立在一定程度上为防范经济犯罪、侦破案件提供了时间。因注册验资而开立的临时存款账户在转为基本存款账户，或因借款转存开立一般存款账户时，由于之前已对存款人身份进行过核实，故不受该项限制制约。

3. 银行结算账户的变更。

（1）核准类银行结算账户的变更。存款人申请变更核准类银行结算账户资料的，应填写变更申请书，连同其基本存款账户开户许可证及有关证明文件一并提交开户银行。存款账户的存款人变更名称、主要负责人或法定代表人时，须提出变更基本存款账户申请，并提供有关证明材料。账号、开户银行、单位名称变化时，则不可以申请变更。存款人开户银行审核通过后，应将相关变更申请及证明文件提交人民银行。

（2）备案类银行结算账户的变更。存款人申请变更备案类银行结算账户资料的，应填写变更申请书，连同有关证明文件一并提交开户银行。开户银行在两个工作日内要向当地中国人民银行分支机构备案。存款人只能申请对原开立该一般存款账户的证明文件进行变更。存款人可对非预算管理单位专用存款账户提出变更的内容有：账户名称、资金性质、原开立该账户提供的证明文件、内设部门相关信息。

4. 人民币银行结算账户的撤销。

（1）总体要求。存款人需要撤销银行结算账户时，应向开户银行提出撤销账户申请。存款人交回支票、商业承兑汇票等各种结算凭证、重要及空白票据，开户银行对交回的实物进行审核并核对银行结算账户存款余额后，可为存款人办理销户手续。需要注意的是：一是存款人在撤销单位基本存款账户前，应先撤销其他结算账户。二是若存款人未按规定交回各种结算凭证、重要及空白票据，应提供相关说明材料，因票据未及时交回形成风险损失的，由存款人自行承担。三是对开户银行负债的存款人，不得申请撤销该负债账户。

（2）核准类银行结算账户的撤销。存款人申请撤销银行结算账户的，应填写撤销申请书，并交回原核发的开户许可证。符合销户条件的，开户银行应将相关资料递交中国人民银行审核，待人民银行核算通过后进行撤销处理。

（3）备案类银行结算账户的撤销。存款人申请撤销备案类银行结算账户的，应填写撤销申请书。符合销户条件的，开户银行应为其办理撤销。注册验资户验资期满后，未获得工商部门核准的，应主动申请撤销银行结算账户，验资户的资金原路退回，撤销的账户资金退还原汇缴人账户。如果是以现金形式存入，撤销时需提取现金的，应出具缴存现金时提供的有效身份证件及现金缴款单原件。

（4）久悬银行结算账户。列入久悬银行结算账户的主要有：一是对一年未发生收付活动且未欠开户银行债务的单位银行结算账户（各地税务机关依法开立的税务代保管资金账户除外），其开户银行应通知该单位自发出通知之日起30日内办理销户手续，逾期视同自愿销户，未划转款项列入久悬未取专户管理。二是《中国人民银行关于规范人民币银行结算账户管理有关问题的通知》规定，一年以上未发生收付活动且欠有银行贷款的单位银行结算账户，银行也可将其作为久悬银行结算账户纳入账户管理系统管理。三是根据《人民币银行结算账户管理办法》及其实施细则规定应撤销而未办理销户手续的单位银行结算账户，银行应通知该账户的存款人自发出通知之日起30日内办理销户手续，逾期视同自愿销户，未划转款项列入久悬未取专户管理。

第三节｜跨境金融服务中的本外币账户体系

服务于实体经济涉外商务投资活动的账户体系目前主要采用分币种开立、分币种管理的模式运行。

一、外汇账户管理体系的基本架构

1997年10月7日，中国人民银行发布《境内外汇账户管理规定》，标志着我国外汇账户管理体系基本定型。在外汇账户管理体系中，外汇账户的管理对象根据交易主体分为单位和个人两大类，两大类下再细分为两类交易主体（见图4-1）。在二级分类中，单位类包括境内机构、境内银行、境内非银行金融机构、境内非银行支付机构、境外机构五种，个人类包括居民个人、非居民个人两种。根据国际贸易形势的变化发展，二级分类可按需增减。外汇账户类型根据外汇业务风险的等级不同被划分为基本存款账户和专用存款账户。若资金具有可兑换性质，则进入基本存款账户，账户内的资金可在银行履行"了解你的客户""了解你的业务"和"尽职审查"即"展业三原则"的前提下实现自由汇兑划转；若资金暂时不具有可兑换的性质、完全可兑换后仍然属于受限制类型的业务交易资金或是外汇局或银行认定存在风险的业务资金，则均进入专用存款账户，从而确保特殊业务下的专项资金定向使用以及实现风险控制，专用存款账户管理可作为防范资金跨境冲击的有效抓手。

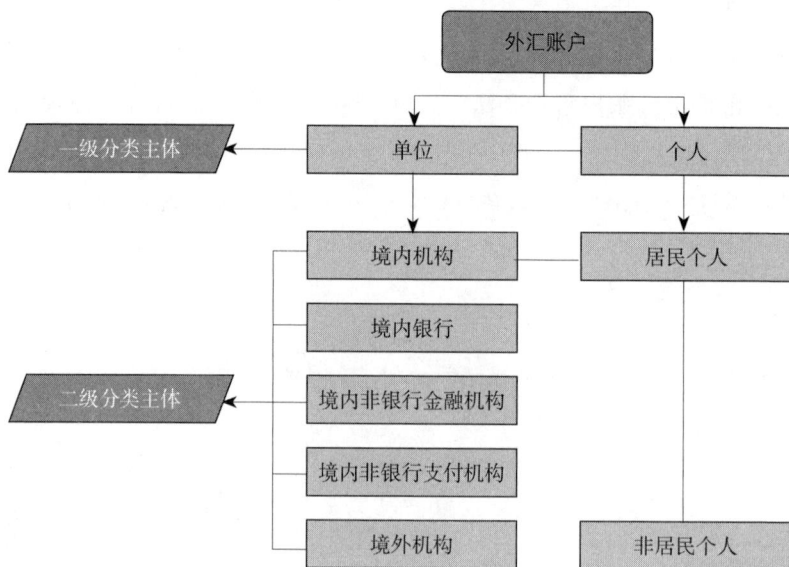

图 4-1　外汇账户交易主体

由于外汇账户管理体系是基于外汇短缺、强制结售汇的制度背景设计的，其按照资金来源、性质，将外汇账户分为经常项目类外汇账户、资本项目类外汇账户以及临时性、专用的特殊业务外汇账户。该体系通过对外汇账户的开立、关闭、核定收支额度和范围等对各类外汇资金实施管理。

经常项目类外汇账户主要用于经常项目外汇的收入与支出，也可用于经外汇管理部门批准的资本项目的支出。目前，经常项目类外汇账户涵盖15类，涉及货物贸易、服务贸易、个人结算、保险机构、跨国公司外汇资金集中运营等（详见表4-2）。

表 4-2　　　　　　　　　　　　　经常项目类外汇账户

经常项目账户	
账户代码	账户名称
1000	经常项目外汇结算账户
1200	境内机构外币现钞账户
1300	经常项目定期存款账户（汇综发〔2017〕58号文将1300整合至1000）
1101	出口待核查账户
1102	经常项目——边境贸易结算账户（汇综发〔2017〕58号文将1102整合至1000）
1103	经常项目——外汇资金集中管理账户（汇综发〔2017〕58号文将1103整合至1000）
1104	国际贸易结算中心专用外汇账户（上海汇发〔2014〕26号文将其并入3601）
1202	经常项目捐赠外汇账户
1400	驻华机构经费开户（汇综发〔2017〕58号文将1400整合至1000）
1500	个人结算账户（汇综发〔2017〕58号文将1500整合至1000）
1601	保险机构外汇经营账户
1602	保险机构资金运用外汇账户
1603	支付机构外汇备付金账户
1604	经常项目外汇专用账户（服务外包）（汇综发〔2017〕58号文将1604整合至1000）
1900	经常项目——境外机构经常项目外汇账户

注：表中所列经常项目类外汇账户已有不少被取消或处于合并中。

资本项目类外汇账户是指用于资本项目外汇收支的账户，涉及直接投资、证券投资、贷款、衍生产品、非银机构等。资本项目类外汇账户涵盖46类，随着货物贸易和资本金结汇改革的完成，经常项目和直接投资已实现基本可兑换，相应的外汇账户也可自由开立和汇兑；而外债类、对外放款、QFII等资本项目账户仍然实行限额管理或需要事前备案、核准才能开立的（详见表4-3）。

表4-3   资本项目类外汇账户

资本项目账户	
账户代码	账户名称
2101	资本项目——前期费用外汇账户
2102	资本项目——外汇资本金账户
2103	资本项目——境内资产变现账户
2104	资本项目——境外汇入保证金专用账户
2105	资本项目——境内划入保证金专用账户
2106	资本项目——境内再投资专用账户
2107	资本项目——环境权益交易外汇账户
2108	资本项目——人民币前期费用专用存款账户
2109	资本项目——人民币资本金专用存款账户
2110	资本项目——人民币并购专用存款账户
2111	资本项目——人民币股权转让专用存款账户
2112	资本项目——人民币再投资专用存款账户
2113	资本项目——结汇待支付账户
2201	资本项目——境外资产变现账户
2202	资本项目——境外放款专用账户
2301	资本项目——外债专户
2302	资本项目——外债转贷款专户
2303	资本项目——国内外汇贷款专户
2304	资本项目——外债转贷款还贷专户
2305	资本项目——外债还贷专户
2306	资本项目——外汇委托贷款专用账户
2401	资本项目——国有企业境外商品期货套期保值项下境内专用外汇账户（汇综发〔2017〕41号文，合并至2402）
2402	资本项目——境内机构衍生业务境内专户
2403	资本项目——股权激励计划境内专户
2404	资本项目——境外上市首发/增发境内专户[汇综发〔2017〕41号文，与2405合并为"境内公司境外上市专用外汇账户（2404）"]
2405	资本项目——境外上市回购境内专户[汇综发〔2017〕41号文，与2404合并为"境内公司境外上市专用外汇账户（2404）"]

资本项目账户	
账户代码	账户名称
2406	资本项目——境外上市股东增持境内专户 [汇综发〔2017〕41 号文，更新为"境内股东境外持股专户（2406）"]
2407	资本项目——境外上市股东减持境内专户 [汇综发〔2017〕41 号文，停用本专户]
2408	资本项目——A 股上市公司外资股东减持股份及分红人民币临时存款账户
2409	资本项目——QFII 境内外汇账户
2410	资本项目——QFII 人民币账户
2411	资本项目——RQFII 人民币账户
2412	资本项目——QDII 境内托管账户
2413	资本项目——QDII 境内募集资金专用外汇账户
2414	资本项目——QDII 外汇清算账户
2415	资本项目——QDII 直销和代销外汇账户
2416	资本项目——境内外投资者 B 股交易结算资金账户
2417	资本项目——非银行金融机构客户资金账户
2418	资本项目——非银行金融机构自有外汇资金账户
2419	资本项目——境内划转暂存户 [汇综发〔2016〕130 号文，更新为"其他资本项目专用外汇账户（2499）"]
2420	资本项目——结售汇专用存款账户 [汇综发〔2016〕130 号文，更新为"其他资本项目专用外汇账户（2499）"]
2421	资本项目——定期存款账户
2499	资本项目——其他资本项目专用外汇账户
2901	资本项目——外国投资者专用外汇账户（投资类）[汇综发〔2016〕130 号文，更新为"前期费用外汇账户（2101）"]
2902	资本项目——外国投资者专用外汇账户（收购类）[汇综发〔2016〕130 号文，更新为"前期费用外汇账户（2101）"]
2903	资本项目——外国投资者专用外汇账户（保证类）[汇综发〔2016〕130 号文，更新为"前期费用外汇账户（2101）"]

注：表中所列资本项目类外汇账户也已经或正在处于整合中。

其他特殊业务需要开立外汇账户的，如钻石交易专用外汇账户等，详见表4-4。

表 4-4　　　　　　　　　　特殊业务项目类外汇账户

其他	
账户代码	账户名称
3102	特殊外汇账户——钻石交易专用外汇账户（汇综发〔2017〕58 号文将 3102 整合至1000）
3300	离岸外汇账户
3400	境外机构/个人境内外汇账户
3600	跨国公司国际外汇资金主账户
3601	跨国公司国内外汇资金主账户
4200	暂存户——开证、付汇保证金账户
4600	暂存户——其他暂存户

随着人民币可兑换程度的不断提升和外汇管理思路的逐步调整，外汇账户目前已经启动了进一步简化整合工作。在经常项目完全可兑换和资本项目部分可兑换的条件下，打破业务类别，将可兑换的经常项目、资本项目账户全部整合，整合后外汇账户的种类有望大幅度减少。

二、人民币账户管理体系的基本架构

用于支持跨境金融服务的人民币账户按开户主体属性主要包括三类：境外参加银行开立的人民币国际同业往来账户、境外企业和个人开立的境内人民币银行结算账户和境内主体开展相关交易所开立的涉外资金专用账户。

1. 人民币国际同业往来账户。人民币国际同业往来账户是指具备国际结算业务能力的境内银行或人民币清算行为跨境人民币结算的境外参加银行开立的，用于代理境外参加银行进行跨境人民币支付业务的账户。

相关账户管理规定如下：

（1）《跨境贸易人民币结算试点管理办法》规定了境内代理银行可为境外参加银行开立人民币同业往来账户，并确定了境内代理银行可为境外参加银行提供铺底资金兑换、购售和账户融资等服务。

（2）《中国人民银行关于印发〈跨境贸易人民币结算试点管理办法实施细则〉的通知》（银发〔2009〕212号）规定了境内代理银行为境外参加银行办理同业往来账户开立、变更和撤销以及办理购售、账户融资等业务的相关事项。

（3）《中国人民银行关于简化跨境人民币业务流程和完善有关政策的通知》（银发〔2013〕168号）将境内代理银行对境外参加银行的人民币账户融资期限延长至一年，账户融资比例不得超过该境内代理银行人民币各项存款上年末余额的3%。同时明确，境外参加银行在境内代理银行开立的人民币同业往来账户与境外参加银行在境外人民币清算行开立的人民币账户之间，因结算需要可进行资金汇划。各境外人民币清算行在境内开立的人民币清算账户之间，因结算需要可进行资金汇划。

（4）《中国人民银行关于拓宽人民币购售业务范围的通知》（银发〔2015〕250号）进一步拓宽了人民币购售业务范围。

（5）《中国人民银行关于境外人民币业务参加行在境内代理行存放执行正常存款准备金率的通知》（银发〔2016〕11号）规定，自2016年1月25日起，境外人民币参加行存放境内代理行人民币存款执行正常存款准备金率，即境内代理行现行法定存款准备金率。境外银行不包括境外央行（货币当局）和其他官方储备管理机构、国际金融组织、主权财富基金等境外央行类机构。

（6）《中国人民银行办公厅关于调整境外机构人民币银行结算账户资金使用有关事宜的通知》（银办发〔2016〕15号）规定，境外机构（含境外央行类机构、境外主权类机构）在中国境内银行业金融机构开立的人民币银行结算账户内的资金，可以转存为定期，利率按中国人民银行相关规定执行。

（7）《中国人民银行办公厅关于完善人民币跨境收付信息管理系统银行间业务数据报送流程的通知》（银办发〔2017〕118号）进一步明确了境外银行类机构开立的人民币账户信息报送等有关事宜。

2. 境外机构人民币银行结算账户。境外机构人民币银行结算账户（人民币NRA账户）是指在我国境外（含中国香港、澳门和台湾地区）依法注册成立的机构，在我国具有办理国内外结算等业务经营资格的境内中外资银行开立的人民币银行结算账户，包括境外企业、投资者及边贸企业因开展跨境人民币业务而开立的基本存款账户、专用存款账户、一般存款账户等。

此外，境外央行因开展货币互换、合格境外机构投资者从事证券投资、境外机构投资境内银行间债券市场、内地与香港股票市场交易、境外机构境内发行人民币债券、内地与香港证券投资基金跨境发行销售、跨境双向人民币资金池、A股减持及分红等业务中符合相关规定的境外机构也可以开立境外机构人民币专用账户。业务种类和开户主体对照情况详见表4-5。

表 4-5 　　　　　　　　业务种类—开户主体对照情况

业务种类	开户主体
证券投资——投资银行间债券等市场	人民币清算行、境外参加行以及境外机构投资者
证券投资——沪股通和深股通	香港中央结算有限公司
证券投资——内地与香港证券投资基金跨境发行销售（陆港基金互认）	香港基金管理人
直接投资——再投资	境外投资者
直接投资——前期费用	境外投资者
证券投资——人民币 QFII	人民币合格境外机构投资者
证券投资——债券发行	境外机构
直接投资——双向资金池	境外主办企业
证券投资——境外央行类业务	境外中央银行类机构
证券投资——A股减持及分红等	A股上市公司外资股东

相关账户管理规定如下：

（1）《人民币银行结算账户管理办法》（中国人民银行令〔2003〕第5号）和《中国人民银行关于印发〈人民币银行结算账户管理办法实施细则〉的通知》（银发〔2005〕16号）将境外机构人民币银行结算账户统一纳入我国人民币银行结算账户管理体系，境外机构在账户开立、变更、撤销、使用、管理等方面应遵循《人民币银行结算账户管理办法》等银行结算账户管理制度的规定。

（2）《中国人民银行关于印发〈境外机构人民币银行结算账户管理办法〉的通知》（银发〔2010〕249号）公布了《境外机构人民币银行结算账户管理办法》。

（3）《中国人民银行关于境外机构人民币银行结算账户开立和使用有关问题的通知》（银发〔2012〕183号）进一步规范了境外机构人民币银行结算账户开立资格、证明文件、特殊情形、清理核实、账户使用、账户管理、信息报送等事宜。

（4）《中国人民银行办公厅关于完善人民币跨境收付信息管理系统银行间业务数据报送流程的通知》（银办发〔2017〕118号）进一步明确了境外银行类机构开立的人民币账户信息报送等有关事宜。

3. 非居民个人人民币银行结算账户。非居民个人人民币银行结算账户是指我国境外（含中国香港、澳门和台湾地区）的个人在我国具有办理国内外结算等业务经营资格的境内中外资银行开立的人民币银行结算账户。

相关账户管理规定如下：

（1）《关于为澳门银行办理个人人民币业务提供清算安排的公告》（中国人民银行公告〔2004〕第8号）明确具有个人人民币业务经营资格的内地银行可以接受经由清算行汇入的澳门居民个人人民币汇款，该汇款的收款人须为汇款人，每人每天的人民币汇款最高限额为50000元。内地银行按有关规定办理汇款的解付。未提用的人民币汇入款经审核后可汇回澳门。

（2）《关于为香港银行办理个人人民币业务提供清算安排的公告》（中国人民银行公告〔2003〕第16号）明确具有个人人民币业务经营资格的内地银行可以接受经由清算行汇入的香港居民个人人民币汇款，该汇款的收款人须为汇款人，每人每天的人民币汇款最高限额为50000元。内地银行按有关规定办理汇款的解付。未提用的人民币汇入款经审核后可汇回香港。

（3）《中国人民银行决定扩大为香港银行办理人民币业务提供平盘及清

算安排的范围的公告》（中国人民银行公告〔2005〕第26号）决定扩大香港银行办理人民币提供平盘及清算安排的范围。具有个人人民币业务经营资格的内地银行接受经由清算行汇入的收款人与汇款人同名的香港居民个人人民币汇款的最高限额，由每人每天50000元提高至每人每天80000元。

（4）中国人民银行与中国银行台北分行签订《关于人民币业务的清算协议》。根据协议，持有台湾地区居民身份证的个人可通过台湾参加行利用清算行或代理行渠道办理经常项目下往来大陆汇款，包括以账户持有人为收款人（同名汇款）或其他收款人的台湾地区对大陆人民币汇款，每人每天不超过80000元；大陆银行对未提用部分汇回。

（5）《中国人民银行关于明确外商直接投资人民币结算业务操作细则的通知》（银发〔2012〕165号）明确境外自然人的投资者可申请开立个人人民币银行结算账户，专门用于存放前期费用或再投资资金。账户的使用应当参照境外机构人民币前期费用专用存款账户或人民币再投资专用存款账户进行管理。银行将境外投资者开立的用于前期费用的个人银行结算账户向人民币跨境收付信息管理系统（RCPMIS）报备时，应当在"备注"最前面注明"前期费用"字样。

（6）《中国人民银行关于贯彻落实〈国务院办公厅关于支持外贸稳定增长的若干意见〉的指导意见》规定银行业金融机构可为个人开展的货物贸易、服务贸易跨境人民币业务提供结算服务。

4. 涉外资金专用账户。涉外资金专用账户是指在开展涉外业务过程中，以境内机构为开户主体、用于存放相关资本项下跨境结算资金所开立的各类账户的总称，主要包括基本存款账户、一般存款账户及专用存款账户等。其中，一般存款账户主要用于外商投资企业境外人民币借款（包括境外股东、集团内关联企业和境外金融机构的人民币借款）资金的收付，专用存款账户主要用于人民币资本金、并购及股权转让资金的存放和使用以及跨国企业集团资金集中运营、全口径跨境融资宏观审慎管理框架下的借款、人民币合格境内机构投资者境外证券投资、港股通、内地与香港基金互认、境外放款、境外机构境内发行人民币债券等业务（详见表4-6）。

表 4-6　　　　　　　　业务种类—开户主体对照表

业务种类	开户主体
直接投资——境外借款	外商投资企业
证券投资——境外发债	境内非金融机构等
直接投资——资本金	外商投资企业
直接投资——并购	中方股东
直接投资——股权转让	中方股东
直接投资——双向资金池	境内主办企业
直接投资——集中收付	境内主办企业
境外融资——全口径跨境融资	境内企业、金融机构
证券投资——RQDII	人民币合格境内机构投资者
证券投资——港股通	中国证券登记结算公司或其分公司
证券投资——内地与香港证券投资基金跨境发行销售（陆港基金互认）	内地基金管理人
跨境融资——境外放款	境内企业
证券投资——债券发行	债券主承销商

《人民币银行结算账户管理办法》（中国人民银行令〔2003〕第5号）和《中国人民银行关于印发〈人民币银行结算账户管理办法实施细则〉的通知》（银发〔2005〕16号）明确了账户开立的条件、种类及管理要求等，并针对特殊人民币业务作出了相应的制度安排。

第四节 | 现有账户体系下跨境资金流动管理的局限性

综上所述，外汇账户历经20余年，形成了相对稳定的"经常账户+资本账户+其他账户"的外汇账户管理体系，跨境人民币业务开展以来形成了"按业务种类设置专户"的涉外人民币账户管理体系。两类账户管理体系所依托的法规不同,监管主体不同,监管目标和理念也不同,从而导致跨境资金流动监管效果在现有账户管理体系下呈现局限性。因此,要以上海自贸试验区为金融改革"试验田",有效控制创新业务可能带来的监管风险,打破上述局限性,为建立创新的账户管理体系和宏观审慎框架下本外币合一的监管模式打开空间。

一、账户管理法规方面

1. 账户管理模式及相应的法规尚无法支持本外币合一监管。虽然有关账户的管理均以人民银行名义发布,或为部门规章,或为规范性文件,但大多着重于开户、销户以及使用等程序性规则的安排,且由于一直以来跨境收支大多以外币进行以及我国长期以来的外汇管理影响,本外币账户在具体管理上还是分开的。

2. 账户管理法规缺乏系统性。账户管理法规系统性不强,主要表现为与账户管理相配套的管理政策比较分散。自1994年汇改以来,国家陆续出台了一系列外汇账户管理法规,既有专门的外汇账户管理法规(如《境内外汇账户管理规定》《境外外汇账户管理规定》),又有相关法规中分散的账户管理条款(如《保税监管区域外汇管理办法》中有关账户管理的规定),以及各种以"通知"等方式下发的"补丁"式法规。据不完全统计,目前涉及账户管理的法规有28个,成文于不同时期,并历经多次修改,执行中需要反复查阅对照才能准确把握。无独有偶,人民币涉外账户管理条款同样分散于各类业务管理法规之中,有些业务甚至没有描述具体的账户管理要求。

3. 账户管理法规对账户数据质量约束不足。现行账户管理法规仅就具体业务操作提出规范性要求,但对账户数据质量控制未做制度性安排,造成系统数据质量不高,给利用账户系统进行非现场监管带来一定困难。尤其是当需要进行延伸跟踪核查时,往往因为信息不全而受到制约。

二、按业务种类设置账户种类繁杂、数量众多

1. 按业务种类设置账户的管理模式与政策变化趋势不适应。在资本项目可兑换程度相对较低时，为便于审核企业资本项下的跨境资金流动状况，我国实行了按业务种类进行账户开立的管理模式（如前文所述的经常项目类账户或资本项目类账户中的诸多分类账户），但随着《外商投资企业设立及变更备案管理暂行办法》（商务部令2016年第3号）的发布，外商直接投资和境外直接投资业务由审批制向备案制改革，我国直接投资项下的业务实现了基本或部分可兑换，多数业务已经可以通过延伸到银行柜台的人民银行系统或外汇局系统办理结算后的信息采集，因此保留如此多的账户种类已无必要，且与人民币可兑换的发展趋势不符。

2. 账户过多拉高了行政成本、降低了监测效率。过多的账户种类一方面增加了企业客户和主办银行的内部管理成本，另一方面也增加了监管机构的监管成本。主办银行需要在业务办理过程中管理大量的客户账户，同时要将产生大量交易的账户数据导入并报送到相关系统，也在一定程度上加大了出错概率，降低了数据报送效率，影响了监管机构的监测分析效果。

3. 按业务种类设置账户不利于主体监管。目前，在我国跨境资金流动中，外币账户种类依然有经常项目账户、资本项目账户和其他类三大类。人民币账户主要集中于资本项目，各类账户均依据交易业务性质来开立。此种账户开立模式在企业跨境收支活动日益复杂、交易项目日渐增多的背景下，不利于全面监测企业的跨境交易和资金流动情况，也不利于实现对企业的全方位、多层次监管。

三、账户管理系统本身的跨境资金监测功能不完善

现有人民币银行结算账户管理系统的设计定位是账户的开户、变更和撤销管理，人民币跨境收付信息系统可以采集相关账户的境内、跨境交易情况，而外汇账户管理系统功能则有待进一步完善。

1. 数据采集不全面。现行外汇账户管理规定中对于企业的外汇收支是否必须通过账户进行结算未做硬性要求，致使直接购汇对外支付或收汇后直接结汇的不通过外汇账户处理的结售汇业务游离于外汇账户系统之外，监管机构需要外挂账户（如结汇待支付账户）等来实现后续监测。

随着外汇账户开立手续不断简化，越来越多的企业选择在注册地以外开立外汇账户，但由于分处不同数据中心，若企业未在所在地外汇局进行备案登记而直接在异地开立外汇账户，就会造成企业所属地外汇局无法获取其在异地开立的账户收支情况，给注册地外汇局全面了解企业的外汇收支状况以及实现主体监管带来困难。

部分主体的外汇账户游离于外汇账户管理系统之外。目前，外汇账户管理系统的信息采集主体仍以境内企业为主，诸如银行、保险、证券、财务公司等机构主体的账户尚未纳入信息采集范围。此外，个人外汇储蓄账户尚未纳入信息采集范畴，而个人外汇收支活动日趋活跃，这将影响对外汇收支的全口径监管效果。

2. 信息数据资源共享不足。目前，外汇账户管理系统与其他业务系统都在采集基于账户的外汇收支信息，存在数据重复采集、数据衔接使用等问题，不仅增加了监管机构的工作量，也增加了开户人的负担。如目前的外债提款登记、外资外汇登记所审核的银行账户入账信息已在外汇账户管理系统中采集，但仍要求在临柜审核中采集纸质凭证，且与国际收支统计申报系统采集的数据缺乏核对，数据彼此独立，不能及时发现错误或异常情况。

3. 监测预警功能不完善。现行外汇账户管理系统主要发挥数据采集和统计分析功能，基本能够反映账户使用的总体情况，但监测预警功能偏弱，仅能提供有限项目的总量数据组合查询功能。对于单个境内机构账户使用情况的监管，只能通过人工查询的方法对境内机构外汇账户的收支逐个进行监测。系统没有可供参考的、科学的、统一的统计监测指标，缺乏对微观交易主体外汇资金活动进行实时监测和预警的功能。

四、现行本外币独立的账户管理体系不利于自贸试验区创新业务的风险控制

1. 监管部门之间协调不畅、效率不高。跨境资金流动监管的现状是人民银行与外汇管理局按跨境结算币种划分监管职责，这符合本外币"共同而有区别"的管理规则，但从跨境金融服务这个维度来看，还需要监管部门之间增强协调。

一是本外币监管目标各有侧重是客观的，但协调需要增强。虽然都属于跨境金融服务的货币载体，但鉴于人民币是我国法定货币，人民银行作为代表国家发行人民币的央行，在管理人民币跨境流动上可以更多地与整体货币政策、信贷政策等目标进行协调，并动用货币供应量、利率、存款准备金率等手段来实现监管目标，无须借助行政手段来实现监管目标，人民币的跨境使用可以更容易达成更好地服务实体经济的目标和降低宏观及微观货币错配的风险。因此，人民币跨境业务的监管中，更侧重于通过对既有跨境金融服务监管方式的体制机制性改革来释放制度红利，促进更多的境内外主体使用人民币，促进企业投融资便利化，推动境内金融市场对外开放和金融体制改革等，疏通人民币"走出去"后的货币政策跨境传导和宏观调控渠道，鼓励境内金融机构在国际竞争中做大做强，形成人民币跨境流动的良性循环。外汇管理部门的跨境业务管理目标是促进外汇收支平衡，既要防范国际"热钱"的流入和兑换对国内金融市场造成影响，推高国内资产价格，又要防止国内外投机分子抽逃资本、套汇套利。外币是他国发行的主权货币，外汇管理部门无法通过货币政策工具影响其供应量或价格，从而在跨境流动监管过程中留下了许多行政手段的烙印，这是监管部门缺乏主动权背景下的"不得已而为之"。

二是特定情况下宏观压力会增大，更需要增强协调。当境内外市场利差、汇差发生变化时，市场主体将会灵活调整国际收支结算币种以及本外币资产配置，从而影响境内金融市场的本外币供求关系，进一步加大汇率管理

和宏观调控压力。例如，在货物贸易结算币种的选择上，企业可以通过升值时支付人民币、贬值时支付美元的结算方式来实现汇率风险的规避。又如，人民币贬值预期下，境内外汇利差扩大，企业通过收支（融资）采用不同结算货币的方式，实现汇率风险的规避。当这类行为由个体选择决策成为"羊群效应"时，将构成宏观上的压力。

三是"共同而有区别"的本外币监管政策及操作模式还需明晰。以人民币结算跨境业务和以外币结算跨境业务，都属于跨境金融服务，但最终导致的资金跨境流动和形成的风险是不同的，在监管模式上需要体现这些相同性和不同性。人民币是我国发行的主权货币，我国拥有无可争议的货币发行权和调控权，拥有利率、存款准备金率、再贴现以及公开市场操作等政策工具和手段，人民币资产的供求以及流动性管理的主导权在境内；而外币则正好相反。因此，人民币国际化启动以来，人民银行从政策安排层面充分把握了主权货币服务实体经济的特色，充分释放了人民币作为主场货币的优势，但在金融机构以人民币提供的跨境金融服务上仍然坚持"展业三原则"和真实、合法的要求。外币由于是他国主权货币，面临的风险远大于人民币，因此需要在共同的"展业三原则"和真实、合法要求之外，增加汇兑管理相关内容，这就是本外币"共同而有区别"的跨境金融服务管理。但受传统管理理念和惯性思维的影响，目前尚未形成共识，反而是在本外币一体化监管下只强调监管的同一性而忽略了差别性，在一定程度上导致了监管的重复和资源的浪费。

2. 本外币数据的后期解读分析和运用需要形成合力。一是本外币跨境资金依托的系统彼此独立，后期运用上未形成合力。系统分列的好处在于可以相互印证并有利于形成对形势的独立判断，缺点是本外币监管部门没有形成定期的形势分析交流机制。人民币跨境业务的监测管理主要依靠RCPMIS来实现。该系统全面采集了企业、银行、个人等主体的人民币账户信息、余额信息、人民币兑换信息、资金流动信息、金融产品持仓信息、进出口报关信息、直接投资项下相关业务支持信息、融资项下合同信息等，具有资金流与货物、审批备案信息的匹配功能，基本满足了对人民币项下各类业务进行整合监测分析的需要。相对而言，外汇管理涉及的系统较多，有侧重采集国际收支信息的外汇金宏系统，有侧重采集账户信息的账户管理系统，有侧重外债管理的资本项目信息系统，有侧重结售汇管理的银行结售汇统计系统等。外汇管理各类系统根据专项业务设计，虽然互相共享数据，但彼此相对独立。RCPMIS与各外汇管理系统之间彼此独立，后期运用缺乏信息数据的系统性整合。

二是本外币信息数据采集口径存在差异，协同监管存在一定难度。虽然《人民币跨境收付信息管理系统管理办法》（银发〔2017〕126号）明确直联是金融机构接入RCPMIS的主要模式，但目前多数金融机构仍采取间联方式接入系统，而多数外汇管理系统都要求金融机构从业务系统采集数据报送信息。因此，本外币两类系统在数据质量上存在一定偏差。此外，本外币系统在数据采集口径上存在偏差。例如，银行自身发生的对外放款、跨境资金调拨、手续费收支等以资产负债表时点上的结果通过直接申报方式进入外汇金宏系统，而上述业务是以银行自身为收付款人向RCPMIS逐笔报送跨境收支信息的；又如，RQFII、陆港通等涉及境外投资者投资境内金融市场的业务，国际收支只采集境外投资者资金进出境的部分，而RCPMIS还增加采集了境外投资者资金进境后与境内主体发生的资金结算信息。因此，理论上RCPMIS中本币跨境收支的总量可能大于外汇金宏系统中的本币国际收支部分。

3. 现行本外币专户管理模式不利于创新业务的风险控制。一是现行专户管理模式下开展创新业务容易形成"一地开放=全国放开"的政策风险。从监管的延续性来看，利用现有的本外币专户管理模式试验创新业务，具有延续性好、容易操作等优势，但也容易形成"一地开放=全国放开"的现象。以自贸试验区为例，上海自贸试验区的定位是全国开放程度最高的区域，要求率先实现人民币资本项目可兑换，因此上海自贸试验区金融改革开放领先于全国。在现有开放风险监管依赖"专户+事前审批"的模式下，金融开放风险的监管效率无法保证且没有相应的"防火墙"设置，风险溢出的概率极大。

　　二是现行专户管理模式下的业务创新容易导致自贸试验区同质化现象。正因为利用现有的本外币专户管理模式试验创新业务，具有延续性好、容易操作等优势，一个创新业务很容易在短期内在所有自贸试验区推广，从而导致自贸试验区同质化现象。应该看到，国务院批准建立的各地自贸试验区，具有鲜明的地方特色。例如，先行挂牌的天津自贸试验区负有带动京津冀城市圈金融改革创新的使命，广东自贸试验区的建立具有服务粤港澳居民生活的深意，福建自贸试验区体现了辐射台湾地区企业投融资便利化的功能定位，而上海自贸试验区的特色在于其与上海国际金融中心建设的联动，因此许多复杂金融业务的开放需要留在上海，通过金融服务的辐射功能服务到全国，但把风险集中起来统一管理。这正是上海自贸试验区金融改革开放和上海国际金融中心建设联动推进的核心。

　　三是现行专户管理模式下的业务创新缺乏专门配套的监管基础设施和人员。创新容易，控风险难，而业务创新推动政府简政放权、金融体制改革和投融资便利化等一系列改革红利的另一面，是如何防控风险。因此，控风险是党中央、国务院决定设置若干自贸试验区，并允许创新业务在自贸试验区先行先试的底线。在现行本外币专户管理模式下，由于缺乏防控风险的"电子围网"，创新业务一旦出现风险，有可能向传统制度体系迅速蔓延。一方面，对提供金融服务的金融机构而言，创新业务和传统业务在同一个账户体系下开展，无法实现资金流动的风险隔离。出于盈利考虑，金融机构有动机将有限的资源优先配置于高风险的创新业务，从而导致金融机构整体处于风险敞口。另一方面，由于缺乏专门针对创新业务的监管基础设施和人员，监管机构无法及时发现和识别风险，发现风险后无法及时处置，在处置风险过程中又缺乏系统、有效的宏观调控工具，最终导致"一放就乱，一管就死"的"多输"局面。

第五节 | 上海自贸试验区创新型账户体系建设的探索

改革开放以来，我国逐步逐项推进人民币资本项目可兑换进程。据评估，当前我国已实现了七大类40子项资本项目交易中接近90%的基本可兑换或部分可兑换。资本项目可兑换的全部实现则意味着我国资本项目及金融账户的开放，对加快资金结算速度、提高跨境金融服务水平提出了更高的要求。与此同时，原有资本项目逐项开放模式中的可控风险可能变成整体性、结构性、叠加性的风险，并通过国内外货币市场、资本市场、外汇市场等实现交叉传递，继而引发开放环境下的系统性风险。在此背景之下，作为上海国际金融中心建设的重要一极，上海自贸试验区这块金融改革开放的"试验田"承载着探索新形势下跨境资金流动风险防控的重要使命。因此，《中国人民银行关于金融支持中国（上海）自由贸易试验区建设的意见》（银发〔2013〕11号）明确提出要创新有利于风险管理的账户体系来探索投融资汇兑便利化改革。与创新型账户体系建设相配套的，是针对创新型账户体系资金监测的基础设施建设和整套风险预警指标体系的构建。

一、创新建立有利于风险管理的自由贸易账户体系

1. 自由贸易账户体系的定位。以现有账户管理体系的专户管理模式为参照系，上海自贸试验区自由贸易账户体系的设计定位主要包括两方面：一方面是经济主体的投融资更加便利化；另一方面是解决创新业务的风险控制问题，即建立"电子围网"。

自由贸易账户是一套以人民币为本位币、账户规则统一、兼顾本外币风险差别的可兑换账户，是对现有人民币跨境专用账户和外币专用账户的集

成，符合企业走向国际过程中对账户跨境金融服务以及风险对冲管理的需要，也是资本项目全面可兑换后金融服务的发展方向。这种"主—子"结构的账户体系能够为经济主体节约账户管理成本，提高资金结算效率。

考虑到当前全国范围内尚难以全面实现可兑换，要在自贸试验区框架内试验资本项目可兑换等金融体制机制性改革，为全国实现可兑换探索路径积累经验，就要求在自贸试验区框架内开展创新业务的金融机构将自由贸易账户体系与传统账户体系实施分账管理，把风险控制在新账户体系之内，使金融机构在一定的自由度内，向试验区和境外各类主体提供相关金融服务。未来全国实现全面可兑换后，金融机构层面的分账核算管理要求可以逐步撤销，但自由贸易账户体系构筑的跨境宏观审慎管理政策框架作为涉外风险防控的基础性设施，在我国资本及金融账户开放过程中可永久保留。

2. 自由贸易账户体系的功能。一是自由贸易账户体系在便利实体经济的同时，为试验区金融改革开放创新的深化创造环境。自由贸易账户在设计定位上遵循便利化原则，使区内和境外主体能够在跨境贸易结算、投融资活动中实现资金自由汇兑，在一定范围内允许其经营活动的境内跨区资金有限渗透；但在金融机构层面实行分账核算管理，对自由贸易账户体系和传统账户体系下的服务、业务以及资金进行有效隔离，明确服务对象和业务边界，从而形成一个"放开实体、管好金融"的格局，为创新业务的先行先试营造环境条件，打破"金融改革开放不能在一个特定区域内先行试点"的假设。

二是自由贸易账户体系为自贸试验区金融创新与改革深化中可能诱发的风险设置屏蔽机制。自贸试验区内的金融开放创新和制度改革没有先例可循，可能会因为开放带来不确定性。自由贸易账户体系建设、分账核算管理的设置以及相关政策安排能够较好地解决自贸试验区金融开放创新与改革深化过程中的风险溢出问题。以要素市场的对外开放为例，境外投资者通过自由贸易账户的便利化安排进入要素市场交易。一方面，落实了准入前国民待遇原则，使得境外投资者可以直接参与在岸要素市场交易，并在自由贸易账户体系下实现可兑换；另一方面，分账核算管理下的自由贸易账户体系将可兑换便利安排后产生的汇兑头寸隔离于区内和境外市场，不至于溢出并影响境内货币和外汇市场。

三是自由贸易账户体系为创新跨境金融服务监管体制、构建跨境资金流动领域的金融宏观审慎政策框架提供试验基础。分账核算管理的自由贸易账户体系以及配套基础设施的建设，将所有进出和停留在自由贸易账户中的资金以及资金流动背后的业务信息汇总到监管部门。通过对自由贸易账户的动态监测分析，监管部门可掌握各类主体、金融机构借助自由贸易账户开展的各类业务、价格、资金流动、流向、存量等情况，并通过与境内和国际市场情况的联动监测，建立风险预警和异常情况处理机制，为下一步全国加快推进人民币资本项目可兑换和全面开放环境下的金融宏观审慎管理框架建设奠定基础。

3. 自由贸易账户体系的实施。在具体操作上，有志于参与创新业务的金融机构应按照"标识分设、分账核算、独立出表、专项报告、自求平衡"的规则，对依托自由贸易账户开展的业务制定专门的行内管理制度并改造行内系统，成为试验区分账核算单元。同时，开展自由贸易账户业务的金融机构应及时、准确、完整地向人民银行报送业务信息。在对金融机构的自由贸易账户业务管理上，人民银行应建立分账核算业务风险审慎合格评估机制，牵头组建由多个监管部门以及外部专家参与的评估工作机制委员会。

二、建设自由贸易账户监测管理信息系统

自由贸易账户监测管理信息系统（FTZMIS）是分账核算管理的自由贸易账户体系的基础设施，该系统的建设是上海自贸试验区发挥金融体制改革"试验田"作用的重要一环。FTZMIS收集自贸试验区运行中资金跨境、跨区流动以及相关金融业务信息，支持人民银行对自贸试验区金融业务及资金活动开展动态监测，及时分析自贸试验区金融运行情况并预警运行中出现的问题，为建立本币主导、本外币合一的国际收支宏观审慎管理政策框架提供技

术支持。

信息采集的方式和内容方面，FTZMIS要求各金融机构通过直连方式在T+0.5日报送各项信息，具体包括经济主体信息、资金流动信息和业务支持信息三大类。

统计、监测和预警功能方面，FTZMIS针对宏观审慎管理需要，可生成一系列统计、监测及预警信息，包括资金跨境及跨区流动的规模以及频率等；各类主体自由贸易账户和相关非自由贸易账户的开立及使用情况等；资金价格（如汇率水平、利率水平）以及期限结构及资金价格与期限结构、资金流向之间的关系等；币种监测信息，如不同币种之间在资金流动规模、流向、期限结构和价格水平等方面的比较；金融机构自身以及经济主体发生资金二线渗透情况；各类融资主体的跨境融资的融资规模占用情况；等等。

业务管理及审计功能方面，支持开展对金融机构依托自由贸易账户提供各项跨境金融服务的管理以及以事中、事后管理理念为出发点，以风险预警信息为基础，建设权力运行过程留痕管理机制，全程记录监管人员对风险事件的处置行为，对外提供处置行为的跟踪查询服务，切实防范廉政风险。

关于自由贸易账户系统建设，详见本书第五章内容。

三、构建自由贸易账户预警指标体系

金融宏观审慎管理框架是国际金融监管领域在2008年国际金融危机后倡导建立的重要金融监管机制之一，旨在预防因单一机构问题引发系统性金融危机。上海自贸试验区跨境资金流动管理中应用宏观审慎管理理论框架是一个新的尝试，我们需要建立一套全口径宏观数据监测分析预警体系、一套能够由宏观指标触发微观调节的参数指标体系以及一套能够快速响应并行之有效的行动方案。

1. 建立一套全口径宏观数据监测分析预警体系。宏观审慎管理要求建立一套全口径宏观数据监测分析预警体系，能够在宏观数据达到临界值时发出

预警，触发相应微观调节参数指标变动。FTZMIS的建设中就内置了一套依据经验和实证模型的预警体系，在此基础上对自由贸易账户的跨境高频交易、大额交易以及汇率、利率等进行监测、分析和预警。

2. 设计一套由宏观指标触发微观调节的参数指标体系。当宏观数据达到临界值发出预警时，引起相应微观调节参数指标变动，这些变动会对跨境资金流动产生显著影响，从而对跨境资金流动形成有效调控。自由贸易账户体系以全口径跨境融资业务为切入点，建立了外债及跨境资金流动宏观审慎管理的参数指标体系，详见本书第七章及第九章的内容。

3. 建立一套能够快速响应并行之有效的行动方案。若监测分析预警系统未发出预警信息，一般认为自贸试验区整体经济金融运行处于常态周期，人民银行不采用干预措施。一旦发出预警信息，则需要迅速采取相应的行动。这就要求建立一套能够快速响应并行之有效的行动方案。例如，当监测到资本流动中出现异常高频及大额交易现象时，人民银行可以"金融宏观审慎"的名义采取必要措施，通过微观调节参数的变化来调节跨境流动方向和规模，通过调整风险转换因子的方式对融资结构进行微调，通过加大对资金划转的"三反"（反洗钱、反恐怖融资以及反逃税）核查力度对资本跨境流动进行间接调节等。

第五章　自由贸易账户的系统建设

上海自贸试验区金融改革开放推进的一项基础设施建设就是自由贸易账户体系。如前文所述，自由贸易账户体系由自由贸易账户、自由贸易账户监测管理信息系统以及相应的预警监测指标体系组成。自由贸易账户作为金融机构凭以向实体经济提供具有自贸试验区金融改革开放特色的创新型金融服务的载体，是直接延伸至实体经济涉外商务投资活动以及境内日常生产经营等活动的触角，是上述经济活动的结果——资金结算、流转以及停留、转换形态的载体。自由贸易账户监测管理信息系统则是连接金融机构端自由贸易账户服务与人民银行端监测预警指标体系的渠道，通过对自由贸易账户各类相关信息的采集与后台预设的各项监测预警指标的比对，形成宏观上对自由贸易账户服务实体经济以及金融机构后续跨境金融活动的判断。本章重点介绍自由贸易账户监测管理信息系统。

第一节 │ 自由贸易账户系统概述

一、系统建设背景

2013年8月22日，国务院正式批准设立上海自贸试验区。上海自贸试验区范围涵盖了上海市外高桥保税区、外高桥保税物流园区、洋山保税港区和上海浦东机场综合保税区等4个海关特殊监管区域，总面积为28.78平方公里。2013年9月，国务院正式批准《中国（上海）自由贸易试验区总体方案》（以下简称《总体方案》），上海自贸试验区正式挂牌成立。建设上海自贸试验区是顺应全球经贸发展新趋势、实行更加积极主动开放战略的一项重大举措。

《总体方案》涵盖了金融、商贸、航运、海关等六大领域的开放政策，以及管理、税收、法规等多维度的一揽子创新。国务院在《总体方案》中明确提出，要在风险可控的前提下，在试验区内对人民币资本项目可兑换等方面创造条件先行先试。根据这一要求，2013年12月，中国人民银行出台《关于金融支持中国（上海）自由贸易试验区建设的意见》，明确要创新有利于风险管理的账户体系，并在此基础上开展投融资汇兑创新业务。

在上海自贸试验区开展投融资汇兑创新业务，就不可避免地涉及金融领域的开放和资本项目可兑换、利率市场化、跨境人民币等多方面的改革，而这些改革都不可避免地带来新的管理问题。如何设立有效的监控体系和防范屏障将对自贸试验区健康运行起到决定作用。因此，迫切需要配套建设自贸试验区资金监测管理信息系统，通过系统实现人民银行对自贸试验区相关金融信息的采集、汇总和加工，为人民银行提供管理及决策分析支持。

2014年5月，经中国人民银行批准，人民银行上海总部发布《中国（上海）自由贸易试验区分账核算业务实施细则（试行）》和《中国（上海）自由贸易试验区分账核算业务风险审慎管理细则（试行）》两个试验区分账核算业务细则文件，指导上海自贸试验区在分账核算管理的基础上建立自由贸易账户系统。

基于分账核算管理的自由贸易账户系统，是一套以人民币为本位币、账户规则统一、兼顾本外币风险差别管理的可兑换账户，是以人民币资本项目全面可兑换为实现目标和背景设计的，目的是指导金融机构在做好风险防控的基础上，为自贸试验区企业提供全面的金融服务，并为今后承接全面可兑换试点做好准备。该系统旨在支持自贸试验区实体经济、金融业务的有效管理，通过全口径原始数据采集及数据仓库的建立，进行数据挖掘，定制灵活报表，提供各项管理信息，为自贸试验区业务的持续发展及在全国复制、推广积累经验。

自由贸易账户系统与现有的同类系统的差异体现在建设理念和信息采集类别上。其特色表现在：一是更注重跨境金融交易。由于自贸试验区将在扩大投资领域的开放方面着力，因此自由贸易账户支持的已不再是传统的货物贸易、服务贸易等经常项下以"银货两讫"为特征的跨境资金流动，也不再仅仅是针对直接投资类以及跨境融资类具有"资金使用权阶段性让渡"特征的跨境资金流动，而是更侧重于跨境金融交易全貌的采集。二是更注重资产负债表式的借贷平衡采集。依托自由贸易账户是一类全新账户的优势，从零而起的自由贸易账户信息采集更加关注信息的及时性、准确性和完整性。因此，在采集理念上采用了资产负债表全科目采集的模式，最后能够产生一套借贷平衡式的平衡表；与此同时，还特别关注表外业务，专门设计了表外业务的报送规则，实现了表内、表外全采集的建设理念，以更好地适应金融全面开放运行下的风险管理信息支持。

二、系统建设原则

考虑到中国人民银行上海总部对于自由贸易账户资金进行全面监测的具体要求，以及一个好的应用架构必须立足于长期应用发展的战略，自由贸易账户系统建设确立了以下建设原则。

1. 统一性原则。

（1）数据统一管理。支持自贸试验区分账核算业务数据的统一采集和分析，并兼顾非自贸试验区业务的数据分析；可以提供完整的接口、渠道和服务，以及灵活的二次开发平台能力，方便实现更多创新业务数据的采集；有利于强化风险的控制和管理；有利于自贸试验区分账核算业务的整体运营情况监控；有利于对战略的发展进行数据支持。

（2）符合现有IT架构。充分参考人民银行现有系统的框架和软件平台模式、中间件产品使用等，兼顾系统的协同服务和运维管理；统一的结构化和非结构化数据存储、传输和查询功能，便于多系统的数据整合与共享；高性能要求，满足业务快速发展需要，支持未来业务的扩展；扩展性要求，满足未来业务类型和业务数量不断发展的需要；安全稳定要求，满足业务连续稳定处理的需要。

2. 独立性原则。自由贸易账户系统与人民银行的其他管理系统是相对独立的系统，可通过与其他系统对接的方式实现数据信息共享和复用。

3. 适应性原则。能够适应各种数据处理需求的应用，可通过配置参数或自定义的方式支持业务数据规则以及组织结构变化带来的流程和处理方式的变化。

系统的整体架构适应多种部署方式，即可在人民银行内部部署，或部署在人民银行指定的其他场所。

4. 维护性原则。系统设计多种维度的参数配置功能，方便进行流程、参数调整，以支持更多业务功能的统一维护管理。

5. 开放性原则。采用行业标准技术、可扩展的系统架构和开放式语言，保证系统可在异构的平台间进行方便的移植。

通过组件的方式，系统可以方便地增加功能模块，使其满足扩展后的大业务处理量需要及建立分中心的需求，以方便地适应未来业务量、业务种类和业务流程的变化。

6. 安全性原则。安全性和权限管理是系统实现不同管理需求的保障。系统的安全性取决于多个层面，包括信息系统的安全性、物理环境的安全性、网络的安全性、硬件平台的安全性、操作系统的安全性、应用的安全性和数据的安全性等。同时，各种特殊情况下的恢复和备份机制也是需要考虑的重要因素之一，从而达到保证数据的一致性、完整性以及灾难恢复的目的。

三、系统建设目标

收集自贸试验区运行中资金跨境、跨区流动以及相关金融业务信息，支持人民银行对自贸试验区金融业务及资金活动开展动态监测，及时分析自贸试验区金融运行情况并预警运行中出现的问题，为建立本币主导的、本外币合一的国际收支宏观审慎管理政策框架提供信息支持。

1. 自动采集。实现自贸试验区相关账户信息、交易信息、定价信息等数据的自动采集，包括自贸试验区客户信息自动采集、在上海开办分账业务的商业银行实体金融业务数据自动采集。

制定接口规范，提供联机、批量数据采集模式，支持商业银行通过标准接口方式提供业务数据信息，支持商业银行通过系统客户端联机录入的方式报送业务数据信息，实现直连报送。

2. 灵活定制。系统涵盖业务基础的统计分析功能，能根据不同的口径需求，支持灵活业务自定制功能，通过参数设置的方式，实现个性定制功能。

系统采用标准的J2EE的架构体系，报文采用灵活的XML数据通信方式，通过新增报文的方式，支持业务功能的快速拓展。

通过与外部系统（如自贸试验区公共平台、人民币跨境收付管理信息系统、国际收支申报系统等）对接的方式，实现系统信息资源的共享和协同服务。

3. 风险预警。监管自贸试验区业务流动性运用情况，发现资金流动规律，为创新业务发展提供依据；发现可能存在的问题和风险，为制度的完善提供支持。

通过参数设置、预警模型设置，支持在数据的采集和加工过程中及时发现和预报相关风险信息，使人民银行在面临突发事件时根据预案处理，满足风险管理、合规管理的要求。

4. 决策支持。系统提供全方位、多层次的支持手段，帮助管理部门全面掌握相关业务经营和管理的综合信息，在提高管理水平与效率的同时，为后续的决策支持提供储备。

5. 快速推广。具有良好的拓展性和推广性，可支持其他地区或全国推广使用。

四、系统建设指导方针

自由贸易账户系统采集开展分账核算业务的商业银行分账核算业务相关数据，并对相关业务进行统计监测和风险预警。因此，在系统建设中，必须始终坚持"标识分设、分账核算、独立出表、专项报告、自求平衡"的指导方针。

1. 标识分设。金融机构应在试验区分账核算单元中为区内主体及境外机构开立自由贸易账户。所有自由贸易账户的账号必须加相应的前缀同步标识。

自由贸易账户在五类账户标识：FTE、FTN、FTU、FTI、FTF。FT标识仅在账号前加，账户名称无须加FT标识前缀；FT标识必须全过程体现，即金融机构在为自由贸易账户办理本外币资金的出账、清算、兑换、入账等业务时，应确保账户前缀标识在业务流程中全程体现。

2．分账核算。金融机构应建立独立的核算科目体系，确保分账核算业务及资金与其他业务及资金分开核算。金融机构试验区分账核算单元自身的各项金融及资金业务必须纳入分账核算管理；分账核算相当于在银行会计核算科目体系中提供了一个"电子围网"，即相当于在会计核算体系内另设一套账户体系，原有一套核算传统业务银行，新增一套办理自由贸易账户业务。两套核算体系在经营层级上要分开，但在法人层面可最后并账体现综合经营结果。

分账核算业务仅针对业务，不针对机构。上海市银行业所有网点既可提供传统服务，也可对自贸试验区主体提供分账核算业务。同样，自贸试验区分行可提供传统服务，也可对区内及境外主体提供分账核算业务。

为了有效避免操作风险，商业银行应在建立分账核算单元时，为每个柜员提供两个业务系统入口、两个用户身份和授权，且在分账核算业务系统中FTU分账核算业务要有明显标识，同时关闭不必要的业务（如现金、卡基业务）。

3．独立出表。金融机构应对分账核算业务编制独立的损益表、资金来源运用表以及业务状况表等报表。各类报表应于每个会计年度结束后3个月内上报中国人民银行上海总部。

分账核算系统需根据文件要求，独立出表。针对各个监管部门的相关要求，生成的报表要做到可分可合。

4．专项报告。金融机构应就分账核算业务发展规划、可能发生的风险隐患以及重大事项等向中国人民银行上海总部专项报告。

5．自求平衡。金融机构应按自求平衡原则对分账核算业务进行管理，并实现资金流动按人民银行规定的隔离，建立资金、敞口、杠杆率、流动性和风险控制等市场化运作管理的内部业务管理流程，以及相应的应急预案。

当分账核算单元流动性不足时，分账核算单元需通过区内或境外市场自行解决，但由其境内法人机构或主报告行承担最终的人民币流动性责任。自由贸易账户自由兑换形成的本外币敞口头寸管理必须在区内或境外进行。

第二节 | 自由贸易账户系统整体情况及其功能

一、系统整体情况介绍

自由贸易账户系统是基于专门为自贸试验区相关投融资汇兑便利化改革设计的一套风险隔离型账户管理体系，于2014年6月正式上线。上海市的营业性金融机构可以市级机构为单位，采用直接或间接的方式，接入自由贸易账户系统。接入的金融机构可以是银行业金融机构，也可以是证券业机构、保险业机构或金融市场基础设施服务机构。

系统全面采集了各金融机构分账核算单元内部全科目金融交易数据，第三方清算登记托管等金融基础设施的各类清算、登记托管信息，自贸试验区企业的工商管理信息，并完成了与自贸试验区反洗钱系统的系统对接和数据共享。系统通过采用数据仓库、虚拟化、负载均衡、网络存储、热备冗余等多项技术，实现了对采集及外构的信息进行存放和管理，对采集及外构的原始数据进行密封处理，对系统内的敏感信息进行加密保存处理，支持数据采集、业务管理、信息查询、信息统计、信息监测、风险预警、报表处理、数据交换、系统管理以及运维管理等多项功能，满足了人民银行对各金融机构通过自由贸易账户开展的各类创新业务的统计、分析、预警以及日常业务管理工作需要，为人民银行提供了宏观审慎管理及决策分析支持。

自由贸易账户监测管理信息系统（FTZMIS）在强大的数据采集功能基础上建立了事中、事后监管体系，人民银行上海总部依托FTZMIS实时、逐笔、按主体、全口径直接采集交易数据，对自由贸易账户资金流动实施动态监测。具体来说，以自由贸易账户为核心的跨境资金流动监测管理信息系统具有以下主要功能：一是通过构建规则统一的本外币账户管理体系，实现本外币一体化监管；二是通过构建有利于风险隔离的自由贸易账户管理体系，为试验区提供一个资金跨境、跨账户流动的"电子围网"监管环境，对境外风险进行隔离和管理；三是按照金融机构资产、负债及表外业务框架，采集所有进出自由贸易账户的资金及相关业务信息，并通过数据接口，实现与其他系统的数据交换与共享；四是建立跨境资金流动的宏观审慎管理框架和预警指标触发宏观调控的风险管理和干预机制，根据宏观经济形势和业务办理情况，通过设置、调整各类业务管理参数和风险预警阈值，对跨境资金流动实施宏观管理；五是运用数据挖掘技术，对采集的大数据进行多维度的数据统计与分析，能够实时、逐笔地监测跨境资金流动，确保金融安全；六是通过建立宏观审慎管理指标、指标基线、预警模型以及预警阈值，实现宏观审慎管理、指标监测和风险预警。

自由贸易账户系统充分借鉴和运用宏观审慎政策工具，建立了一套可由微观信息生成的宏观预警指标体系，实现对创新业务的逆周期风险调节管理，将创新业务的潜在风险置于可控范围之内。

二、系统功能

FTZMIS主要收集自贸试验区运行中资金跨境、跨区流动以及相关金融业务信息，支持人民银行对自贸试验区金融业务及资金活动开展动态监测，及时分析自贸试验区金融运行情况并预警运行中出现的问题，为建立本币主导的、本外币合一的国际收支宏观审慎管理政策框架提供信息支持。

FTZMIS系统的结构如图5-1所示。

整个FTZMIS系统分为系统管理模块、数据采集模块、统计监测模块、业务管理模块、风险预警模块、决策分析模块、通信模块等。

1. 系统管理。系统管理功能主要提供一个供本系统业务人员添加、修改、删除和保存信息的操作界面，便于对接入机构信息的统一管理和操作员的权限管理。

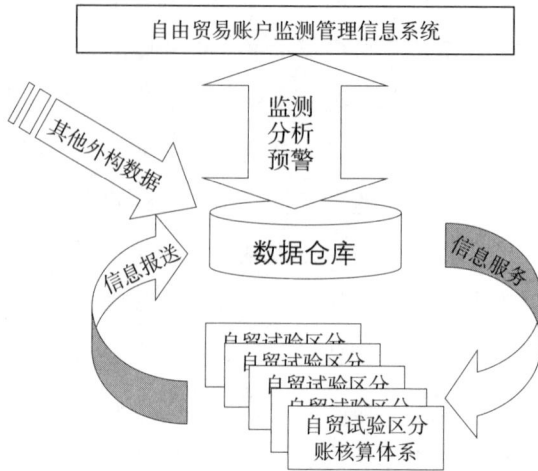

图 5-1　FTZMIS 系统的结构

2．数据采集。数据采集功能负责向金融机构采集各类数据并支持后续查询功能，即各商业银行通过系统对接的方式，将批量数据自动传输至FTZMIS。系统采集的数据主要包括以下来源：一是为自贸试验区主体提供自由贸易账户各类金融服务的金融机构；二是通过自贸试验区管委会运行的自贸试验区综合监管信息平台，接收海关对自贸试验区物流监管的信息以及工商管理部门的主体登记信息等；三是接收RCPMIS等既有信息系统的相关信息。

3．统计监测。FTZMIS系统通过从各家银行的业务系统中收集的数据，经过抽取（extract）、转换（transfer）和装载（load），形成一个中心的数据集。按照业务需求，来设计每一个不同的分析模型，将ETL生成的数据进行重新整合与组织，加工成易于分析、便于快速查询的统计数据，存放在数据仓库中，该部分设计可以采用先进的ETL工具软件来实现。

（1）固定报表。所有固定报表原则上均根据所需报表格式，按日加工。

（2）临时报表。临时报表通过提供的工具，配置查询要素后自动产生结果。

上述加工后生成的报表，均存储于单独的报表结果文件，用于后续的跨时间段统计和监测，以提高本系统效率。

（3）除统计表外，监督类报表原则上均只显示异常结果。

（4）所有报表原则上均提供单日或多日累计查询（均从单日的加工结果汇总，不再涉及原始数据库）。

4．业务管理。为了满足业务管理的需要，系统不仅从各金融机构直接采集业务信息，实现对逐笔数据的实时监测，而且允许外部数据的导入，通过建立各项宏观审慎管理指标，设置各项指标的基线和预警阈值，从而实现对各项宏观审慎管理指标的监测和风险预警，并支持对基于自由贸易账户开展的各项创新业务进行业务信息备案、融资额度查询、融资额度管理以及数据质量管理等业务管理功能。

5．风险预警。根据风险预警模型，系统设计联机实时风险预警和批量报表预警功能，根据各类风险预警指标，发出风险预警。

6．决策分析。运用先进的IBM Cognus、Oracle BIEE等工具对数据信息进行进一步的有效组合，通过对数据进行快速而准确的分析，提供全方位、多层次的辅助决策支持手段，帮助管理部门在短时间内全面掌握相关业务经营和管理的综合信息，从而提高管理水平与效率，降低运作成本。

7．用户管理。用户管理主要实现央行内部用户设置和权限管理。

8．向商业银行提供服务。本系统向商业银行提供相关的信息服务，原则上采用"央行提供服务—商业银行通过终端或报文查询、数据下载"的方式。可查询和下载的数据包括但不限于各商业银行的业务量、占比和排名情况，全市范围内自由贸易账户系列账户的开立情况，各商业银行报送数据质量情况等。

9．参数设置与管理。系统提供参数设置与管理模块。人民银行可通过相关的参数设置与管理来实施必要的监测预警分析，指导商业银行FTU开展相关的业务。

10. 公告功能。系统提供公告功能，供人民银行发布相关的业务信息。

第三节 ｜自由贸易账户系统业务处理及数据采集

一、系统业务处理流程

1. 系统自动处理流程。各商业银行T日日终处理结束后，将当日入账的数据不晚于T+1日12：00（T+0.5日）前，通过系统对接方式，自动报送人民银行FTZMIS系统；FTZMIS系统按设置好的逻辑校验对数据进行联机校验；校验成功的数据入库，并开始系统批量数据加工，按照各种统计需求完成相关报表展现。

2. 业务处理流程。本系统的业务处理包括数据采集、统计监测、向商业银行提供服务等。

系统设置的功能模块主要包括两部分：一是自动接收金融机构报送的数据，其中既包括接收各金融机构T+0.5日报送的自由贸易账户余额与变动明细数据，也包括接收金融机构报送的数据修订信息；二是对已接收的数据进行加工，以满足监管要求。

二、数据的采集方式

金融机构分账核算单元以市级机构为单位，采用中间件（MQ或TONGLINK）直联一点接入人民银行上海总部自由贸易账户系统，并通过报文方式直接报送相关业务数据。其中，资金来源类、资金运用类和表外理财类报文均以客户账户或分账核算单元内部核算账户为依据，以"收、支、余"

信息为基础，逐日（含非工作日）进行数据报送，关键业务字段信息（如交易日期、账号、金额等）必须通过系统自动采集于相关业务系统，不能人工落地录入处理，并需要保持日期和金额的连续性。表外及其他类、权益类以及账户信息类以交易事件为依据进行报送，即发生相关交易后按照T+0.5日报送数据，未发生交易无须报送数据。

除通过报文方式直接从金融机构采集分账核算单元全口径、全科目相关业务数据外，自由贸易账户系统还从上海自贸试验区金融基础设施以及分账核算单元采集相关跨境登记托管信息，包括投资境内持仓信息、投资境外持仓信息以及发行信息，并通过与有关单位和部门协商，定期从相关单位（如自贸试验区管委会、工商局等）获取相关外部数据，由专人定期导入到自由贸易账户系统中。系统的基础数据则由专人定期从行内系统或相关网站上下载，并通过手工方式定期导入自由贸易账户系统中，以供系统用户使用。

此外，自由贸易账户系统可以支持与多系统数据整合与共享。虽然系统相对独立，但由于其系统框架具有较好的扩展性，可通过标准的数据接口，与其他相关系统进行对接，实现系统间的数据交换与共享。如将上海自贸试验区反洗钱系统与自由贸易账户系统进行对接，通过建立大数据筛查模型，强化对客户身份的识别，对交易数据进行实时的分析和比对，从中发现大额、拆分的可疑交易，严格控制反洗钱、反恐怖融资、反逃税等风险。做到对存疑客户的提前预警、对存疑交易的实时拦截，并实现数据交换与共享。

未来，自由贸易账户监测管理信息系统将考虑逐步与人民币跨境收付信息管理系统、外汇管理系统、反洗钱、征信等系统的对接，最大限度地发挥协同监管效应，积极实施大数据战略，分阶段有序推进各相关系统之间的互联互通和信息共享，逐步实现基于云计算环境的大数据应用平台，为建立本外币跨境资金流动监测中心奠定可靠的技术基础。

三、数据的采集范围

各商业银行根据所有纳入报告范围的业务，报送本行FTU内开立的与上述业务对应的内外部账户数据：批量头包含账户基础信息及当日余额信息；主体明细信息根据账户变动记录生成；无论相关账户当日是否发生变动，均应进行数据报告。需申报的账户范围今后可根据监管需要进行扩展。系统数据采集范围主要分为以下几大类：

1. 资金来源方面，包括单位存款（210101）、FTU内部活动——金融债券（210102）、FTU内部活动——中长期借款（210103）、应付及暂收款（210104）、卖出回购资产（210105）、向中央银行借款（210106）、同业往来（210107）、系统内资金往来（210108）、外汇买卖（210109）、FTU委托存款及委托投资基金（净）（210110）、代理金融机构委托贷款基金（210111）、各项准备（210112）。

2. 资金运用方面，包括各项贷款（210201）、有价证券（210202）、股权及其他投资（210203）、应收及预付款（210204）、买入返售资产（210205）、存放中央准备金存款（210206）、存放中央银行特种存款（210207）、缴存中央银行财政性存款（210208）、同业往来（210209）。

3. 表外及其他，包括代理发债（210301）、应付信用证（210302）、应付保函/备用证（210303）、信用证保兑（210304）、应付银行承兑汇票（210305）、应收信用证（210306）、应收保函/备用证（210307）、信用证保兑（210308）、应收银行承兑汇票（210309）、远期结售汇（210310）、汇率掉期业务（210311）、汇率期权（210312）、远期和期货（210313）、掉期（210314）、期权（210315）、衍生品估值（210316）。

4. 表外理财（210401）。

5. 账户信息报送（210501）。

6. 关联账户信息下发（310101）。

7. 损益及权益类，包括各项收入（210601）、各项支出（210602）、各项权益（210603）。

8. 境外融资，包括融资主体信息查询（210701）、融资主体信息查询结果（310701）、融资主体信息报送（210702）、融资主体信息报送结

果（310702）、融资合同信息报送（210703）、融资合同信息报送结果
（310703）、融资资金流信息报送（210704）、境外融资转让与减免信息
（210705）、境外融资转让与减免信息报送结果（310705）。

9. 持仓信息，包括投资境内持仓信息（210801）、投资境外持仓信息
（210802）、跨境发行信息（210803）。

第四节 | 自由贸易账户分账核算系统测试验收流程

上海市金融机构按照自愿的原则，根据《中国人民银行上海总部关于印
发〈中国（上海）自由贸易试验区分账核算业务实施细则（试行）〉和〈中
国（上海）自由贸易试验区分账核算业务风险审慎管理细则（试行）〉的通
知》（银总部发〔2014〕46号）文件的有关要求，完成自身内部相关业务系统
和数据报送系统的改造工作。

一、联调测试准备

上海市金融机构完成内部分账核算制度建设并通过内部系统测试后，向
人民银行上海总部提交系统联调测试申请。上海总部在收到金融机构的系统
联调测试申请后，组成现场调研小组，赴金融机构开展现场调研。

现场调研主要由金融机构介绍内部分账核算制度建设相关情况，并对分
账核算业务进行现场操作和演示。双方可以就相关问题进行讨论。现场调研
小组根据有关要求，按照"标识分设""分账核算""独立出表"的基本原
则，对金融机构分账核算系统建设情况进行初步评估，并将评估意见提交人
民银行上海总部。

对于基本达到分账核算系统联调测试要求的金融机构，由人民银行上海总
部下发相关联调测试指南，指导相关金融机构开展后续的系统联调测试工作。

二、系统联调测试

（一）测试数据报送范围

根据《中国（上海）自由贸易试验区资金监测信息系统接口报文规范》，金融机构测试报送数据需涵盖新增、修改和删除三种操作类型。新增操作类型应包括所有资产负债表内及表外的37种报文。修改、删除和特定新增报文是金融机构在业务合规性和真实性的基础上由于数据采集或信息报送环节的疏漏导致报送人民银行的报文数据出现错误时，对原报送数据进行修改、删除或调整所使用的报文。

（二）测试要求

测试共分为技术连通性测试、业务连通性测试、案例仿真测试三个阶段。各参加测试的银行只有通过前一阶段测试后，方可进入下一阶段测试。测试时间为每日（工作日）9：00～16：30。测试系统将于每日12：00自动对处于第二阶段（业务连通性测试）的银行进行清库处理。

（三）测试数据处理流程

各金融机构T日日终，根据当日交易数据，加工报送数据，于T+1日12：00前，通过系统对接方式，自动报送中国（上海）自由贸易账户监测管理信息系统。系统在收到金融机构数据后，针对其中部分需业务连续性校验的数据进行联机校验工作，成功校验后，数据依次存入临时数据库和历史数据库。

在测试过程中，金融机构可根据需要向人民银行申请清库。所谓"清库"，是指在本系统中，将提出清库申请的金融机构已报送的数据全部清除，清除的范围包括临时数据库（该金融机构当日报送的数据报文），以及历史数据库中该金融机构历史报送成功的所有数据报文及余额连续性校验数据。清库不影响历史数据库中的汇总统计报表和系统运行所需的其他辅助数据。一旦执行清库后，金融机构需重新报送所有数据。

（四）测试流程

1. 第一阶段：技术连通性测试。人民银行上海总部跨境人民币业务部将开通相关金融机构在测试环境中的权限，并将测试银行的相关配置信息发送给总部科技部门。总部科技部门配合各金融机构进行网络及中间件的联调测试工作。金融机构与人民银行上海总部之间通过中间件互发测试消息成功后，可进入第二阶段测试。

2. 第二阶段：业务连通性测试。金融机构完成第一阶段的技术连通性测试后，可按照接口报文规范，编制各类业务测试报文，并自行进行业务连通性测试。测试报文须包括新增、修改和删除三种操作类型。新增类型需涵盖61个报文，以及因调整交易产生的特定新增报文（交易性质为"D00001"）。

修改报文应用于金融机构在业务合规性和真实性的基础上由于数据采集或信息报送环节的疏漏导致报文数据出现错误，可通过发起修改报文对原报送的非关键字段内容进行修改。金融机构自身业务原因所导致的错误应通过冲正交易体现，而不可通过修改报文去掩盖交易的真实性。修改报文可对当日或历史交易数据进行修改。修改报文的业务数据接口规范与原接口规范保持一致，通过报文头的操作标识进行区分。修改报文主要分为余额连续性校验报文和非余额连续性校验报文两类。除关键字段外的非关键字段才可以进行修改。

当金融机构在业务合规性和真实性的基础上由于数据采集或信息报送环节的疏漏导致报送人民银行的报文数据中虚增非本报文采集范围或重复报送数据时，对于不涉及余额连续性校验的报文（表外业务和账户信息），可通过删除报文对虚增或重复部分的数据进行整体删除，但对于已发生"收、支、余"的账户不能删除，只能注销或者停用；对于涉及余额连续性校验的报文，可通过新增报文中的调整交易对虚增或重复部分的数据进行反向调整。调整报文的交易性质为固定代码"D00001"。金融机构在发送删除报文和调整报文之前，需预先经过人民银行的审核与批准，测试环境中，金融机构须向人民银行提交"删除和调整交易申请表",经批准后,方可报送删除报文和调整报文。

本阶段测试重点为新增、修改和删除三种操作类型下所有报文的数据合法性。金融机构应先报送新增报文,待系统报批后,再报送修改和删除报文。若测试报文未通过相关校验,则测试系统将拒收相关报送数据,并返回接收失败报文和相应的错误提示码。若测试报文通过相关校验,则系统接收金融机构报送的数据,并返回接收成功报文,报送数据记入临时数据库。测试系统将于每日12:00自动对处于第二阶段的银行进行清库处理。金融机构需根据接口规范要求完成所有接口报文的连通性测试。

第二阶段测试当中,金融机构应同时提交"FTZMIS报送信息数据来源情况调查表"以及"分账核算业务会计处理说明"。"FTZMIS报送信息数据来源情况调查表"要根据各单位实际情况如实填写;"分账核算业务会计处理说明"应参照各业务案例列示会计处理流程,并填写"会计科目表"。"FTZMIS报送信息数据来源情况调查表"及"分账核算业务会计处理说明"需盖章后一并提交人民银行上海总部审核。

为了第三阶段的案例仿真测试,金融机构应自行编制为期一个月的测试仿真案例,并提交相应的"删除和调整交易申请表"。此外,还需提交"测试关联账户信息申报表",上报10个在生产环境中真实存在的关联账户信息。

3. 第三阶段:案例仿真测试。本阶段的测试重点为连续性及直联报送,原则上测试时间为一周(一天报送一周的数据)。金融机构应根据以上所提交测试案例进行仿真报送。测试数据报文的关键数据项须通过系统直联报送。一个月案例报送成功后需独立出表,相关报表(参见银总部发〔2014〕46号文)盖章后报送人民银行上海总部。测试当中须涵盖来账、往账的资金收付报文,报文中凡是涉及FT*账户的均要添加"FT*"前缀,来账报文若缺失前缀应及时退回。人民银行会不定期下发关联账户信息,同时根据金融机构提交的案例定期进行核对,如核对无误,则本阶段测试通过;如未能全部通过，则重新进行本阶段测试。

（1）案例仿真测试数据报送要求。第三阶段测试的案例须包括"资金来源（2101＊＊）""资金运用（2102＊＊）""表外理财（210401）"和"账户信息报送（210501）"四类报文。

① 基于账户，以"收、支、余"方式报送的数据。该类数据涉及以下三类报文："资金来源（2101＊＊）""资金运用（2102＊＊）"和"表外理财（210401）"。对于上述三类报文，各金融机构必须保证数据报送的连续性。连续性包括两个方面：一是日期连续性，即所有账户从首次报送之日起，逐个自然日均需报送"收、支、余"信息，不能发生中断（如果账户当日未发生变动，也需进行报送）；二是每次报送时（首次报送除外），必须保证余额的连续性，即T日（业务发生日）余额=（T–1）日余额+T日入账+T日出账冲正–T日出账–T日入账冲正。

② 基于业务，以"发生事项"方式逐一报送的"账户信息报送（210501）"报文。账户开立须包含所有五类自由贸易账户系账户（FTE、FTN、FTU、FTI、FTF），同时操作类型须涵盖"1—新增""2—修改""3—关户"三类，关闭的账户须属于前期"账户信息（210501）"报文报送中已开立的账户。

（2）关于案例仿真测试的说明。

① 案例数据报送方式：金融机构应根据案例模板的格式编制一个月测试案例，各报文案例文件命名规则为：金融机构名称—报文编码—报文名称，并按照报送日期顺序排列案例数据。

② 案例编写要求：金融机构应按照上述数据报送要求编制测试案例；案例须涵盖各类常见业务类型。

（3）"FTZMIS报送信息数据来源情况调查表"编写要求。"FTZMIS报送信息数据来源情况调查表"须对接口各报文报送情况做简要说明，并以附件形式按照《中国（上海）自由贸易试验区资金监测信息系统接口报文规范》的格式，在"数据项获取方式"一栏注明各接口报文所有数据项的报送方式（系统直联或是手工补录等）。第三阶段仿真测试案例、"测试关联账户信息申报表"、"FTZMIS报送信息数据来源情况调查表"的纸质盖章扫描件及其附件一并发送至人民银行上海总部指定邮箱。

（4）"分账核算业务会计处理说明"编写要求。"分账核算业务会计处理说明"包括"会计科目表"和"常见业务的会计处理"两个文件。"会计科目表"应根据分账核算单元会计处理实际情况填写各报文对应的会计科目（包括科目名称和科目代号，科目代号在科目名称后以括号标示）。当一个报文对应多个会计科目时，应分别列示所有科目。"常见业务的会计处理"需根据业务案例提供分账核算单元相关的会计分录及借贷方分别对应的FTZMIS报文。上述两个文件除提交纸质盖章件外，电子版需通过邮箱发送至人民银行上海总部跨境人民币业务部邮箱。

（五）测试完成

申请机构完成了测试指南中要求的测试流程和测试内容后，应尽快提交测试案例的资金来源与运用表，以供人民银行上海总部进行测试案例的审核和比对，申请机构完成全部仿真测试案例，且其提交的资金来源与运用表和测试数据一致，则表示相关系统测试完成。

三、系统验收，上线运行

金融机构分账核算系统通过人民银行上海总部系统联调测试和制度评估后，即进入现场验收阶段。金融机构应根据人民银行上海总部的案例要求，按照实际办理业务流程办理相关业务，现场验收时间应控制在3个小时以内。

相关金融机构应在现场验收结束后的下一个工作日中午12：00前报送验收案例的相关数据，并提交这些案例形成的资金来源与运用表。人民银行上海总部对数据进行核对无误后，从数据的及时性、准确性和完整性方面对系统现场验收进行综合评定。对于系统验收等级为"好"或"较好"的金融机构，人民银行上海总部将下发系统验收合格通知书，并更新"上海市金融机构分账核算单元通过中国人民银行上海总部系统接入验收名单"，名单在人民银行上海总部互联网网站上更新发布后，申请金融机构即可对外提供分账核算业务服务。

第五节 ｜自由贸易账户系统的技术支持安排

一、系统需求概述

1. 功能需求。

（1）保持一定的前瞻性。系统设计应保持一定的前瞻性，为自贸试验区未来业务发展预留空间。

（2）提供必要的关联技术。信息管理系统应能在同一主体（对象）的不同指代之间建立必要的关联，以提高信息的使用效率。

（3）系统标准化。系统涉及的相关标准一律采用国标或金标，其中与跨境相关的字段值，统一采用RCPMIS系统的标准。本系统后续应支持与跨境系统之间的数据（含原始数据和加工后的结果数据）共享。

（4）数据仓库功能要求。系统以数据仓库技术对采集及外构的信息进行存放和管理，并提供数据挖掘、灵活报表等智能运用功能。

系统对采集及外构的原始数据进行密封处理，并能对系统内的敏感信息进行加密保存处理。

系统通过频率参数的设置对历史数据进行定期备份保存。

2. 性能需求。

（1）系统可靠性。对数据进行加密传输。对用户的合法身份进行认证。对非法侵入，系统应有严密的防范措施，并报警提示。对所有采集、查询、统计、监测、分析等业务处理，形成日志记录。对操作系统、数据库和应用程序进行适当的授权控制。

（2）系统健壮性。双机热备份，尽快实现异地备份；利用最新备份数据对系统数据快速恢复。

（3）系统灵活性。系统功能模块可根据需要灵活配置和扩展，且不影响整体架构和已实现功能；系统应预留数据接口，并提供数据接口标准，支持与有关部门相关系统的数据交换或连接；信息管理系统应能够适应各地人民币跨境业务和信息量变化，同时满足人民银行各分支机构查询、统计、分析和监测的需要；系统应提供多种标准通信接口，实现人民银行与商业银行间的连接。

3．系统负载能力。

（1）系统的存储容量。初期系统暂定的存储容量为10TB；

（2）系统的运行速度。系统登录时间最长10秒；从信息文件进入系统到发出回执，时间不超过30秒；信息文件传输不成功时，应在5秒内通知发出者；信息文件因某种原因滞留系统内时，应在30秒内向发出者提示信息；信息管理系统的可使用率应保持在总运行时间的99.5%；故障平均修复时间不超过60分钟。

4．运行环境需求。系统部署在人民银行上海总部计算机中心机房；系统通信依托于上海城市金融网。网络拓扑如图5-2所示。

系统一期硬件平台暂定PC SERVER。

5．安全需求。暂按等保二级设计系统安全性。

（1）数据传输安全性。保证数据报文传输的保密性、完整性、不可否认性。

（2）数据安全。数据冗余存储，制定合理的数据备份恢复策略，敏感字段加密存储，数据及时清理归档。

（3）用户安全。通过用户角色、权限管理，保证用户对数据的授权访问，记录用户操作日志，支持对系统操作的审计。用户通过HTTPS登录系统，预留双因素认证接口。

（4）系统安全。设置系统管理员、数据库管理员、应用管理员等角色，实现系统的分级管理。

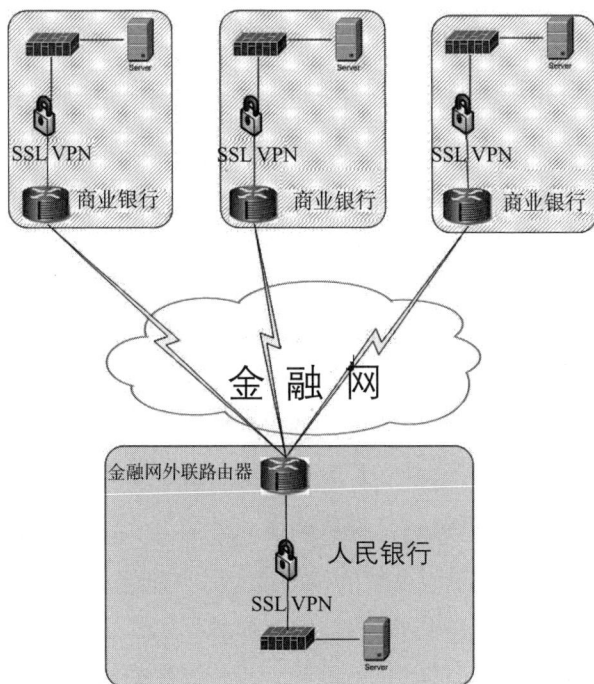

图 5-2　网络拓扑

6．系统运行非功能性要求。

（1）可靠性。系统设计时，为避免单点故障，确保业务连续性和数据完整性，增加了冗余设计，应用软件采用双机热备或集群等部署模式，数据采用盘阵或存储等存放模式，确保系统支持7×24小时运行。

（2）高效性。系统设计时，为尽量缩短系统维护、升级造成的系统停机时间，通过双机热备或负载均衡等模式，确保系统服务的高效；通过参数的灵活设置、故障的主动提醒等，确保应用维护的高效。

（3）可管理性。系统设计时，为支持系统管理员快速发现和处置系统和应用故障，增加了系统监控、应用监控等管理功能，根据监控预警，可通过短信、邮件等主动通知相关技术人员。

（4）可扩充性。系统设计时，采用模块化设计方法，支持快速部署和平滑迁移，并可根据业务量的发展，通过增加模块和组件的方式实现横向快速扩展，同时也可根据渠道拓展、外系统对接等需求实现快速纵向扩展。

（5）用户友好性。人机交互UI界面设计时，充分融合用户体验设计，使界面布局合理、操作符合用户使用习惯，并具有较强的判断、提示、纠错等功能。

二、系统总体技术方案

系统采用SOA的先进设计思想，基于服务（service）设计各业务模块，各模块之间通过企业服务总线（ESB）交换数据，做到了系统模块设计的高聚合、低耦合，业务定制灵活，可以根据业务需求方便快速地进行功能模块的插拔。系统设计严格遵循J2EE6.0标准规范，通过引入业界先进的ESB技术架构，大大增强了系统之间的整合能力，通过在企业服务总线上发布标准服务，使得各应用模块之间可以方便地共享及传输数据，且封装了底层的业务逻辑，将来业务拓展之后，只需要改造相应的业务模块而不需要变更服务，使单独的应用都具有了向外发布服务以及消费外部服务的能力，极大地提高了系统的可扩展性。

1．系统总体架构（详见图5-3）。

系统通信依托于上海城市金融网，网络拓扑详见图5-2。

FTZMIS由通信服务器、Web服务器、应用服务器、数据库服务器、报表服务器、系统管理端组成。

对已完成数据对接改造的各商业银行，可从各银行自身的核心系统中加工数据，通过专线将加密数据批量发送至FTZMIS系统。

对暂时没有完成自身系统对接改造工作的银行，系统支持提供联机录入交易方式。通过B/S的方式完成各类数据采集，可通过浏览器终端输入的方式将信息报送至FTZMIS系统。

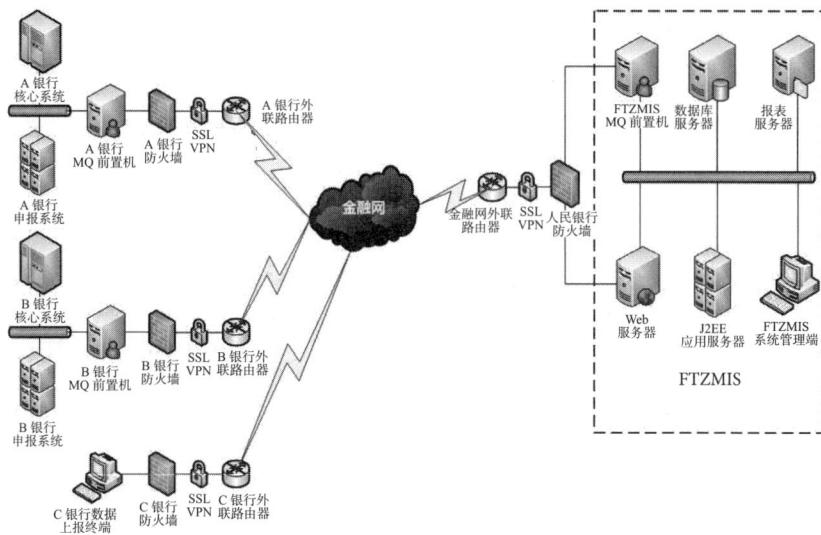

图5-3　自由贸易账户系统总体架构

2. 系统应用架构。系统在设计中分为系统管理模块、数据采集模块、统计监测模块、风险预警模块、决策分析模块、通信模块等。应用架构体现模块化、流程化的设计思路，图5-4为本系统采用的J2EE设计框图中包含的模块。

图5-4　J2EE 设计框图中包含的模块

三、系统数据架构

数据架构充分考虑数据的生命周期管理，在数据库建表设计中，将当日数据表、历史数据表等进行分离，同时基于数据量和加工效能考虑，对历史表进行分区管理，确保单表数据不超过1亿条记录。

数据的备份采用当日表全量备份、历史表增量备份的模式，月末或年末可以对部分数据历史表全量备份保存。备份数据存放在与数据库物理设备分开的固定区域，定期收带保存。

数据的恢复包括生产数据库异常所需的恢复、因查询数据进行的恢复等，不同的场景恢复机制也不同。生产数据库异常恢复，主要是对参数表等进行恢复，确保系统正常运行，而查询类或统计类的恢复是针对一段时期的数据进行当日表或部分历史表的恢复等。

1. 报文数据结构。

（1）遵循的标准和规范。报文结构、报文传输设计遵循GB/T 27926，数据字典设计遵循GB/T 27926或同RCPMIS；机构编码遵循或兼容金融机构代码规范；其他与软件开发相关的国标和金标。

（2）报文结构。考虑到业务的灵活性及可扩展性，银行与FTZMIS系统之间的数据交换应使用XML报文格式。XML报文应包含报文头、报文体以及数字签名（签名用于身份验证）。

报文基本结构如图5-5所示。

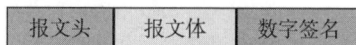

| 报文头 | 报文体 | 数字签名 |

图5-5　报文基本结构

具体格式示例如下：

```
<?xml version="1.0" encoding="GBK"?>
<CFX>
    <HEAD>报文头内容</HEAD>
```

<MSG>报文体内容</MSG>

</CFX>

<!-数字签名-->

不同的交易类型应使用不同的交易编码进行区别，如图5-6所示。

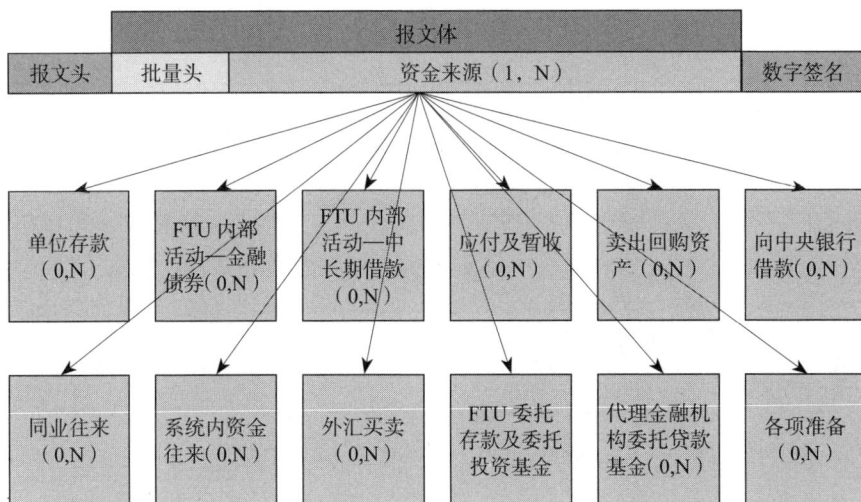

图 5-6 交易编码

（3）报文种类。报文编号：第一位表示谁发起（2：商业银行；3：FTZMIS；9：通用）；第二位表示实时与非实时（0：实时；1：非实时）；第三、第四位表示业务类型（01：资金来源；02：资金运用；03：表外或其他；04：表外理财；05：账户信息报送）；第五、第六位表示业务序号。

2. 报表数据结构。

（1）定义规则。根据不同报文的数据格式，分别定义相关原表采集的数据结构；根据报表的不同展现要求，定义相关存储报表的数据结构。

（2）报表种类。报表种类如表5-1所示。

表 5-1 自由贸易账户系统报表种类

序号	对应报表名称
1	账户变动统计
2	账户活跃程度统计
3	账户人民币存贷款利率月度统计表
4	账户人民币存贷款利率分区间统计表
5	同业融资业务信息统计表
6	差额、流向监测表
7	银行信贷业务信息统计表 (按行别)
8	账户余额统计表
9	信贷业务信息统计表
10	收付业务信息统计表 (按地区或国别)
11	收付业务信息统计表 (按国内或特殊经济区域)
12	外汇买卖业务统计表
13	账户外币存贷款利率月度统计表
14	资金流动统计表
15	总分行系统内往来监测表
16	资金流动统计表 (按时间顺序)
17	业务流量排名表
18	业务存量排名表
19	表外理财业务统计表
20	表外业务统计表

四、系统安全设计

整个系统按等保二级设计系统安全性，通过设置系统管理员、数据库管理员、应用管理员等角色，实现系统的分级管理；通过监控机制，包括系统监控、数据库监控等，及时发现和解决问题，确保运行系统的安全；通过双机热备和存储管理，确保运行环境和数据安全。

1．数据传输安全设计。

（1）Web服务器网络连接采用SSL128位加密算法，确保网络层数据传输的安全性。

（2）通过唯一标识的交易流水，防止数据的重传、漏传。

（3）通过规定包最大记录条数和设置续包标准，确保数据报文小于2MB，实现对大报文的分拆、组包。

2．用户安全设计。

（1）通过用户角色、权限管理，保证用户对数据的授权访问。

（2）记录用户操作日志，支持对系统操作的审计。

（3）用户通过HTTPS登录系统，预留双因素认证接口。

（4）通过权限管理实现交易级别分类管理；通过对数据的记录、保存和处理，确保事件的追踪、查询、核对等。

3．数据安全设计。通过对数据的备份和恢复、归档和清理等，确保数据的安全，包括但不限于：（1）采用冗余磁盘阵列，防止数据丢失；（2）制定合理的数据备份恢复策略；（3）对敏感字段加密存储；（4）数据及时清理归档。

第六章　自由贸易账户的制度建设

2014年5月，人民银行上海总部经总行批准发布了《中国（上海）自由贸易试验区分账核算业务实施细则（试行）》（以下简称《业务实施细则》）和《中国（上海）自由贸易试验区分账核算业务风险审慎管理细则（试行）》（以下简称《审慎管理细则》），并于6月正式启动自由贸易账户业务。在自由贸易账户体系平稳运行的基础上，外币服务功能于2015年4月启动。自由贸易账户体系是一套以人民币为本位币、账户规则统一、兼顾本外币风险差别管理的可兑换账户。围绕自由贸易账户体系的相关风险防控以及金融服务均以人民币资本项目全面可兑换为实现目标和背景设计，并已在现阶段以自贸试验区为范围的局地金融改革开放创新中取得一定成效。

第一节 │ 自由贸易账户制度建设的背景

一、自由贸易账户制度建设的依据

2013年9月，国务院发布《中国（上海）自由贸易试验区总体方案》（以下简称《总体方案》），提出设立上海自贸试验区的要求及任务，从总体上对自贸试验区的发展措施及路径加以规划。之后，人民银行及各金融监管机构一直大力支持上海自贸试验区建设，先后出台了支持自贸试验区建设的指导意见，共计51条措施。

2013年12月，人民银行发布《关于金融支持中国（上海）自由贸易试验区建设的意见》（以下简称《意见》），提出在自贸试验区先行先试，着力推进人民币资本项目可兑换等重点领域改革试点。在《意见》的第三部分中，明确提出了"探索投融资汇兑便利"的要求，提及的投融资创新业务涉及资本项目可兑换的内容，而这些可兑换项目，如个人跨境投资、资本市场开放等，却暂时还没有条件在全国范围内推开。

金融具有外溢性，如何管控风险是个绕不开的问题。自由贸易账户制度设计之前，自贸试验区内的账户与国内一般账户无异，难以建立起单独有效的风险监控和资金隔离体系，一些深层次的改革难以推进，自贸试验区金融的优势难以发挥，自贸试验区实体经济的一些高端金融服务需求难以得到充分满足。银行账户是所有资金的存放所在，也是所有资金从出发到落脚的必经之处。基于账户来设计金融改革开放创新试点的框架可以摆脱一地一域的行政区划概念，形成以资金流转和与资金流转相关的交易为核心的空间概念，在账户基础上构建的"电子围网"就是我们所说的分账核算制度，由此构成上海自贸试验区各项金融改革开放措施得以落地的一项全新基础设施。

二、自由贸易账户制度建设的基本思路

自由贸易账户是以人民币为本位币、账户规则统一、兼顾本外币风险差别的可兑换账户。该账户体系为自贸试验区金融改革提供了一个"电子围网"式的金融监管环境。在金融机构层面，以分账核算管理的方式架构了风险防火墙机制，具体要求是"标识分设、分账核算、独立出表、专项报告、自求平衡"。在服务实体经济层面，对一线资金流动实行宏观审慎基础上的开放式管理，资金可兑换、可划转；对境内二线资金流动采取了有限渗透管理。

自由贸易账户体系是对现有多个人民币专用账户和外币专用账户的创新，可以使经济主体只管理一个账户就可以实现跨境和境内的资金收付。在制度的设计思路上，主要包括以下几个方面：

一是本外币合一的要求。《意见》的第四条和第六条明确规定"试验区内的居民可通过设立本外币自由贸易账户……实现分账核算管理""条件成熟时，账户内本外币资金可自由兑换"，因此，自由贸易账户应为本外币合一的账户。这样的设计不仅符合《总体方案》和总行《意见》的总体精神，也比较符合社会各界对创新账户体系等改革措施的预期。

二是在岸账户的属性。《总体方案》中明确了"可复制、可推广"的政策目标，所以自贸试验区内不能搞成离岸金融区，而是要更好地体现"在岸金融"的管理思路。为此，自由贸易账户定义为在岸账户，以人民币为本位币，且在为非居民提供服务时按准入前国民待遇原则办理。

三是统一的管理规则。人民币账户体系和外币账户体系均有自身的管理规则，规则的不统一容易造成实体经济业务办理中的不便利。因此，作为本外币合一的自由贸易账户，必须建立一套统一的对本外币跨境金融服务的处理规则，避免本外币"两张皮"的管理方式，体现跨境金融服务上的一致性并兼顾外币金融服务上的风险性，为试点可兑换之后的本外币协同监管提供实践。

第二节 │ 自由贸易账户制度建设的理念

上海自贸试验区金融改革开放承担的使命要求我们转变金融运行和金融监管的理念，跳出传统的惯性思维，走出一条全新的服务实体经济和金融风险防控之路。因此，在自由贸易账户的制度建设中，我们开展了深入细致的研析和论证。

一、自由贸易账户制度建设的可行性分析

针对自由贸易账户的制度设计，我们进行了大量的调研论证。经过对各种方案的比较分析，我们认为人民银行要求的在自贸试验区内"创新有利于风险管理的账户体系"是比较优选的可行方法，只有从创新账户体系着手，才可以在风险可控的前提下推动自贸试验区投融资汇兑创新业务的发展。

（一）市场对跨境金融账户服务的需求表明自由贸易账户有市场基础，也符合未来发展方向

从此前情况来看，人民币跨境业务执行的是无兑换的纯本币跨境使用及流动政策，外汇跨境业务执行的是有一定兑换管制的外币跨境及境内使用和流动管理政策。人民币跨境业务除经常项目结算不要求专户外，对资本项目跨境结算设置了多个专户进行管理。外汇跨境业务则有60余个专户对经常、资本项目的结算进行管理。人民银行和外汇局针对专户过多的问题已经着手采取措施进行整合归并，统一管理规则。将来整合归并后的账户体系应该与自由贸易账户体系一样，都能满足推进资本项目可兑换的需要，并在资本项目可兑换过程中发挥多模式、多路径的推进作用，关键在于既服务好实体经

济，又要做到风险可控。

从实体经济对跨境金融服务的实际需求来看，各类经济主体均希望统合当前诸多的、管理规则不一的专用账户，降低企业账户管理在企业财务运行中的成本（许多企业抱怨规则不一的专用账户导致人力成本、差错成本和银行费用的增加以及资金分散、管理难度大、效率低等问题）；金融层面，希望简化账户分类和结算环节的凭证审核，提高跨境资金流转效率（有机构反映专用账户合规管理要求繁杂、系统资源占用过多、人力投入过高、服务及产品创新受限导致竞争力偏低、风险对冲渠道少等问题）。

从可兑换的发展方向来看，自由贸易账户是满足"有管理的可兑换"环境下跨境金融服务各类需求的一种创新型账户安排。"可兑换"体现在自由贸易账户支持实体经济统合账户，按统一规则办理各类本外币跨境业务，以在岸自由贸易账户而非离岸账户管理各类国际事务的需求；支持金融层面对外开放，满足境外投资者参与境内各类金融市场活动中"与投资相关的资金进出自由"的需求。"有管理"体现在依托自由贸易账户建立了"跨境（一线）资金流动宏观审慎管理"的政策框架，包括决策的信息支持、可动用的政策工具以及可由宏观指标触发、直达微观的调控传导路径等；在全国未实现全面可兑换之前，还可以支持金融市场在立足本币对外开放的同时，通过相应措施隔离境外（外币）资金大量进出及兑换带来的单一市场波动涟漪式扩散至其他市场的风险。

（二）自由贸易账户的分账核算管理可作为局地率先实现人民币资本项目可兑换过程中以及将来全面可兑换后金融风险防控的主要依托

从当前人民币资本项目90%的基本可兑换到100%的全面可兑换是一个风险不确定性较高的过程。许多发展中国家金融开放的历史也证明了这一点。在一个国家的局地来推动资本项目可兑换和金融账户的开放，则不可避免地存在着"一地金融开放效应外溢导致全国金融放开"的问题。这也是自由贸易账户采用分账核算管理制度的原因。分账核算管理在两个层面设计了风险管理机制：一是实体经济层面，在自由贸易账户境内使用上有"双向有限渗透通道且仅限人民币"的监管设计；二是金融层面，在为自由贸易账户提供跨境本外币自由汇兑服务后的头寸管理上有相对隔离在区内及境外的监管设计。

下一步，我国的资本项目可兑换如果仍然走"局地试点先行先试再全国复制推广"的模式，则分账核算管理制度的风险隔离效能有其现实的需要，可以沿用现有的自由贸易账户分账核算管理来进行压力测试，这也是习近平总书记对上海自贸试验区建设的要求之一。如果国家决定改用"全国一盘棋直接实现人民币资本项目全面可兑换，不再通过局地先行先试"的模式来做，则可以保留自由贸易账户的跨境金融服务功能，放开实体经济自由贸易账户境内使用渗透通道以及金融机构分账核算单元（FTU）分账隔离方面的限制，使该类账户真正实现跨境本外币自由使用、境内人民币自由使用的终极目标。

但无论采用何种模式，全面可兑换后我国面临的形势将是跨境交易形式多样复杂、资金大进大出和快进快出、跨境风险多元多层；且由于全面可兑换"最后一公里"涉及的内容大多是金融交易层面的开放而非原先既有的基于实体经济的资本项目的开放，因此，更需要一套全面覆盖、快速有效的信息收集、监测分析预警和快速响应机制，更需要在金融层面而非实体经济层面构建相应的防火墙机制。自由贸易账户的分账核算设置在金融层面，因此有其应对跨境金融风险传递的客观价值。

（三）自由贸易账户体系可作为全面可兑换后跨境金融服务的一种账户高端服务体系

我国当前有数以亿计的各类银行结算账户。有观点认为，全面可兑换后，所有账户都应可以办理跨境结算业务，而不是局限于自由贸易账户或某类特定账户才可以办理，理由是可兑换就是放开限制，可兑换后应该更便利。但这也意味着跨境资金流动和交易呈散点状，信息采集和数据处理都将是天量；同时，由于各类账户都在发生跨境交易和收支，针对跨境资金流动的政策调控作用范围也呈发散状，传导机制中的漏出以及波及效应可能使调控事倍功半。

因此，可以选择的方案就是以自由贸易账户的试点基础和人民银行、外汇局对现有账户整合归并后的试点实践，对全面可兑换后的跨境金融服务账户架构进行顶层设计，以真正落实"有管理的全面可兑换"。在便利性方面，各类主体可以自行选择指定已开立的账户或新开自由贸易账户来办理跨境结算（不限银行、不限数量但需归类）。事实上，现有实践也已经形成了这样一类跨境收支账户。"有管理"方面，金融机构为这类账户加统一前缀以示区分，并以这类账户为各类主体办理跨境本外币结算和境内人民币结算。信息采集以及调控定向传导方面，人民银行和外汇局系统只针对这类账户采集跨境交易、资金流动、结存等相关信息。相关调控工具可以直接作用于这类账户（定向传导到跨境收支环节），以免伤及或波及常规境内账户的使用。

（四）金融机构针对某些具体业务分账核算并非先例，且有助于核算清晰化并可免去设置物理网点的成本

从金融机构层面来看，针对某些业务建立相应的单独核算制度并非先例。大量的事业部制业务出现后，对特定业务采用事业部制分账核算已非常普遍。就跨境金融服务来看，在人民币启动国际化之前，商业银行的国际业务部通常就是以外币为单位的分账核算管理模式，也就是说国际业务部只经营外汇业务并形成独立的外汇业务资产负债平衡表及损益表等财务会计报表。

从国际来看，美国1981年引入的国际银行业务便利（International Banking Facility，IBF）就是依托既有的、已经开展业务的机构部门设置的、纯属会计核算概念的金融服务机制，不要求另设机构网点，只在会计核算层面建立分账核算机制，可以为金融机构省去大量的投入，节约大量的成本。因此，在金融机构层面通过分账核算的方式建立自由贸易账户体系是可行的，也是有

例可循的。

二、自由贸易账户制度建设的价值分析

自由贸易账户既承载了可兑换进程中在局地先行先试的历史使命，也可以根据进一步开放的需要，不断完善和调整相关规则，成为适应全面可兑换后全方位开放、对接国际的、全新的账户体系的雏形。这样的安排既满足了实体经济对资金集约化管理降低银行费用和财务运营成本的需要，又不增加实体经济和金融机构的负担，也不给管理部门设权，还有利于业务发生和信息采集点的收敛，有利于可兑换后的监测分析和宏观调控工具的定向传导。

发布《业务实施细则》和《审慎管理细则》，建立自由贸易账户制度，是探索投融资汇兑便利、扩大金融市场开放和防范金融风险的一项重要制度安排，对于全面推进自贸试验区金融改革和便利实体经济投融资活动具有重要意义。

一是引入宏观审慎管理理念，在风险可控的基础上充分发挥试验区的"试验田"作用。自由贸易账户体系通过分账核算管理，全方位构建了在上海率先开展全面可兑换试点的金融安全网。在制度设计上，对一线资金流动实行宏观审慎基础上的全面放开，对境内二线资金流动采取了有限渗透管理。这种安排既体现了自贸试验区对外、对内开放的总要求，也有效防范了跨境资金流动对境内市场的冲击。

二是推进金融市场开放，加快资本项目可兑换进程。在自贸试验区金融改革开放中，自由贸易账户为金融要素市场的对外开放积累了风险可控的新经验。金融市场开放是实现资本项目可兑换的重要前提，自由贸易账户搭建的"电子围网"式的制度环境和构建的金融安全网，为自贸试验区率先推进金融重点领域的改革营造了风险可控的环境，使资本项目可兑换等改革中难啃的"硬骨头"能在自贸试验区率先开展落地试点。

三是打破常规，探索了本外币一体化的管理模式。长期以来，我国境内

的银行结算账户按照币种分为人民币银行结算账户和外汇账户，这些本外币专用账户多达几十种，不同的专用账户管理规则不一，被监管部门用来执行不同的管理目标。自由贸易账户的设立，建立了统一的账户管理规则，可以提高账户使用效率，降低资金运营成本，实现了通过一个账户开展政策允许的各种本外币结算业务的目标。

四是发挥风险防范功能，构建了金融安全网。自由贸易账户体系通过分账核算管理，全方位构建了在上海率先开展可兑换试点的金融安全网。首先，金融机构因自由贸易账户提供自由兑换服务产生的本外币头寸，必须在区内或境外平盘，防范跨境套汇风险；其次，规定金融机构当日跨境轧差净收人民币的90%返存境外，防范跨境套利风险；再次，规定自由贸易账户二线资金划转只能使用人民币，防范跨境套汇风险；最后，在金融市场层面建立风险隔离带。各类金融市场业务的资金进出及汇兑均通过自由贸易账户，资金进出遵照"从哪儿来，回哪儿去"的原则进行封闭管理，如黄金交易所国际板、上海清算所的铜溢价衍生品交易，均依托自由贸易账户实现了风险可控。

五是在金融机构跨境金融服务层面确立了金融开放运行环境下的风险审慎经营意识及文化。长期以来，我国可兑换风险管理模式是政府监管部门冲在一线，从直接审批到事前备案或登记，均是政府部门处于开放风险的第一站位，而提供跨境金融服务的商业银行更多地处于第二站位状态，在向其客户提供跨境金融服务时，只需凭监管部门的批准或备案、登记文件及信息办理业务，或按监管部门指定的凭证材料等进行相关的核验后办理，以此认定所办业务的真实合规。这种操作模式使得商业银行在提供跨境金融服务环节上只有面向监管部门的职责（不按监管部门的规定做好凭证材料的审核就不合规），而没有作为经济主体（商业银行）与经济主体（企业等客户）间商业交易层面的风险审慎经营意识及文化建设的概念。因此，商业银行在办理具体的跨境结算业务时貌似有很多的凭证单据审核要求，流程也很复杂，但真正发生国际收支方向逆转时仍然无法解决宏观风险的问题。

有鉴于此，自由贸易账户确立了新的金融开放风险防控机制，在金融机构层面培育金融开放运行下风险审慎经营意识和文化，并通过内嵌在金融机构流动性管理环节中的逆向调节机制，实现了放开微观操作、防控宏观风险的目标。

第三节 ｜ 自由贸易账户制度建设的业务管理规则

经人民银行批准发布的自由贸易账户制度建设共有两个文件，分别是《业务实施细则》和《审慎管理细则》。这两个细则全面规范了试验区分账核算业务及其风险审慎管理，两者相互匹配、相辅相成。《业务实施细则》侧重试验区分账核算业务管理，详细规定了上海地区金融机构分账核算单元的建立及其管理要求，以及自由贸易账户的开立、账户资金使用与管理规则等内容。

《业务实施细则》的核心内容包括：一是明确分账核算业务是指上海地区金融机构通过建立分账核算单元，为开立自由贸易账户的区内主体及境外主体提供投融资创新相关业务的金融服务。二是规定上海地区金融机构可根据客户需求，在试验区分账核算单元开立规则统一的本外币账户。三是明确自由贸易账户与境外账户、境内区外的非居民机构账户，以及自由贸易账户之间的资金流动按宏观审慎的原则实施管理；对自由贸易账户与境内（含区内）其他银行结算账户之间的资金流动，执行有限渗透的管理原则，比照跨境业务实施监管；对同一非金融机构的自由贸易账户与其一般账户之间的资金划转，需进行相应的业务真实性审核。四是细化了自由贸易账户开展各项跨境金融服务中执行可兑换的具体政策安排，即对已实现可兑换的业务（主要包括经常项下和直接投资项下），自由贸易账户内资金可自由兑换；对其他投融资创新业务，自由贸易账户内资金可根据实际业务需求进行兑换；对涉及特定高风险业务的自由贸易账户内资金，将按相关细则规定的条件进行兑换。五是中国外汇交易中心、上海清算所等机构可在获准后，向试验区内及境外提供各类跨境金融交易及清算、结算服务。

一、自由贸易账户体系的组成

根据上述细则，自贸试验区内主体及境外主体均可以开立自由贸易账户。区内主体包括区内机构及区内个人，境外主体包括境外机构及境外个人。其中，区内机构包括在试验区内依法成立的企业（包括法人和非法人）和境外机构驻试验区内机构；区内个人包括在试验区内工作，并由其区内工作单位向中国税务机关代扣代缴一年以上所得税的中国公民；境外机构包括在境外（含中国港澳台地区）注册成立的法人和其他组织；境外个人包括持有境外身份证件、在试验区内工作一年以上、持有中国境内就业许可证的境外（含中国港澳台地区）自然人。

区内机构自由贸易账户和境外机构自由贸易账户合称为机构自由贸易账户，区内个人自由贸易账户和境外个人自由贸易账户合称为个人自由贸易账户。目前，机构自由贸易账户有三类，个人自由贸易账户有两类，具体如下：

一是区内机构自由贸易账户。适用对象为区内机构和在试验区内注册的个体工商户。账号前缀标识为"FTE"。

二是境外机构自由贸易账户。适用对象为境外机构。账号前缀标识为"FTN"。

三是同业机构自由贸易账户。适用对象为其他金融机构的试验区分账核算单元和境外金融机构。账号前缀标识为"FTU"。

四是区内个人自由贸易账户。账号前缀标识为"FTI"。

五是境外个人自由贸易账户。账号前缀标识为"FTF"。

二、分账核算单元的主要内容

分账核算单元是指上海市金融机构为开展试验区分账核算业务，在其市一级机构内部建立的自由贸易专用账务核算体系——（Free Trade Accounting Unit，FTU），并建立相应的机制实现与金融机构其他业务分开核算。市一级分账核算机制建立后可通过授权的方式将该机制的业务系统延伸至下属的各个营业网点展业。金融机构根据客户需要，在试验区分账核算单元开立自由贸易账户，并遵循"二十字管理一区"，即标识分设、分账核算、独立出表、专项报告和自求平衡。

一是标识分设。分账核算单元为区内及境外主体开立自由贸易账户时，必须对户名和账号加相应的前缀进行同步标识。该标识将跟随账户内资金流动的全过程，包括出账、兑换、参与清算直到入账，以确保资金以明确的标识通过各个环节，并被清晰地识别出来。

二是分账核算。在账户标识的基础上，对自由贸易账户的各类核算活动采用独立核算方式，确保分账核算业务及资金与其他业务及资金分开核算。此外，对分账核算单元自身的同业拆借、跨境拆借、上级行流动性支持、跨境与区内投资、各类衍生品交易以及将来政策允许的业务等银行全面业务，以及分账核算单元涉及的费用、损益、税收等都要进行严格的分账核算管理。

三是独立出表。在分账核算的基础上，对自由贸易账户的交易变动将在独立的核算系统内生成相应的统计报表。此外，分账核算单元也将作为一个分账核算的内部账务机构，根据人民银行的要求生成独立的损益表、资金来源运用表以及业务状况表等报表。这些报表要求于每个会计年度结束后3个月内上报人民银行上海总部。

四是专项报告。设立分账核算单元的金融机构，需根据人民银行的要求，专项报送银行自身的FTU账户、自由贸易账户的开立、交易、关闭等信息，应就分账核算业务发展规划、可能发生的风险隐患以及重大事项等向人民银行上海总部进行专项报告。

五是自求平衡。金融机构应按自求平衡原则对分账核算业务进行管理。分账核算单元的资金来源主要包括其母行拨付的初始营运资金、自由贸易账户的存款、FTU同业借入、境外借入、在区内和境外发行CD等。当分账核算单元出现流动性不足时，首先应由其通过境外或区内金融市场自行解决，其次才是由其母行提供流动性支持。金融机构应建立资金、敞口、杠杆率、流动性和风险控制等市场化运作管理的内部业务管理流程，以及相应的应急预案。

三、自由贸易账户资金划转规则

自由贸易账户资金流动主要有以下几个方向：一是自由贸易账户与境外账户之间，二是自由贸易账户与境内的非居民机构账户以及其他自由贸易账户之间，三是区内同一主体自由贸易账户与其同名的普通账户之间，四是自由贸易账户与境内其他主体的普通账户之间。根据《业务实施细则》的规定，自由贸易账户与境外账户、境内的非居民机构账户，以及自由贸易账户之间的资金流动按宏观审慎原则实施管理，自由贸易账户与境内（含区内）其他银行结算账户之间的资金流动根据有限渗透原则比照跨境业务实施管理。归纳而言，就是一线宏观审慎、二线有限渗透。

（一）自由贸易账户与境外账户之间的资金流动

根据国家对自贸试验区建设的定位，自由贸易账户与境外之间的资金流动属于区内与境外间的一线管理。

自由贸易账户是自贸试验区金融改革与创新业务的操作载体。在资金流动的管理上，突出以下三个方面：一是防范区内主体因过度借用外债而导致的风险。因此，引入了基于宏观审慎和币种匹配原则的对外负债结构比例管理模式，对于区内主体借用本外币外债设定结构比例，如借用外债占其总负债的比例必须保持在一定的幅度内、外币外债应遵循相应的敞口管理规则等。从境外借入的本外币外债资金只能存入FTU账户，仅限于区内机构自身使用。区内机构根据自身经营需要，在境外发行本外币债券所募得的资金可自由调回区内，存入自由贸易账户，仅限于区内机构自身使用。同时，赋予区内主体开展相关风险对冲管理的自主权，以提高其规避相关的汇率及期限敞口风险的能力。二是适当给予区内主体灵活运用境内外两个市场、两种资源的空间。考虑到区内主体外向型程度较高的特点，对此类账户的一线资金结算，允许银行直接为企业办理汇兑及收付，为其开展贸易投资提供相应的便利化安排，并按国际结算惯例，落实反洗钱、反恐怖融资以及反逃税相应的审核义务。同时，人民银行上海总部通过自由贸易账户监测管理信息系统采集相关账户数据，强化对其资金流动的监测。三是自由贸易账户与境外账户间可自由选择结算币种，自由贸易账户提供可兑换服务。

（二）自由贸易账户与境内的 NRA 账户以及自由贸易账户之间的资金流动

境内NRA账户是由非居民机构开立在境内银行的账户。因此，自由贸易账户与境内NRA账户之间发生资金流动，视同境外间的资金流动处理，要求银行按国际结算惯例，落实反洗钱、反恐怖融资以及反逃税相应的审核义务。鉴于外币NRA账户与人民币NRA账户目前分别管理且可以参与境内外汇市场办理结售汇的现状，为避免跨境套汇差现象的出现，实际操作中要求两个账户间的资金流动以人民币进行。人民银行上海总部通过自由贸易账户监测管理信息系统采集相关账户数据，强化对其资金流动的监测。

（三）区内同一主体的自由贸易账户与其同名普通账户之间的资金流动

自由贸易账户体系启动后，区内主体已经开立的普通账户仍然可以保留。自由贸易账户主要用于自贸试验区金融改革开放相关业务的分账核算管理，属于"加法"而非"减法"性质，以支持自贸试验区的产业升级和经济转型。同一主体同时拥有两类不同性质的账户时，客观上存在对两类账户资金的统筹运用需求。如果政策不能给予满足，将导致企业极大的不便，正常的生产经营活动（如内外贸一体化经营）受限，最终有违政策出台的初衷，但又要同时考虑区内主体借助两类不同账户间资金的"无因性互倒"来冲击二线管理。

在具体操作规则上，通过对同一主体两类账户间的资金划转进行一定的界定，以满足企业自身经营需要为前提来设置管理界限，即允许同一主体的两类账户间因其自身经营需要而涉及的"物料采购、公用事业支出、房屋租金、利息等财务费用、职工报酬、差旅等办公经费、税款缴纳、偿还贷款以及实业投资"等支持实体经济的日常收支以人民币进行互转（具体规定见后文）。通过"正面清单"列示的方式，屏蔽了区内主体借助自由贸易账户从区内、境外借入资金划入普通账户，开展纯套利性的境内区外理财以及证券投资等尚在跨境领域有严格监管的业务。人民银行上海总部通过自由贸易账户监测管理信息系统采集自由贸易账户以及自由贸易账户划转入的普通账户的收支信息，强化对两类账户之间资金流动的监测。

（四）区内主体自由贸易账户与境内其他主体的普通账户之间的资金流动

区内主体自由贸易账户与境内其他主体的普通账户之间的资金流动，属于二线概念下的资金划转。也就是说，拥有自由贸易账户的区内主体与其他未拥有自由贸易账户的区内主体或境内其他主体的普通账户之间的资金划转，应视作跨境处理，但毕竟属于境内主体之间的结算，应遵循"境内禁止外币计价结算流通"的规定，只能以人民币进行。在管理上，一是通过对自由贸易账户收支信息的采集开展资金跨区流动监测，二是银行在审核上比照当前人民币跨境收支进行相应的审核处理。

四、自由贸易账户体系的防渗透机制

根据上文的介绍，自由贸易账户的资金流动按以下政策框架实施管理：跨境一线资金流动按宏观审慎原则实施管理，境内二线资金流动按有限渗透原则实施管理。在资金的流动管理中，建立了不同层级的管理框架。

（一）金融机构层面的防渗透机制

一是跨境收支领域防止人民币资金过多向内渗透。根据发布的规则并遵循所有货币都在其发行国完成清算的规律，金融机构分账核算单元的人民币清算可以通过内部联行往来的方式在其境内法人机构或市分行开立人民币清算账户，用于系统内及跨系统清算。账户的日常管理应满足以下三个公式的条件：

（1）FTU清算账户日末余额（上存其境内法人机构或市分行中的资金）≤该日清算收支净收额的10%×宏观审慎调节参数。该日清算收支净收额是指该FTU的客户开立的自由贸易账户发生的跨境人民币收支轧差后的净收入，也就是当自由贸易账户客户账每天与境外之间的收支出现净收款时，银行需要将这部分来自境外的净收款的90%返还境外市场，留下不超过10%为次日清算备用。当自由贸易账户客户账每天与境外之间的收支出现净付款时，银行就没有向境外输出人民币资金的机制。

（2）FTU清算账户月内日终累计净额≤10亿元人民币。

（3）FTU清算账户按月的日余额累计≤0。

公式（2）和公式（3）是确保跨境人民币资金体现净流出，以配合人民币国际化总体发展趋势的需要。

二是要求FTU的资金遵循"自求平衡"的原则，也就是FTU资金应来源于区内和境外，用于区内和境外。当出现流动性需求时，其境内法人机构负责提供人民币的最终流动性支持。从有利于支持实体经济角度出发，FTU在业务初期都存在向其境内法人寻求流动性支持的做法。随着全口径境外融资等政策的启动和FTU境外融资渠道的逐步建立，很多FTU开始能够从国际市场筹措资金，FTU资金自求平衡的条件正在逐步成熟。

三是外币资金无渗透。FTU为自由贸易账户客户提供自由兑换后的本外币头寸（代客头寸）管理，以及FTU为自由贸易账户客户提供各项跨境金融服务导致自身资产负债运行和风险管理需要的本外币头寸（自营头寸）管理须在区内及境外平盘，不得进入境内银行间市场平盘或纳入其境内法人的结售汇综合头寸管理。与此同时，根据国际货币清算规则，FTU吸收的客户自由贸易账户的外币存款资金应存放在境外，如若需要存放境内金融机构，则需要纳入该账户开户机构的外债管理。

（二）实体经济层面的防渗透机制

实体经济层面的防渗透机制主要通过明确二线有限渗透规则来建立。

一是同名账户之间划转的规则为"四通道"：（1）经常项下业务；（2）偿还自身名下且存续期超过6个月的上海市银行业金融机构发放的人民币贷款；（3）新建投资、并购投资、增资等实业投资；（4）人民银行上海总部规定的其他跨境交易。

在实际执行中，第四个通道主要指向区内建立的各类面向境内外同步开放的要素及金融市场交易，如黄金市场国际板等。另外，出于账户启动或关闭需要，同名普通账户向同名自由贸易账户初始划入资金不得超过2014年4月底在该行人民币账户的余额，同名自由贸易账户向同名普通账户划入资金不得超过关闭账户时的资金余额。

二是异名账户之间比照人民币跨境业务规则办理结算，银行需要根据"展业三原则"对业务的真实性及合格性进行相应的审核。

三是外币资金无渗透，企业层面的二线资金流动只能以人民币进行，也就是自由贸易账户提供跨境资金流动自由选择币种的便利，但境内只能以人民币结算划拨。

（三）自由贸易账户各项服务规则

1. 自由贸易账户提供金融服务的规则。《业务实施细则》明确规定："自由贸易账户可办理经常项下和直接投资项下的跨境资金结算。区内主体以及设立分账核算单元的金融机构可通过开立自由贸易账户，按规定开展《意见》[①]第三部分的投融资汇兑创新及相关业务。中国人民银行上海总部可根据业务开展情况调整账户使用条件。"同时，《业务实施细则》明确自由贸易账户不得办理现金业务，自由贸易账户中的资金余额暂不纳入现行外债管理。

截至目前，自由贸易账户可提供的跨境及境内金融服务主要有以下十

---

① 《中国人民银行关于金融支持中国（上海）自由贸易试验区建设的意见》。

个方面：一是所有经常项下跨境本外币结算。二是所有经常项下（与企业日常经营有关的）境内人民币结算。三是所有直接投资项下跨境本外币结算。四是实业投资项下境内人民币结算。五是各类本外币境外融资。六是偿还上海银行业金融机构的人民币贷款。七是为境外投资者进入黄金交易国际板提供资金通道和风险管理平台。八是为境外投资者参与区内大宗商品现货及铜溢价掉期等交易提供资金通道和风险管理平台。九是为境外投资者参与自贸试验区跨境同业存单以及自贸债等的发行及交易提供资金通道和风险管理平台。十是按全面国民待遇原则提供的各项账户相关服务，包括各种存款、投资理财、兑换、汇划等基础性跨境账户服务。

2. 自由贸易账户提供的可兑换服务规则。自由贸易账户是一套以人民币为本位币、账户规则统一、兼顾本外币风险差别管理的可兑换账户。在兑换的管理上，主要分为三个层次：一是对已实现可兑换的业务（含经常项目和直接投资相关业务），自由贸易账户内资金可自由兑换。二是对《意见》第三部分的投融资创新业务，自由贸易账户内资金可根据实际业务需求进行兑换。三是涉及特定高风险业务的自由贸易账户内资金应按中国人民银行上海总部相关细则规定的条件进行兑换。

（四）金融机构业务操作规则

金融机构办理试验区分账核算业务应遵循强化版的自贸试验区反洗钱、反恐怖融资及反逃税规定，认真执行反洗钱、反恐怖融资以及反逃税相关规定，切实履行必要的审核职责。

在业务的分账核算管理中，金融机构应按中国人民银行上海总部发布的《审慎管理细则》建立相应的内部风险控制和分账核算管理机制，根据客户需要在试验区分账核算单元开立规则统一的本外币账户。同一金融机构的上海市（包括试验区）各经营网点为区内主体以及境外机构办理的分账核算业务，应纳入其市级机构对应的分账核算单元进行单独核算，不得与其他业务混同。

在办理开户以及资金的跨境和跨区划转时，金融机构应按"了解业务、了解客户以及展业尽调"原则认真做好相关审核工作。对于一线资金的划转，即各类机构自由贸易账户与境外账户、境内区外的非居民机构账户，以及自由贸易账户之间的资金划转，金融机构可凭收付款指令办理，收付款指令要素应满足相关信息报送要求；对于二线资金的划转，即机构自由贸易账户与境内（含区内）机构非自由贸易账户（含同名账户）之间产生的资金划转，金融机构应视同跨境业务管理，确保划转币种是人民币，按"展业三原则"要求进行相应的真实性审核。

在电子商业汇票的使用中，金融机构应遵循相关管理规定，做好相关审核工作。《业务实施细则》明确机构自由贸易账户可使用电子商业汇票，银行业金融机构应对自由贸易账户签发和转让的电子商业汇票进行相应的审核。

（五）金融机构信息报送规则

金融机构应以上海市级机构为单位，接入中国人民银行上海总部的网络系统，按人民银行和外汇管理有关规定报送相关业务信息。报送规则如下：

一是金融机构在为区内机构自由贸易账户、境外机构自由贸易账户、区内个人自由贸易账户、区内境外个人自由贸易账户办理境内付款业务时，应当在汇款附言中分别注明"区内机构自由贸易账户账户划出""境外机构自由贸易账户账户划出""区内个人自由贸易账户账户划出"和"区内境外个人自由贸易账户账户划出"，收款的金融机构对业务进行审核后办理入账手续。

二是金融机构应当通过中国人民银行的支付清算系统或同城综合支付系统办理自由贸易账户跨行人民币资金收付，并确保账号前缀标识全程体现。

三是金融机构应按中国人民银行上海总部有关规定报送自由贸易账户信息，自由贸易账户发生的国际收支应按国际收支统计申报要求进行申报，自由贸易账户信息还应按中国人民银行上海总部要求报送到外汇管理信息系统。

四是中国外汇交易中心、上海清算所等机构在获准向试验区内及境外提供各类跨境金融交易及清算结算服务后，应通过中国人民银行上海总部的系统报送相关信息。

（六）相关监督管理规则

中国人民银行上海总部（含中国人民银行上海分行和国家外汇管理局上海市分局）根据权责一致原则完善试验区分账核算业务管理的工作机制和职责分工，建立本外币协调监管机制。

中国人民银行上海总部根据试验区发展和风险管理的需要，指导上海市金融机构开展分账核算业务，负责组织对金融机构系统接入的验收，并可根据风险审慎管理需要，在自由贸易账户中对特定高风险业务采用子账户方式的专户管理模式，实现相应的管理目标。

中国人民银行上海总部可根据金融宏观审慎管理的需要，对金融机构开展的试验区分账核算业务范围进行调整，可对自由贸易账户与其开立的境内其他银行结算账户之间的资金划转业务进行抽查，并可根据需要对资金划转的条件进行调整。

中国人民银行上海总部负责对金融机构试验区分账核算业务进行非现场监测和现场检查。发生重大风险事件的，或出现严重违法违规行为的，可暂停或取消试验区分账核算业务，并对其上海地区市级机构及相关责任人依法追究责任。

第四节 ｜ 自由贸易账户制度建设的风险审慎规则

风险审慎规则建设旨在通过发布相应的规则，引导金融机构在自贸试验区更为开放的环境下，提供和开展自由贸易账户相关服务和业务时遵循更为自主和严谨的风险审慎理念，逐步建立起跨境金融服务中的风险自主管理意识。

《审慎管理细则》主要根据宏观审慎管理的要求，对试验区分账核算单元管理的审慎合格标准、业务审慎合格评估及验收、分账核算业务风险管理、资金异常流动监测预警以及各项临时性管制措施等作出了明确规定。

《审慎管理细则》的核心内容包括：一是明确了分账核算单元的审慎合格标准与评估验收程序。上海市级金融机构应当按要求建立试验区分账核算管理制度，建立健全财务和资产管理、展业管理以及内部控制制度，并以市级机构为单位接入人民银行上海总部的相关系统。二是明确提出了试验区分账核算业务宏观审慎管理的目标、内容、方法、工具等，要求上海地区金融机构在内部建立对金融宏观审慎管理政策的响应机制。三是细化了试验区分账核算业务风险管理的内容，具体包括渗透风险管理、流动性风险管理、币种敞口风险管理、资产风险管理、风险对冲管理等。四是建立了风险预警与处置机制。人民银行上海总部将依托人民币跨境收付信息管理系统和国际收支统计申报系统等开展非现场监测，并根据不同预警指标，在出现资金异常流动的情形下，采取延长账户资金存放期、征收特别存款准备金、征收零息存款准备金以及临时资本管制等干预手段，维护试验区金融环境的稳定。五是组织开展对金融机构分账核算业务的持续性评估，建立相应的激励约束与处罚机制。人民银行上海总部可根据金融宏观审慎管理的需要，对金融机构开展的试验区分账核算业务范围进行调整。

一、分账核算单元的审慎合格标准与评估验收

根据《业务实施细则》的规定，金融机构应建立试验区分账核算单元，专门用于核算试验区自由贸易账户以及投融资汇兑相关业务等。

（一）金融机构需建立的制度体系

金融机构应按"标识分设、分账核算、独立出表、专项报告、自求平衡"的原则，建立试验区分账核算业务的各项管理制度。

一是财资管理和跨境资金风险管理制度。金融机构应根据境内法人机构授权，建立试验区分账核算业务的财资管理和跨境资金风险管理制度。财资管理制度应包括为自由贸易账户提供自由兑换后本外币头寸的平盘、风险对

151

冲管理以及境内外本外币资产质量管理、资金来源管理、期限管理等内容。

二是展业管理制度。金融机构应根据"展业三原则"，建立试验区分账核算单元相关业务的展业管理制度，并落实到各个营业网点的相关岗位，确保反洗钱、反恐怖融资以及反逃税相关责任和义务落到实处。

三是内部风险控制制度和应急预案制度。金融机构应对试验区分账核算单元的各项业务建立内部风险控制制度和应急预案制度，确保风险识别机制的落实，切实防范操作性风险。

（二）业务审慎合格标准与评估验收

金融机构建立分账核算单元，需接受专业评估，经专业评估合格后才可接入系统开展业务，开办业务后接受人民银行上海总部的年度持续性评估，如图6-1所示。

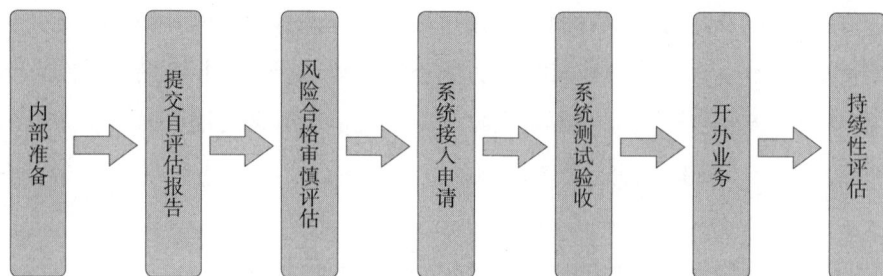

图 6-1　业务审慎合格标准与评估验收程序

业务审慎合格标准与评估验收程序简要介绍如下：

第一步，金融机构在完成内部各项准备工作后，按审慎合格标准进行自评估，并形成自评估报告。

第二步，金融机构向人民银行上海总部提出专业评估要求，内容包括内部分账核算管理以及相关制度的建设情况、系统准备情况以及自评估报告等，并自愿参加中国人民银行上海总部定期组织的专业评估。

第三步，人民银行上海总部根据审慎合格评估的情况，决定是否约谈相关业务的责任人做进一步的深化评估。

第四步，人民银行上海总部根据金融机构准备情况，对系统接入及联调测试情况进行验收。

第五步，人民银行上海总部按年度对金融机构分账核算业务进行持续性评估，评估内容包括金融机构开展试验区分账核算业务的年度报告和专项报告、人民银行上海总部对各金融机构试验区分账核算业务的非现场监测等情况、金融机构执行试验区分账核算业务相关政策法规情况及其他相关情况。

二、分账核算业务宏观审慎管理框架

人民银行上海总部对自贸试验区分账核算业务管理的目标是建立符合宏观审慎管理框架的本外币跨境资金流动管理体系，为试验区实体经济与金融稳健运行提供稳定的货币金融环境。

（一）本外币跨境资金流动管理体系

本外币跨境资金流动管理体系包括五方面内容：市场风险应对措施、本币流动性风险应对措施、外币流动性风险应对措施、资本充足率要求和有限渗透管理措施。

一是市场风险应对措施。金融机构开展分账核算业务产生的各类风险对冲管理需求，可通过国际金融市场衍生工具进行管理，由此产生的对外负债纳入金融宏观审慎管理框架管理。

二是本币流动性风险应对措施。金融机构的分账核算单元出现本币流动性不足时，应通过自贸试验区分账核算单元间的区内市场或境外市场自行解决。必要时，其境内法人机构应提供流动性支持，并于当日向中国人民银行上海总部备案。同时，经人民银行批准，自贸试验区分账核算单元可在一定额度内按规定进入境内银行间市场开展拆借或回购交易。

三是外币流动性风险应对措施。金融机构办理分账核算业务产生的外币流动性管理需求，以及为自由贸易账户办理本外币兑换而产生的币种敞口，应通过区内市场或境外市场进行平盘，不得纳入其境内法人机构的结售汇头寸进行综合管理，也不得通过其境内法人机构进入境内银行间外汇市场进行平盘管理。

四是资本充足率要求。金融机构办理的分账核算业务应纳入其境内法人机构的资本充足率统一管理，统一计提风险准备。

五是有限渗透管理措施。人民银行上海总部对金融机构分账核算业务与境内其他业务之间的渗透设置参数进行管理，并可根据资金流动以及触发指标的运行情况对相关参数进行调整。

（二）非现场监测指标体系

人民银行上海总部对试验区分账核算业务建立本外币协调监管工作机制，根据金融宏观审慎管理框架的要求，建立相关的非现场监测指标体系，并依托人民币跨境收付信息管理系统、国际收支统计申报系统等对金融机构的分账核算业务开展非现场监测，运用宏观审慎管理政策工具实施管理，具体措施如下：

一是风险提示。风险提示分为I级（轻度风险）、II级（中度风险）以及III级（重度风险）。人民银行上海总部根据非现场监测情况及风险等级大小向金融机构发出相应的风险提示，金融机构接到提示后，应配合中国人民银行上海总部采取相应的措施。

二是异常资金流动预警机制。人民银行上海总部根据日常监测，建立异常资金流动预警机制，一旦出现异常资金流动的情况，就会向金融机构发出预警信号。

三是查疑通知。对于非现场监测中发现的可疑问题，人民银行上海总部会向金融机构发出查疑通知，金融机构接到通知后，应及时核查并回复。

（三）临时性管制措施

根据对经济金融形势的判断和管理的需要，人民银行上海总部可对分账核算业务及自由贸易账户的异常资金流动实施干预，包括调整固定工具类的参数和可变工具类的逆转性调节工具等，以减少资本流动中的系统性风险。固定工具是指由人民银行上海总部发布并嵌入在金融机构分账核算业务常态运行中的参数型调节工具。可变工具是指由人民银行上海总部针对资本流动的方向和规模实施的逆转性调节工具。人民银行上海总部可根据资金异常流动的情况，单独或组合采用以下各项措施，以达到调节资金流量及流向的目标。

一是延长账户资金存放期。当分账核算单元及自由贸易账户出现异常流动并触发相关指标时，人民银行上海总部可要求金融机构采取延长账户资金存放期的措施，调节资金流动频率。

二是征收特别存款准备金。当分账核算单元及自由贸易账户出现异常流动并触发相关指标时，人民银行上海总部可采取征收特别存款准备金的措施，以调节资金流向和流量。

三是征收零息存款准备金。当分账核算单元及自由贸易账户出现异常流动并触发相关指标时，人民银行上海总部可采取征收零息存款准备金的措施，以调节资金流向和流量。

四是临时资本管制。当分账核算单元及自由贸易账户出现异常流动并触发相关指标时，人民银行上海总部可对金融机构的分账核算单元及自由贸易账户采取临时资本管制措施，以调节资金流动。

（四）持续性评估与监测

人民银行上海总部对金融机构的自贸试验区分账核算业务实行非现场监测和持续性评估（持续性评估可采用现场方式进行），并根据金融宏观审慎管理的需要，对金融机构开展的试验区分账核算业务范围进行调整。

根据持续性评估的结果，人民银行上海总部将对金融机构试验区分账核算业务实行不同的管理机制，具体分为正向激励机制和反向约束机制。正向激励包括优先安排中国人民银行上海总部提供的咨询服务、参与中国人民银行和外汇管理局在试验区推出的投融资汇兑便利创新业务以及其他金融创新业务。反向约束包括发出整改通知并约见试验区分账核算业务负责人进行警示谈话、向其上级机构及监管机构发出风险警示以及强制性退出部分或全部试验区分账核算业务。

如果金融机构在办理试验区分账核算业务时，出现重大风险事件、严重违法违规行为或不配合中国人民银行上海总部开展宏观审慎管理及风险防范工作的行为，人民银行上海总部可根据《中国人民银行法》《外汇管理条例》等相关法律法规，视情节轻重给予相应的处罚，并可对其上海市一级机构及相关责任人追究责任。

第五节 │ 自由贸易账户业务风险审慎合格评估

上一节指出，金融机构建立分账核算单元，需接受风险审慎合格评估，经专业评估合格后，才可接入系统开展业务。本节将对风险审慎合格评估的具体流程进行详细介绍。

一、评估工作机制

风险审慎合格评估工作机制按照公平、公正、客观原则，对金融机构自贸试验区分账核算业务的风险审慎合格情况进行专项评估和持续性评估，并就评估结论提出行政建议。专项评估结论和建议将作为上海市金融机构接入人民银行上海总部系统的参考依据，持续性评估结论和建议将作为人民银行上海总部及相应金融监管机构对有关金融机构采取正向激励和反向约束措施的参考依据。

（一）评估工作机制委员会

评估工作机制委员会由人民银行上海总部牵头，由多个监管部门和外部专家共同组成。根据评估对象所属金融行业，由不同专家委员组成银行业评估委员会、证券业评估委员会和保险业评估委员会等专业评估委员会开展评估工作。专家委员包括来自人民银行上海总部相关部门、金融行业监管机构的相关人员以及金融专家等，金融专家要求具有高级职称，不是国家公务人员，且不在上海市金融机构兼职。

评估工作机制委员会下设秘书处，作为评估工作机制的常设机构，设在中国人民银行上海总部跨境人民币业务部。

（二）评估工作机制的工作流程

根据需要，评估工作机制委员会将不定期举行全体会议或专业评估委员会会议，对金融机构提交的试验区分账核算业务风险审慎合格评估申请进行评估。具体流程如下：

第一步，评估工作机制秘书处收集金融机构提交的评估资料，确认出席会议的委员，确保不少于7人。非金融专家委员因故无法出席会议的，可以书面委托本单位（部门）的工作人员参加。

第二步，在会议召开前，秘书处将会议议题及评估资料概要送交参加会议的专业评估委员会委员，并确保资料不得复印外传。

第三步，召开评估会议，由秘书长或秘书处主任主持会议。专业评估委员会委员根据评估表进行逐项独立评估并签字。

第四步，秘书处记录委员的评估意见，并形成会议纪要。对于委员提出的政策建议，经出席会议的2/3以上委员表决通过后，形成提交相关监管机构的建议书。

（三）评估内容及标准

评估工作机制委员会对金融机构试验区分账核算业务的风险审慎合格评估内容分为八个部分，满分共计100分。其中，第一至第六部分，每部分各占满分的10%；第七、第八两个部分各占满分的20%。具体如下：

第一部分是金融机构内部授权管理情况。根据制度的建设及执行情况，分为三个等次。第一个等次为80～100分，要求有完善的、逐层的并细化到各个岗位的内部授权管理制度，各级授权和被授权人员熟知授权内容和相应职责，并严格执行；第二个等次为60～79分，要求有较为完善的、逐层的内部授权管理制度，各级授权和被授权人员熟悉授权内容，并且执行；第三个等次为0分，表现为未建立内部授权管理制度，或建立了内部授权管理制度但被授权人员不熟悉或不了解授权内容，执行中无法落实。

第二部分是金融机构分账核算科目设置、账务处理等财务会计核算制度。根据制度的建设及执行情况，分为三个等次。第一个等次为80～100分，要求建立完备的试验区分账核算业务管理制度，分账核算科目设置、账务处理全面实现"标识分设、分账核算、独立出表、专项报告、自求平衡"原则，业务核算系统能够支持并识别相关标识，业务人员熟知核算处理要素。第二个等次为60～79分，要求建立较为完备的试验区分账核算业务管理制度，分账核算科目设置、账务处理较能体现"标识分设、分账核算、独立出表、专项报告、自求平衡"原则，业务核算系统基本支持并识别相关标识，业务人员了解核算处理要素。第三个等次为0分，表现为分账核算科目设置、账务处理无法实现"标识分设、分账核算、独立出表、专项报告、自求平衡"原则；或者建立了分账核算业务管理制度但流于形式；业务核算系统无法支持并识别相关标识，业务人员不熟悉核算处理要素。

第三部分是金融机构分账核算业务的财资管理及跨境资金风险管理制度。根据制度的建设及执行情况，分为三个等次。第一个等次为80～100分，要求建立稳健的财资管理制度和完善的跨境资金风险管理制度，能够有效防范流动性风险和各类跨境资金风险，境内法人机构流动性支持充分，并建立了对人民银行宏观审慎政策工具的正响应机制（包括信息接收、传递、决策和行动等方面）。第二个等次为60～79分，要求建立较为稳健的财资管理制度和较为完善的跨境资金风险管理制度，能够对流动性风险和各类跨境资金风险起到防范作用，境内法人机构流动性支持较好，并建立了对人民银行宏观审慎政策工具的正响应机制。第三个等次为0分，表现为未建立财资管理制度和跨境资金风险管理制度，无法对流动性风险和各类跨境资金风险起到防范作用；没有建立对人民银行宏观审慎政策工具的正响应机制或者响应机制不到位。

第四部分是金融机构试验区分账核算中各项业务的处理流程。根据制度的建设及执行情况，分为三个等次。第一个等次为80～100分，要求对各类试验区分账核算业务均建立完备的处理流程，可保证各类业务有序、高效开展，采取切实措施保证处理流程落实到各个营业网点的相关岗位，岗位人员熟知流程并能确保流程执行到位；第二个等次为60～79分，要求对各类试验区分账核算业务建立较为完备的处理流程，并落实到各个营业网点的相关岗位，岗位人员熟悉流程并执行流程；第三个等次为0分，表现为未建立试验区分账核算中各项业务的处理流程，或虽然建立了处理流程，但各岗位人员不熟悉流程或不执行流程。

第五部分是金融机构"展业三原则"的落实措施。根据制度的建设及执行情况，分为三个等次。第一个等次为80～100分，要求根据"展业三原则"，建立稳健的展业管理制度，并落实到各个营业网点的相关岗位，有适当的技术和制度措施支持岗位工作人员实施"展业三原则"，确保反洗钱、反恐怖融资以及反逃税相关责任和义务落到实处，并通过了"三反"评估；第二个等次为60～79分，要求根据"展业三原则"，建立较为稳健的展业管理制度，并落实到各个营业网点的相关岗位，并通过了"三反"评估；第三个等次为0分，表现为未建立较为稳健的展业管理制度，或虽建立了展业管理制度但没有具体落实到各个营业网点的相关岗位。

第六部分是金融机构内部风险控制的落实措施。根据制度的建设及执行情况，分为三个等次。第一个等次为80～100分，要求对试验区分账核算单元的各项业务建立稳健的内部风险控制制度，确保风险识别机制的落实，业务岗位明确操作风险的要点并能切实防范操作性风险；第二个等次为60～79分，要求对试验区分账核算单元的各项业务建立内部风险控制制度，确保风险识别机制的落实，业务岗位基本了解操作风险的要点并能防范操作性风险；第三个等次为0分，表现为未对试验区分账核算单元的各项业务建立内部风险控制制度，或虽有制度但业务岗位不了解或无法执行风险识别机制。

第七部分是金融机构内部应急预案措施（包括流动性、突发性事件等）。根据制度的建设及执行情况，分为三个等次。第一个等次为80～100分，要求已建立完备的应急预案，预案对可能出现的各种紧急情况提出详尽的应对措施（包括出现紧急情况时能即时向人民银行上海总部报告），具有较高的可操作性，已落实到相应责任人并能严格执行；第二个等次为60～79分，要求已建立较为完备的应急预案，预案对可能出现的各种紧急情况提出较为详尽的应对措施，已落实到相应责任人，责任人知晓职责并能执行；第三个等次为0分，表现为未建立应急预案或应急预案对可能出现的紧急情况考虑不周，应对措施无操作性或虽有预案但未落实到人。

第八部分是金融机构相关系统准备情况。根据制度的建设及执行情况，分为三个等次。第一个等次为80～100分，要求支持一点接入中国人民银行上海总部网络系统，支持各类试验区分账核算业务快速、高效运行，通过与中国人民银行上海总部的联调测试，并可及时、准确报送相关信息；第二个等次为60～79分，要求支持一点接入中国人民银行上海总部网络系统，支持各类试验区分账核算业务，系统通过与中国人民银行上海总部的联调测试，并可按规定报送相关信息；第三个等次为0分，表现为系统无法支持试验区分账核算业务，没有通过联调测试，无法及时、准确报送相关信息。

二、金融机构开办分账核算单元的筹备流程介绍

下文将根据已经建立分账核算机制的金融机构的实践描述，不代表全部金融机构都是如此。

金融机构应该对照评估的内容和标准，进行分账核算单元的筹备工作，从制度建设、系统建设、内控机制、人员培训等多个方面着手准备，确保达

到相关标准。

（一）建立完整的内部授权及转授权体系

上海市级金融机构应该由总行授权办理分账核算业务。按照总行授权管理制度，可以进行内部分账核算单元业务转授权，明确各部门职责、业务开办范围和各岗位职责，形成完整的内部授权与转授权体系，并整理制作获得授权开展分账核算业务的网点名单。同时，对于受权办理分账核算单元业务的业务人员，需进行各项业务的培训，重点包括政策细则的理解、系统操作管理、应急预案和风控等内容。

（二）建立完备的分账核算财务会计核算制度

根据"标识分设、分账核算、独立出表、专项报告、自求平衡"原则，金融机构应做好相关制度建设工作。

一是根据"标识分设"原则，对五类自由贸易账户（FTE、FTU、FTF、FTI、FTN）和一般账户进行区分，所有自由贸易账户的账号前均需标注特殊标识。

二是根据"分账核算"原则，单独核算自贸试验区分账核算单元的各类金融资产负债业务，在分账核算科目设置、账务处理等方面要全面实现分账核算和独立出表。

三是根据"独立出表"原则，对分账核算业务编制独立的损益表、资金来源运用表以及业务状况表等报表，分账核算单元的所有内部账户必须进行独立核算，并在制度中明确各类报表将于每个会计年度结束后3个月内上报人民银行上海总部。

四是根据"专项报告"原则，对分账核算业务发展规划、可能发生的风险隐患以及重大事项等向中国人民银行上海总部专项报告。

五是根据"自求平衡"原则，建立资金、敞口、杠杆率、流动性和风险控制等市场化运作管理的内部业务管理流程，以及相应的应急预案，要求分账核算单元的资金来源与运用全面覆盖自身的流动性风险。在流动性突发事件下，应先通过分账核算单元自身资产变现渠道、自身融资渠道等储备工具去解决可能出现的流动性问题，只有在上述市场化方式仍不能解决流动性问题的情况下，才能根据相关规定使用总行的资金作为最后的流动性支持。

（三）建立完善的财资管理及跨境资金风险管理制度

金融机构应为分账核算业务建立以流动性风险管理为核心的稳健的财资管理制度，可以通过国别风险管理、交易对手评级授信管理、"展业三原则"制度以及"三反"措施建立跨境资金风险管理制度，做到有效防范流动性风险和各类跨境资金风险。

在流动性风险应急预案方面，金融机构应制定流动性风险应急预案，明确总行对分账核算单元流动性风险应急事项提供分账核算单元流动性支持，承担流动性风险管理的最终责任。

（四）建立清晰的分账核算业务流程

金融机构应对各项分账核算业务建立完备的制度办法和处理流程，明确客户的准入标准、业务办理的内部授权和审批流程，做好相应存续期的管理和维护，保证业务流程落实到岗，做到岗位职责明确、业务流程清晰。

同时，金融机构要通过培训、测试等形式，确保开办分账核算业务的相关岗位人员熟悉业务流程并执行到位。

（五）制定"展业三原则"的落实措施

金融机构应按照"展业三原则"的要求，制定相应的管理办法，在与客户建立业务关系及业务关系存续期间，通过明确各部门和条线岗位工作职责、实施客户准入、动态落实客户等级评定和调整、开展标准型尽职调查和强化型尽职调查、建立风险客户退出机制、做好资料妥善保管、执行客户可疑交易报告、启动特定跨境业务审查等多项措施，真正落实"了解你的客户""了解你的业务""尽职调查"的要求。

对于反洗钱、反恐怖融资及反逃税的要求，金融机构应建立相应管理架构及专项内控制度，做到能够真正识别不同类型的洗钱、恐怖融资、逃税风险特征的客户、业务或者交易，并对此采取相应的措施，确保反洗钱、反恐怖融资以及反逃税相关责任和义务落到实处。

（六）建立稳健的内部风险控制制度

金融机构应将自贸试验区分账核算单元项下各项业务纳入风险管理体系，制定专项的内控合规管理办法、操作风险管理办法、流动性风险管理办法、市场风险管理办法、信用风险管理办法、"展业三原则"办法，以及反洗钱、反恐怖融资、反逃税等专项风险管理办法。另外，还可以建立专项风险识别、风险度量、风险控制、风险监测与报告机制，形式上可以包括业务风险的自评估、内部审计、外部审计等，并建立重大风险报告制度；对金融审慎监管政策建立响应机制，以适应自贸试验区分账核算业务下专项风险管理的需要。

（七）制定完善的内部应急预案措施

对可能出现的各种紧急情况，例如分账核算单元资金清算业务、分账核算单元金融市场业务、分账核算单元资产管理业务，以及分账核算单元流动性风险管理、信息系统等应急事项，金融机构应制定对应的应急预案措施。

同时，金融机构还需针对人民银行上海总部发布的风险提示，建立正响应机制，明确响应监管机构宏观审慎管理政策的组织机制、传导机制、落实机制、响应措施以及异常资金流动报告措施，对重大风险事件做到及时向人民银行上海总部报告。

（八）做好相关系统的准备工作

金融机构应当进行分账核算系统的开发与测试，并参与人民银行上海总部组织的联测。金融机构要确保一点接入人民银行上海总部网络系统，能够实现分账核算的各种功能，例如开立多币种自由贸易账户并在账户之前添加自由贸易账户等特定标识；在资金结算与清算全流程展示自由贸易账户标识，独立归集和管理各项外汇和衍生交易敞口，并自主与境外交易对手平盘；独立管理分账核算单元的流动性，并实现多余头寸的境外存（拆）放；独立核算分账核算单元的损益，并出具各类监管报表；确保及时、准确报送相关信息。

金融机构完成上述准备工作后，即可向人民银行上海总部提交正式的书面报告，内容包括内部分账核算管理以及相关制度的建设情况、系统准备情况以及自评估报告等，自愿参加人民银行上海总部组织的专业评估，并申请接入人民银行上海总部的相关系统。

第七章　自由贸易账户的预警指标体系建设

　　基于自贸试验区金融改革开放后的涉外金融风险管理需要，依托自由贸易账户体系构建的跨境风险宏观预警指标体系建设主要架构在各类数据信息基础上，并根据对跨境风险识别、认定的历史经验设置宏观预警指标。本章主要介绍预警监测指标的设置情况。

第一节 | 宏观审慎监管预警体系概述

一、监管预警体系理论发展现状

（一）预警、经济预警和金融风险预警 [1]

预警（early-warning）一词源于军事术语，它是指通过雷达和预警卫星等工具来提前发现和判断敌方的进攻行动，然后把敌方进攻行动的信号和威胁程度上报给指挥机关，以便我军及时采取应对措施。经过多年发展，现今预警手段已在社会经济、政治、环境灾害和宏观管理等众多领域得到普遍运用。

在经济领域，经济预警的思想起源于20世纪初。如法国政府在1911年建立常设的经济恐慌委员会；美国学者1909年开始编制经济活动指数，1919年开始定期发布"美国一般商情指数"。20世纪60年代，经济预警系统方法逐步走向成熟。

在金融领域，风险预警机制主要是指各种反映金融风险警情、警兆、警源及变动趋势的组织形式、指标体系和预测方法等所构成的有机整体。其主要功能有：（1）及时掌握金融机构动态，并有效评测其风险；（2）第一时间发现金融机构的问题，可及时据此采取恰当的监管措施；（3）为现场监管、检查提供参考，降低监管成本，提高效率。

金融风险预警机制以经济金融统计资料为素材，以信息技术为工具，是国家宏观调控体系和金融风险防范体系的重要组成部分。它具有金融管理和经营状况诊断双重功用，其意义在于依据相关金融业经营管理原则，选定一

---

① 李继伟.我国资本项目开放中的风险预警研究 [D].广州：暨南大学，2010.

组变量，并建立一套预警函数、指标或基准值，运用预警模型后，如发现有不符合规定或超过警戒值的情况，即显示报警信号，便于监管机构及时采取金融监管措施，并要求金融机构限期改善其风险，以保证稳健经营。

其中，金融风险预警指标体系是金融风险预警机制的一个重要有机组成部分，是构建金融风险预警机制的基础。金融风险预警指标体系的建立是根据国际经验和我国经济实际对跨境资金流动设定风险监测点，并选取相应的跨境资金流动指标形成一个全程的监控体系，进而对跨境资金流动水平进行全面和重点的监测分析，以便监管部门监测人员对跨境资金流动的潜在风险做到提前识别和提前处理。随着我国资本与金融项下业务和市场的不断开放，经济金融体系面临更多新风险，这就要求探索建立能够反映新问题、新情况、新风险，更有效、更全面、更审慎的金融风险预警指标体系。

（二）宏观审慎框架下的金融风险预警指标体系研究

近年来，由于系统性金融危机的频发和宏观审慎监管理念的逐步深化，国际社会对宏观审慎监管下的一些监管指标体系进行了有益的探索，对在宏观审慎监管视角下构建金融系统性风险预警指标体系极具借鉴价值。

亚洲开发银行于2001年建立了一套宏观审慎监管工具集MPIs，包括了43个常见的MPI指标以及很多额外的相关指标，为泰国、印度尼西亚、越南以及中国台湾等深受东南亚金融危机影响的亚洲发展中国家和地区服务，通过系统指标的收集和计算，度量及预警这些发展中国家和地区的金融风险状况[①]。

欧洲中央银行在宏观审慎监管的背景下，分别在2006年、2008年建立和修改完善了一个银行业稳定性的指标集（CBD-based MPIs）。这套指标基于整个银行业合并报表来获取数据，通过合并报表的方法监控整个欧元区跨国界银行业的系统稳定性。其分类较为详尽，大致有收入组成、支出组成、效率、盈利能力指标、资本充足率、规模、资产组成、负债组成、表外业务、

<hr>

[①] 亚洲开发银行.金融危机早期预警系统及其在东亚地区的运用[M].北京：中国金融出版社，2006：30-35.

流动性指标等多种类型，每种类型又下设相关指标。[①]

国际货币基金组织（IMF）有关部门从2001年6月就开始了对金融稳健性指标FSI体系的探讨，广泛征求意见，并于2003年底完成了用于评估金融部门及经济部门金融风险的多项统计指标体系，为各国提供了一个统一、规范的金融风险评价体系。整个金融稳健性评价体系的指标集由核心指标集和鼓励指标集组成。核心指标集基于巴塞尔协议，内容大致涉及 CAMELS 评价体系的五个方面，涵盖14项指标，对银行面临的不同风险进行监测。同时，为了更全面深入地考察银行、非银行金融机构、相关经济部门的金融风险状况，借鉴最新研究成果，吸取历次金融危机教训，收集银行部门、证券市场流动性、证券市场、企业、家庭、房地产市场、保险机构等多系统相关的经济金融统计数据，进一步考察银行业及整个金融系统的潜在风险状况。2011年9月，该体系又增加了7个系统性风险的预警指标，主要有信贷与国内生产总值比、存贷比、私人部门的外币债务、银行的外币债务占国内存款比重、信贷增长率、实际有效汇率、房地产价格等。[②]

2011年9月，国际货币基金组织提议各国构建宏观审慎监管预警系统，而宏观审慎监管的核心之一就是将系统性风险纳入审慎监管的范畴，在关注个体银行业金融机构面临的微观风险的基础上，关注整个系统性风险的水平及趋势。我国银行业尽管尚没有发生系统性的银行危机，但随着我国经济金融的不断开放，我国银行业也面临极大的潜在系统性风险，对其进行有效监管及预警刻不容缓。在充分借鉴国内外银行业风险预警指标体系实践经验的基础上，以宏观审慎监管为视角，全面梳理影响我国经济金融系统性风险的因素极为重要。

对于系统性风险的宏观审慎监管，涉及两个维度。其一是横截面维度，即同一时间上系统性风险在各家银行以及相关金融部门、实体经济之间的分布和相互作用。这种系统性风险可能是每家银行面临的共同风险，如实体经

① 王园园.我国银行业系统性风险预警指标体系构建研究 [D].太原：山西财经大学，2015.
② 王园园.我国银行业系统性风险预警指标体系构建研究 [D].太原：山西财经大学，2015.

济、国际冲击等；也有可能是各家银行之间、银行与金融市场业务往来导致的风险溢出和传导，体现为联动性的风险，如金融市场对银行业系统性风险的传导、银行系统内部的风险传染。这也正是传统预警指标体系如CAMELS评价体系没有考虑的重大方面。因此，在宏观审慎视角下，对于银行业系统性风险的预警一定要全面审慎体现横截面维度的这两种风险。其二是时间维度，即银行业金融机构系统性风险随着时间推移发生的风险累积，尤其是顺周期性问题。因为在整个经济运行中，本身就具有经济周期，而金融活动、监管活动以及市场主体的非理性行为及心理因素，都会进一步加大经济周期的波动范围。在这一维度中，宏观审慎监管下的系统性风险预警要更多地考虑这些顺周期性问题。

二、自贸试验区宏观审慎风险预警机制的考虑

（一）试验区跨境资金流动特点和风险

从试验区的总体定位看，其肩负着扩大对外、对内开放的双重任务。为充分发挥金融支持作用，在一线管理上要尽可能按宏观审慎原则来管理，放开对逐笔逐单业务的管理，以适应扩大对外开放的要求；在二线管理上，要在风险可控的情况下，实现有效渗透，以满足对内开放的需求，进而形成可复制、可推广的经验，为此确定了"一线宏观审慎""二线有限渗透"的总体政策思路。其中，二线管理主要落在自由贸易账户与境内普通账户间的资金往来上。

在经济全球化的大背景下，跨境资金流动具有高度的不稳定性与顺周期性，可能引发货币政策失效、汇率大幅波动、资本市场动荡、国际清偿力不足、国际收支失衡等系统性金融风险。因此，自贸试验区对跨境资金流动和跨区（自由贸易账户与境内普通账户间）流动均需要纳入监测预警，以满足跨境风险宏观审慎管理的要求。

资本项目可兑换的不断推进和全部实现意味着我国资本及金融账户的开

放。面对实体经济跨境贸易投资活动的需求，提高资金结算效率、加快资金结算速度是跨境金融服务的必然之举。在这样的背景下，自贸试验区跨境资金流动面临的新特点主要体现在：一是跨国经营企业集团内跨境资金集合管理以及跨境电子商务等新业务的开展，使得资金流动复杂性增大，流动形式趋于多样化。二是资本及金融市场活动的双向开放，使得资金跨境流动呈现大进大出、快进快出的特性。三是跨境投融资渠道的打开使得跨境金融活动趋向活跃。四是经济主体基于自由选择权上对跨境结算货币的从优选择导致的微观及宏观货币错配以及相应的对冲管理，使得跨境资金流动与实际的跨境权责债务关系存在倍增倍减的杠杆效应。

从风险角度来看，主要是资本项目中大部分中低风险的项目已经实现基本可兑换，但开放风险的管理尚留在行政层面，即国家行政管理部门是通过"双Q"制度[资质（qualification）和额度（quota）]来行使资本项目可兑换的风险管理，而金融层面和实体经济层面尚未建立起金融开放运行下的风险管理意识和机制，这使得国家的资本及金融开放面临巨大的困难和风险。这种"双Q"制开放模式的最大缺陷就是由国家行政部门来管理开放中的宏微观风险，而不是市场主体。一旦从90%的基本可兑换到100%的全面可兑换，原有各项目单一逐项独立开放模式中可控的风险可能演变为整体性、结构性、叠加性的风险，并通过国内外货币市场、资产市场、外汇市场等媒介实现交叉传递，继而引发开放宏观中典型的系统性风险——货币及金融危机。

（二）宏观审慎管理框架在跨境资金流动中的应用思路

金融宏观审慎管理框架是国际金融监管领域在2008年国际金融危机后倡导建立的重要金融监管机制之一，旨在防止因单一机构的问题引发系统性金融危机。在跨境资金流动管理中应用宏观审慎管理理论框架是一个新的尝试，需要我们创新性地建立一套全口径的宏观数据监测预警分析系统、一套能够由宏观指标触发微观调节的参数指标体系以及一套能够快速响应并行之有效的行动方案。

首先，建立一套全口径的宏观数据监测分析预警系统。宏观审慎管理要求对宏观数据有准确的监测与记录，这就要求我们建立一套全口径的宏观数据监测分析预警系统，这一系统不仅要能够翔实记录、反映宏观数据，还需具备基于宏观监测指标的预警触发机制，能够在宏观数据达到临界值时发出预警信号，触发相应微观调节参数指标变动。目前，人民银行建设的上海自贸试验区自由贸易账户监测管理信息系统（FTZMIS）就在全口径跨境融资领域开展了有益的尝试。该系统采集通过自由贸易账户办理的相关境外融资的币种和期限等信息，形成以自由贸易账户为渠道的跨境高频交易、大额交易以及境外融资的币种及期限错配的监测预警分析，成为全口径的境外融资监测预警分析系统，并通过内嵌在融资主体财务运行中的相关参数来形成一个跨境宏观审慎政策框架的传导渠道。

其次，设计一套由宏观指标触发能够调控到微观运行的参数指标体系。当宏观数据达到临界值发出预警时，引起相应内嵌在微观运行中的相关参数指标的调节，这些调节必须对跨境资金流动产生显著的影响，从而对跨境资金流动形成有效的调控。这就需要我们设计一套由宏观指标触发微观调节参数指标体系，为宏观指标触发微观调节提供抓手。根据宏观审慎管理的理论框架，这套微观调节参数指标体系应包括：（1）杠杆率。实体经济的杠杆率是与金融运行密切相关的指标，且与宏观经济运行的周期也密切相关。复苏（上升）及景气期内，实体经济通常采用增杠杆的做法，以扩大经营规模，而杠杆率过高则容易引发过剩，导致经济下行，此时实体经济通常又采用去杠杆的做法。因此，选择杠杆率作为宏观指标可以与企业的实际财务运作挂钩，具有操作性强和简单明了的优势。杠杆率可以按实际经济部门和金融部门来分别设置，以体现不同部门的运行特点。同时，对当前中外资企业境外融资借用政策不一致的调整，体现所有背景资本的企业在借用境外融资上均一视同仁的原则。（2）以降低风险为目的的匹配性指标。匹配原则应体现在借用境外融资的币种匹配和期限匹配上。总体而言，借用本币境外融资的风险低于借用外币境外融资的风险，因此应该鼓励对外负债本币化。在具体设计上，可考虑加大外币境外融资风险转换因子权重来抑制借用外币境外融资；期限方面，借长用短风险小，借短用长风险大，且借款主体有借短用长的驱动。因此，在设计上可加大短期借款风险转换因子的权重来抑制借用短期资金的动机。

最后，建立一套能够快速响应并行之有效的行动方案。当监测分析预警系统未发出预警信号时，一般认为自贸试验区整体经济金融运行处于常态周期，人民银行不采用干预措施。一旦发出预警信号，则需要迅速采取相应的行动。这就要求建立一套能够快速响应并行之有效的行动方案。当监测到资本流动中出现异常高频及大额交易现象时，人民银行可以"金融宏观审慎"的名义采取必要的措施，如通过调节微观调节参数来调整跨境流动方向和规模，通过调整风险转换因子的方式对融资结构进行微调，通过加大对资金划转的"三反"（反洗钱、反恐怖融资以及反逃税）核查力度对资本跨境流动进行间接调节等。

（三）宏观审慎管理框架下试验区跨境资金流动风险预警指标体系的建立

宏观审慎管理是监管当局为了维护金融系统的安全稳定，采用宏观审慎管理工具，以必要的治理架构为支撑的一种监管理念与做法。目前，宏观审慎的逆周期管理思路获得广泛认可，在跨境资金流动管理中的作用也尤为突出。其中，预警机制的建立是整个宏观审慎管理的前端。构建宏观审慎监管预警体系是宏观审慎监管的首要内容，而选取宏观审慎监管指标是构建宏观审慎监管预警体系的基础。

为防范异常资金流动可能带来的系统性金融风险，试验区宏观审慎管理的主要内容包括：一是强调对异常大规模跨境、跨区、跨账户的资金流动的有效监管，其中，短期资本流动是监管的重点；二是建立完善全口径外债的宏观审慎管理制度，切实防范外债风险；三是确定人民银行（外汇局）是实施试验区金融宏观审慎管理的监管主体。

其中，对异常大规模跨境、跨区、跨账户的资金流动要形成有效的监管，就必须事先建立一套试验区跨境资金流动风险预警指标体系。试验区跨境资金流动风险预警指标体系的建立目的在于通过监测试验区资金流动的速度、规模、流向、价格等关键指标，对相关风险进行识别、分级及预警，防范资金通过自由贸易账户体系快速、大规模地进出二线，防止因此出现严重的收支失衡，对我国经济金融体系的稳定性造成较大冲击。为此，可针对试验区功能模块数据，编制相关监测指标，设置预警值，并对风险进行分级，能够及时发现趋势性、苗头性以及异常情况，并作出自动识别和界定，以便工作人员对跨境资金流动的潜在风险做到提前识别和提前处理。在试验区各项政策逐步落地后，可根据实际情况，对相关预警值加以修正，在积累经验数值基础上，设计加权指数，探索建立完善全方位、全口径的试验区跨境资金流动风险预警指标体系。

作为日常性、常态化的监测预警体系，还需构造宏观审慎管理框架下的跨境资金流动分级预警和应急处理政策工具箱。针对不同的预警级别，动用内嵌的各项宏观审慎调节参数或风险转换因子等对跨境资金流动以及交易进行调节。当事态无法通过预调进行遏制时，将动用延长账户资金存放期限、征收零息存款准备金等应急处理政策工具，确保将事态控制在不发生系统性、区域性风险的底线之内。

三、试验区跨境资金流动风险预警指标体系框架

在宏观审慎管理框架下建立试验区跨境资金流动风险预警机制，就是通过判断国内外经济形势和市场走势，及时监测分析金融机构和系统重要性企业跨境资金流动涉及系统性风险的状况，并对可能发生风险的薄弱环节进行预警。试验区跨境资金流动风险预警指标体系框架是基于事后信息整理，对跨境交易进行分析判断进而实施宏观调控的一套体系。根据"监测—分析—预警—干预"的逻辑递进关系，该体系由以下四大模块构成，即预警指标信息来

源，预警指标体系设计，风险识别、分级及预警，风险处置（见图7-1）。

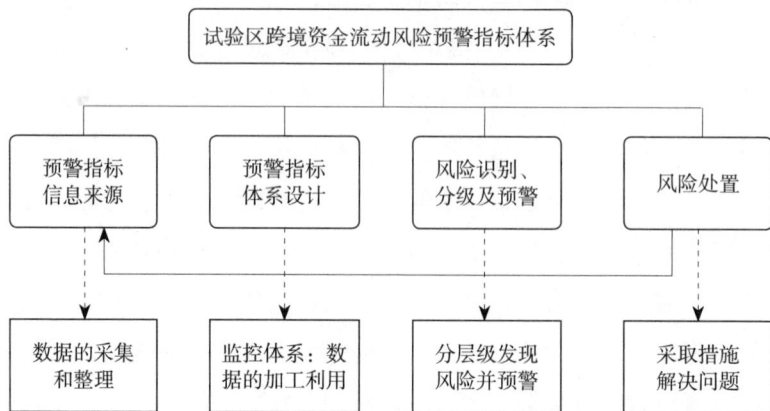

图 7-1　试验区跨境资金流动风险预警指标体系框架

（一）预警指标信息来源

预警指标信息来源是试验区跨境资金流动数据和信息的采集渠道，是整个监测预警体系的开始部分，相当于监测体系的触角，它的任务就是把跨境资金流动所涉及的所有信息按照科学逻辑进行全口径的采集和储存，为后面的分析和预警做好物质准备。

（二）预警指标体系设计

预警指标体系设计是针对可能对实体经济形成冲击、关系到国家经济金融能否健康运行的跨境资金流动所设计的一套制度。预警指标体系是对信息的加工利用程序，通过设置一系列指标对采集的信息进行多层次、多维度、综合性的梳理、规整、比对，能够监测识别跨境资金流动水平是否正常。根据国际经验和我国经济实际，对试验区跨境资金流动设定风险监测点，并选取相应的跨境资金流动指标形成一个全程的监控体系，进而对试验区跨境资金流动水平进行全面和重点的监测分析。

（三）风险识别、分级及预警

风险识别、分级及预警指基于预警指标体系中的相关指标是否偏离正常水平来识别出风险，并根据相关指标的偏离程度以及对国家经济金融可能产生的影响程度的不同，设置不同层级的预警值，对风险进行分级和预警。通过及时的风险识别、分级和预警，为有效应对大额、异常、高频等对国家经济金融形成冲击或可能形成冲击的跨境资金流动赢得时间，如大规模集中性的投机资金流动。

（四）风险处置

风险处置是对预警指标体系所发现的不同层级的风险采取有效措施进行积极应对的一整套机制。根据不同层级的风险，应该有不同的干预主体、干预对象、干预手段和预期的干预效果。

上述四个部分环环相扣，构成宏观审慎管理框架下试验区跨境资金流动一个完整有效的监测预警体系。预警指标信息来源是信息的搜集和整理过程，预警指标体系设计是对数据的加工利用，风险识别、分级及预警是对不同层级风险的发现和预警，风险处置是对不同层级风险的干预机制。前三个部分构成了"什么是试验区资金流动风险"的解析过程，而最后一个部分则是"面对风险该怎么做"，即解决风险的过程。最终处置结果的反馈会进一步形成整个预警指标的信息来源，形成一个试验区资金流动监测预警的良性循环。

第二节 │ 预警指标信息来源

自贸试验区实施金融宏观审慎管理所需信息来源于以下系统：一是RCPMIS，即人民币跨境收付信息管理系统；二是FTZMIS，即上海自贸试验区自由贸易账户监测管理信息系统；三是国际收支统计申报系统；四是外债统计监测系统；五是自贸试验区综合监管信息平台。其中，RCPMIS主要侧重于采集居民与非居民、境内与境外账户之间的人民币资金流动信息，以及与人民币相关的跨境业务支持信息；FTZMIS侧重于采集自由贸易账户及其关联账户的全币种资金流动信息，以及金融机构提供的自贸试验区相关业务信息；国际收支统计申报系统采集本外币跨境资金流动信息；外债统计监测系统（在资本项目监测管理系统下）采集本外币外债交易相关信息；自贸试验区综合监管信息平台则主要提供自贸试验区内相关经济主体和物流信息（详见图7-2）。

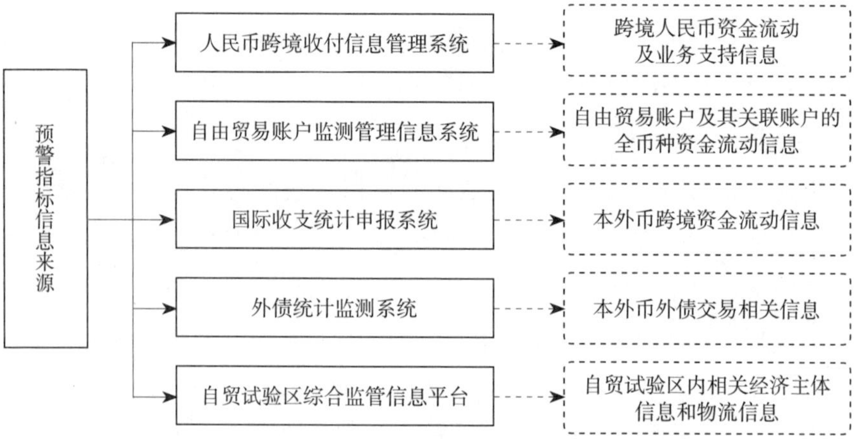

图 7-2　试验区跨境资金流动风险预警指标信息来源

上述采自人民币跨境收付信息管理系统、自由贸易账户监测管理信息系统、国际收支统计申报系统、外债统计监测系统以及自贸试验区综合监管信息平台的各类信息，主要分为经济主体信息、资金流动信息、业务支持信息三大类。

一、经济主体信息

经济主体信息从多个维度描述经济主体特征：（1）主体身份代码，通常是企业的组织机构代码（现在已经升级为社会信用代码），这是经济主体的唯一身份标识，该代码是将经济主体与账户信息、交易信息等进行联系的关键要素。（2）主体性质代码，用于区分经济主体是个人还是机构，是居民还是非居民，是金融机构还是非金融机构，是银行类金融机构还是非银行类金融机构。（3）经济类型代码，用于描述经济主体的所有制结构和出资类型。（4）行业属性代码，用于描述经济主体所属行业的具体情况。这些代码关联着企业主体经济活动的关键要素信息，如实缴资本情况、涉外贸易投资、外债情况等。

二、资金流动信息

RCPMIS采集居民与非居民之间的人民币资金流动信息以及境内账户与境外账户之间的本外币资金流动信息，并对资金流动性质进行了大致分类，如试验区主体跨境人民币收付信息、上海市主体跨境人民币收付信息等，并根据资金流动性质分别采集货物贸易、服务贸易、收益、经常转移、资本账户、直接投资、证券投资、其他投资、跨境融资等不同业务分类的跨境人民币收付信息。

国际收支统计申报系统采集居民与非居民之间的本外币跨境资金流动信息，如试验区各类实体经济主体的国际收支统计申报信息，上海市国际收支统计申报信息等。

自由贸易账户监测管理信息系统根据人民银行总行制定的"信贷收支统计指标"和"资产负债统计指标"，设置了三类（资金来源、资金运用和表外业务）共25个信息报文，用于采集基于自由贸易账户系账户的本外币资金流动信息。上述报文的设计采用以账户为中心的"收、支、余"结构，并通过设置"交易主体""交易日期""交易币种""交易金额""利率""汇率""对方账户""对方区域或国别"，以及"资产负债指标代码"和"交易性质代码"等字段来描述交易明细信息。

三、业务支持信息

业务支持信息用于补充描述跨境资金流动的具体交易背景。RCPMIS提供的人民币跨境资金流动相关支持信息包括人民币同业往来账户及其余额、非居民机构人民币账户及余额、非居民个人账户及其余额、跨境担保登记及履约、人民币跨境购售、同业融资、跨境信贷融资、银行跟单结算及表外融资、直接投资和跨境债券及股票发行等。

外债统计监测系统采集了与外债"借、用、还"有关的交易信息，包括签约金额、提款日及提款金额、币种、付息日的利率、付息额、还本方式及偿还金额、债权人类型及国别等。

自由贸易账户监测管理信息系统还设置了两类（表外及其他和账户信息）共12个信息报文，用于采集业务支持信息，包括代理发债、应收应付信用证、应收应付保函、信用证保兑、应收应付银行承兑汇票、远期结售汇、汇率掉期和自由贸易及其相关账户信息等。

根据宏观审慎管理需要，自由贸易账户监测管理信息系统对采集的数据进行加工处理后，可生成一系列统计、分析、监测及预警信息：一是资金跨境、跨区、跨账户流动监测信息，包括资金在自由贸易账户之间、自由贸易账户与非自由贸易账户之间以及自由贸易账户与境外账户之间的资金流动规模、频率等，满足对资金流动的监测需要。二是资金价格监测信息，包括汇率水平、利率水平、期限结构以及资金价格与期限结构、资金流向之间的关系等。三是主体监测信息，包括各类主体的自由贸易账户和相关非自由贸易账户的开立、变动情况，余额变动、资金流动、区域分布等。四是币种监测信息，包括不同币种之间在资金流动规模、流向、期限结构和价格水平等方面的比较。在集合RCPMIS和外债统计监测系统的业务支持信息基础上，可以生成对外债的监测信息。五是市场动态信息。这部分信息无法通过交易及收支信息的方式采集，主要是指依据市场参与者通过市场交易反映出来的预期、风险偏好等。因此，需要不断调整，并结合其他信息一起形成综合判断。但这部分信息毫无疑问是非常重要的，具有领先性。目前，主要依靠计量回归模型进行比拟测算获得。

第三节 ｜预警指标体系设计

自贸试验区资金流动风险监测体系主要通过加工人民币跨境收付管理信息系统、自由贸易账户监测管理信息系统、国际收支统计申报系统、外债统计监测系统以及自贸试验区综合监管信息平台采集的信息，编制相关监测指标，具体包括资金流动的规模、流向，外债规模和结构，利率、汇率等预警指标，以及主体和币种等监测管理指标（见图7-3）。其中，监测管理指标主要为风险预警后的风险处置措施提供管理依据。

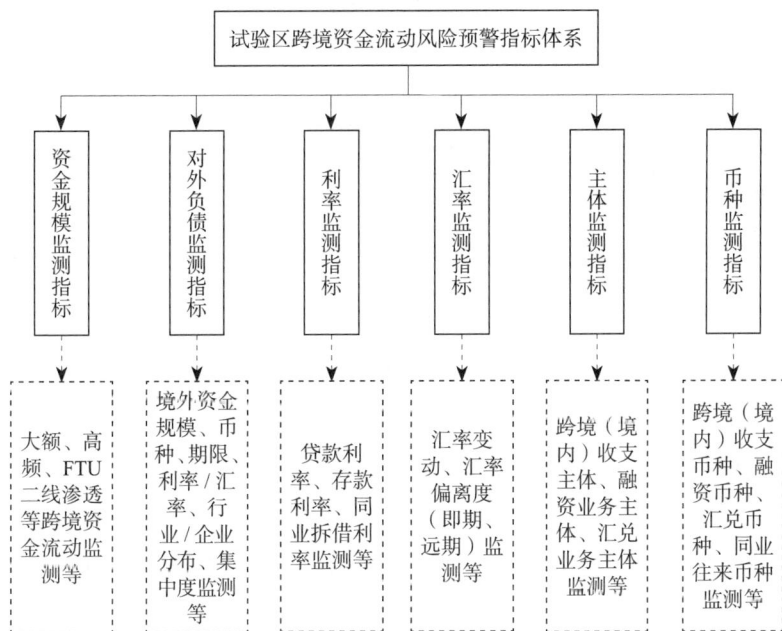

图 7-3　试验区跨境资金流动风险预警指标体系

　　设计试验区跨境资金流动风险预警指标体系，编制资金规模监测指标、对外负债监测指标、利率监测指标、汇率监测指标、主体监测指标和币种监测指标时，应遵循如下指标选取原则。

　　首先是经济合理性原则。经济合理性是预警指标设计和选取的前提，所有预警指标的选取都应有其经济合理性，并且应当符合当前的经济金融形势。试验区跨境资金流动风险预警指标的设计应该结合试验区当前的经济金融政策和自由贸易账户资金流动特点。

　　其次是系统性原则。预警指标的选取一方面要考虑指标体系的完整性，即尽可能将指标体系构建成指标集中的最小完备集；另一方面又要考虑重点性，例如对试验区跨境资金流动规模的风险预警指标给予更多的关注，特别是对于跨二线的跨境资金流动给予重点监测。系统性原则就是要全面和重点兼顾，各方面的统计指标间相互联系、相互配合，既各有侧重，又能在总体上形成一个系统和完整的有机体。

　　再次是开放性原则。随着我国资本项目可兑换的不断推进和完全实现的进程，经济金融领域的制度创新和产品创新在不断推出，因此资本项目开放风险的表现形式也会不断变化。在这样的宏观经济环境背景下，指标体系的设置应具有开放性，即试验区跨境资金流动风险预警指标体系能够随着经济金融制度的变化和资本项目可兑换的进程及时更新和完善。

　　最后是可得性原则。预警指标的选取要注重数据的可得性，这包含两层意思。一是要考虑获取数据的成本和收益。可以反映资本项目开放风险的监测指标有很多，有些甚至很重要，但如果获取该指标的成本过高，在指标选择过程中就应有取舍。二是要考虑监测数据的精度。虽然数据频度越高，监测精度越高，如按日监测资金流动精度高于按月或按年，但是按月或按年进行监测可以更好地反映资金流动的整体趋势，能更好地从宏观上把握是否存在大规模的增减变化冲击。因此，在指标设计时，要根据监测需要，设计不同精度的监测指标，构成一个完整的监测指标体系。[①]

----

① 李继伟. 我国资本项目开放中的风险预警研究 [D]. 广州：暨南大学，2010.

基于上述四条指标选取原则，试验区跨境资金流动风险预警指标体系设计具体如下。

一、资金规模监测指标

该类指标主要用于监测资金通过自由贸易账户体系跨境、跨区流入和流出的情况，重点监测大额、高频的资金异常流动情况。具体包括：（1）从境内非自由贸易账户流向自由贸易账户的资金规模以及从自由贸易账户流向境外的资金规模；（2）从境外流入自由贸易账户的资金规模以及从自由贸易账户流入境内非自由贸易账户的资金规模；（3）自由贸易账户资金流动的增长情况，如自由贸易账户发生额的同环比增长情况、净流出或净流入的同环比增长情况；（4）自由贸易账户资金流动的占比情况，如自由贸易账户净流出占全国（上海市）净流出的比例，或自由贸易账户净流入占全国（上海市）净流入的比例等；（5）大额汇兑业务监测，如汇兑业务量（包括汇兑买入金额和汇兑卖出金额）、汇兑偏离度以及汇兑同环比增长率；（6）高频跨境资金流动监测；（7）资金的二线渗透是否符合现有政策规定等，详见表7-1。

表 7-1　　　　　　　　　试验区资金规模监测指标体系

序号	监测项目	风险预警指标		监测内容及相关解释
1	大额监测预警	大额跨境资金流动监测预警（按绝对金额）	当日跨境收支总量指标	监测全部自由贸易账户（FTI、FTF、FTE、FTN、FTU 五类账户）当日跨境收支总量，超过阈值则预警
2			当日境内收支净额指标	监测单位存款五类账户（FTI、FTF、FTE、FTN、FTU）当日境内收支的净流入或净流出，超过阈值则预警
3		大额跨境资金流动监测预警（按偏离度）	当日跨境收支总量偏离度指标	监测全部自由贸易账户（FTI、FTF、FTE、FTN、FTU 五类账户）当日跨境收支总量与一段时间内日均收支总量的比较情况，偏离度超过阈值则预警

续表

序号	监测项目	风险预警指标		监测内容及相关解释
4	大额监测预警	大额跨境资金流动监测预警（按偏离度）	当日境内收支净额偏离度指标	监测全部自由贸易账户（FTI、FTF、FTE、FTN、FTU 五类账户）当日境内收支的净流入或净流出与一段时间内的日均净流入或净流出的比较情况，偏离度超过阈值则预警
5		大额跨境资金流动监测预警（按增长率）	当日／当月／当季／当年跨境收支总量增长指标	监测全部自由贸易账户（FTI、FTF、FTE、FTN、FTU 五类账户）一定时间段内（根据监测需要可选择当日、当月、当季或当年）跨境收支总量的同环比情况，大幅度的增减变化超过阈值则预警
6			当日／当月／当季／当年境内收支净额增长指标	监测全部自由贸易账户（FTI、FTF、FTE、FTN、FTU 五类账户）一定时间段内（根据监测需要可选择当日、当月、当季或当年）净流入或净流出的同环比情况，大幅度的增减变化超过阈值，或者资金流动的大金额方向逆转则发生预警
7		大额跨境资金流动监测预警（按占比）	跨境收支总量占比指标	监测全部自由贸易账户（FTI、FTF、FTE、FTN、FTU 五类账户）一定时间段内（根据监测需要可选择当日、当月、当季或当年）跨境收支总量在整个上海地区的占比情况，大幅度的增减变化超过阈值则预警
8			境内收支净额占比指标	监测全部自由贸易账户（FTI、FTF、FTE、FTN、FTU 五类账户）一定时间段内（根据监测需要可选择当日、当月、当季或当年）净流入或净流出在整个上海地区的占比情况，大幅度的增减变化超过阈值则预警
9		大额汇兑业务监测预警（按绝对金额）	当日汇兑业务量指标	监测全部自由贸易账户当日汇兑人民币买入量与人民币卖出量，大额业务超过阈值则预警
10			当日人民币买入指标	监测全部自由贸易账户当日汇兑人民币买入量，大额业务超过阈值则预警
11			当日人民币卖出指标	监测全部自由贸易账户当日汇兑人民币卖出量，大额业务超过阈值则预警
12		大额汇兑业务监测预警（按偏离度）	当日汇兑业务偏离度指标	监测全部自由贸易账户当日汇兑人民币买入量与人民币卖出量与一定时间段内日均汇兑业务量的比较情况，偏离度超过阈值则预警

续表

序号	监测项目	风险预警指标		监测内容及相关解释
13		大额汇兑业务监测预警（按偏离度）	当日人民币买入偏离度指标	监测全部自由贸易账户当日汇兑人民币买入量与一定时间段内日均买入量的比较情况，偏离度超过阈值则预警
14			当日人民币卖出偏离度指标	监测全部自由贸易账户当日汇兑人民币卖出量与一定时间段内日均卖出量的比较情况，偏离度超过阈值则预警
15		大额汇兑业务监测预警（按增长率）	当日/当月/当季/当年汇兑业务增长指标	监测全部自由贸易账户一定时间段内（根据监测需要可选择当日、当月、当季或当年）汇兑人民币买入量与人民币卖出量的同环比情况，大幅度的增减变化超过阈值则预警
16	大额监测预警		当日/当月/当季/当年人民币买入增长指标	监测全部自由贸易账户一定时间段内（根据监测需要可选择当日、当月、当季或当年）汇兑人民币买入量的同环比情况，大幅度的增减变化超过阈值则预警
17		大额汇兑业务监测预警（按增长率）	当日/当月/当季/当年人民币卖出增长指标	监测全部自由贸易账户一定时间段内（根据监测需要可选择当日、当月、当季或当年）汇兑人民币卖出量的同环比情况，大幅度的增减变化超过阈值则预警
18		汇兑净额监测	当日/当月/当季/当年汇兑净额指标	监测全部自由贸易账户一定时间段内（根据监测需要可选择当日、当月、当季或当年）汇兑净买入/净卖出情况，大额资金的流出入超过阈值则预警
19			当日/当月/当季/当年汇兑净额变动指标	监测全部自由贸易账户一定时间段内（根据监测需要可选择当日、当月、当季或当年）汇兑净买入/净卖出的同环比变动情况，大幅度的增减变化超过阈值，或者资金流动的大金额方向逆转则发生预警
20	高频异常监测预警	高频跨境资金流动监测预警（按交易笔数）	高频跨境交易指标	监测单位存款跨境的五类账户（FTI、FTF、FTE、FTN、FTU）一段时间内（可按监测需要选择为按日、按周、按月、按季或按年）的出入账笔数，交易笔数高度频繁超过阈值则预警
21		高频跨境资金流动监测预警（按偏离度）	高频跨境交易偏离度指标	监测单位存款跨境的五类账户（FTI、FTF、FTE、FTN、FTU）一段时间内（可按监测需要选择为按日、按周、按月、按季或按年）的出入账笔数和日/周/月/季/年平均交易笔数相比较的情况，偏离度超过阈值则预警

序号	监测项目	风险预警指标		监测内容及相关解释
22	高频异常监测预警	高频兑换交易监测预警（按交易笔数）	高频汇兑业务指标	监测单位存款跨境的五类账户（FTI、FTF、FTE、FTN、FTU）一段时间内（可按监测需要选择为日、周、月、季、年）的汇兑人民币买入和卖出交易笔数，交易笔数高度频繁超过阈值则预警
23			高频人民币买入指标	监测单位存款跨境的五类账户（FTI、FTF、FTE、FTN、FTU）一段时间内（可按监测需要选择为日、周、月、季、年）的汇兑人民币买入交易笔数，交易笔数高度频繁超过阈值则预警
24			高频人民币卖出指标	监测单位存款跨境的五类账户（FTI、FTF、FTE、FTN、FTU）一段时间内（可按监测需要选择为日、周、月、季、年）的汇兑人民币卖出交易笔数，交易笔数高度频繁超过阈值则预警
25		高频兑换交易监测预警（按偏离度）	高频汇兑业务偏离度指标	监测单位存款跨境的五类账户（FTI、FTF、FTE、FTN、FTU）一段时间内（可按监测需要选择为日、周、月、季、年）的汇兑人民币买入和卖出交易笔数和日/周/月/季/年平均交易笔数相比较的情况，偏离度超过阈值则预警
26			高频人民币买入偏离度指标	监测单位存款跨境的五类账户（FTI、FTF、FTE、FTN、FTU）一段时间内（可按监测需要选择为日、周、月、季、年）的汇兑人民币买入交易笔数和日/周/月/季/年平均交易笔数相比较的情况，偏离度超过阈值则预警
27			高频人民币卖出偏离度指标	监测单位存款跨境的五类账户（FTI、FTF、FTE、FTN、FTU）一段时间内（可按监测需要选择为日、周、月、季、年）的汇兑人民币买入交易笔数和日/周/月/季/年平均交易笔数相比较的情况，偏离度超过阈值则预警
28	FTU二线渗透监测预警	二线渗透监测预警		监测清算账号日终月末余额，根据三个指标监测预警：（1）FTU清算账户日末余额＞该日清算收支净收额的10%；（2）FTU清算账户月内日终累计净额＞10亿元人民币；（3）FTU清算账户按月的日余额累计＞0
29		上存下借差额预警		监测银行存放总行上存下借情况，上存大于下借进行预警，上存出账，下借入账
30		人民币清算账户日终余额监测		监测清算账号日终月末余额，月末账户累计余额＞0时要进行预警提示

二、对外负债监测指标

该类指标主要用于监测不同主体、不同期限结构、不同币种的对外负债的规模及变动情况，具体包括：（1）企业和金融机构境外融资规模以及增长率；（2）试验区外债余额占全国（上海市）外债余额的比例及增长率；（3）试验区短期外债（不含贸易信贷）余额、占比及增长率，以及与全国（上海市）相同指标的比较；（4）试验区不同币种的外债余额、占比及增长率；（5）试验区不同期限的外债余额、占比及增长率；（6）试验区融资利率与对应基准利率的比较；（7）境外融资汇率与对应基准汇率的比较；（8）试验区对外负债的行业分布、企业类别、机构集中度等。

表 7-2　　　　　　　　　　　对外负债监测指标体系

序号	监测项目	风险预警指标	监测内容及相关解释
1	境外融资规模监测预警	企业境外融资规模指标	监测企业境外融资规模是否超过依现有政策规定所计算出的境外融资规模的上限，超出上限则预警
2		企业境外融资增长指标	监测企业境外融资规模的同比增长/下降情况，以及环比增长/下降情况，增长变化过大并超过阈值则预警
3		企业境外融资占比指标	监测企业境外融资规模占同口径全国境外融资规模的比重，以及占同口径上海市境外融资规模的比重情况，占比过高超过阈值则预警
4		金融机构境外融资规模指标	监测金融机构境外融资规模是否超过依现有政策规定所计算出的境外融资规模上限，超出上限则预警
5		金融机构境外融资规模增长指标	监测金融机构境外融资规模的同比增长/下降情况，以及环比增长/下降情况，增长变化过大并超过阈值则预警
6		金融机构境外融资规模占比指标	监测金融机构境外融资规模占同口径全国境外融资规模的比重，以及占同口径上海市境外融资规模的比重情况，占比过高超过阈值则预警
7		境外融资总规模指标	监测分账核算业务境外融资
8		境外融资总规模增长指标	监测分账核算境外融资未偿余额的同比增长/下降情况，以及环比增长/下降情况
9		境外融资总规模占比指标	监测分账核算境外融资未偿余额占同口径全国/上海市比重情况

续表

序号	监测项目	风险预警指标	监测内容及相关解释
10	境外融资规模监测预警	融资跨境联动指标	融资跨境联动指标 = 境外债务融资余额 / 试验区跨境流动净额；监测所有融资主体境外债务融资余额与试验区跨境资金流动净额相比较的情况
11		融资跨区联动指标	融资跨区联动指标 = 境外债务融资余额 / 区跨区流动净额；监测所有融资主体境外债务融资余额与跨区资金流动净额相比较的情况
12	融资币种、期限结构监测预警	融资币种结构指标	按币种监测境外融资的未偿余额合计，以及各币种未偿债总量占比情况
13		币种结构增长指标	监测各币种境外融资未偿余额的同比增长 / 下降情况，以及环比增长 / 下降情况
14		债务融资币种警戒指标	债务融资币种警戒指标 = 外币境外借款融资余额 / 所有币种境外债务融资余额。重点监测外币债务情况。外币外债和本币外债相比，外币外债的占比越高，风险越大，因此当外币外债占比过高并超过阈值则预警
15		融资期限结构指标	按期限（可为 1 月期、3 月期、6 月期以及 1 年期）监测境外融资未偿余额情况
16		期限结构增长指标	监测各期限境外融资未偿余额的同比增长 / 下降情况，以及环比增长 / 下降情况
17		债务融资流动性警戒指标	债务融资流动性警戒指标 = 短期境外债务融资余额 / 所有期限境外债务融资余额。重点监测短期债务情况，短期债务占比越高，流动性风险越大，因此短期外债占比过高并超过阈值则预警
18	融资利率、汇率监测预警	FTU 境外融资利率指标	监测金融债券、中长期借款、同业往来（来源）、向央行借款等报文中的利率与 SHIBOR 基准利率比较情况，FTU 境外融资利率过高或过低并明显偏离正常水平则预警
19		企业境外融资利率指标	监测企业境外融资利率和央行基准利率比较情况，企业境外融资利率过高或过低并明显偏离正常水平则预警
20		境外债务融资利率敏感度指标	境外债务融资利率敏感度指标 =（未偿余额变化值 / 期初未偿余额）/（利率变化值 / 期初利率）；监测利率变化每一单位对境外债务融资未偿余额的影响
21		境外融资汇率指标	监测境外融资的汇率与基准汇率的比较情况，境外融资汇率过高或过低并明显偏离正常水平则预警
22		境外债务融资汇率敏感度指标	境外债务融资汇率敏感度指标 =（未偿余额变化值 / 期初未偿余额）/（汇率变化值 / 期初汇率）；监测汇率变化每一单位对境外债务融资未偿余额的影响

续表

序号	监测项目	风险预警指标	监测内容及相关解释
23	融资行业分布监测预警	境外债务融资行业分布指标	境外债务融资行业分布指标 = 债务融资余额（按主体所属行业类别）/ 债务融资总余额
24	融资企业类别监测预警	境外债务融资企业类别指标	境外债务融资企业类别指标 = 债务融资余额（按中资、外资）/ 债务融资总余额
25	集中度监测预警	境外债务融资地区集中度指标	境外债务融资地区集中度指标 = 境外债务融资对方国别（地区）余额 / 债务融资总余额
26		境外债务融资债权机构集中度指标	境外债务融资债权机构集中度指标 = 境外债务融资债权方余额（如计算前 10 个）/ 债务融资总余额

三、利率监测指标

该类指标主要用于监测试验区贷款利率、借款利率以及同业拆借利率与境外及境内区外的偏离度情况，具体包括：（1）试验区短期、中长期人民币贷款利率与境内人民币贷款基准利率及LPR的偏离度；（2）试验区一年期存款利率与境内人民币存款基准利率的偏离度；（3）试验区短期、中长期美元贷款利率与境外美元贷款基准利率的偏离度；（4）试验区一年期美元存款利率与境外美元基准利率的偏离度；（5）FTU人民币同业拆借利率与银行间同业拆借市场人民币利率的利差；（6）FTU人民币同业拆借利率与伦敦同业拆借市场美元利率的利差；（7）试验区大额可转让存单利率与银行间同业拆借市场利率的偏离度等，详见表7-3。

表 7-3　　　　　　　　　　利率监测指标体系

序号	监测项目	风险预警指标	监测内容及相关解释
1	贷款利率监测预警	FTU 放款利率监测指标	监测各项贷款利率和境内人民币贷款基准利率的对比情况
2		FTU 境外融资利率监测指标	主要监测金融债券、中长期借款、同业往来（来源）、向央行借款等业务的利率和 SHIBOR 基准利率做对比的情况

续表

序号	监测项目	风险预警指标	监测内容及相关解释
3		企业境外融资利率监测指标	监测企业的境外融资利率和基准利率对比情况
4		贷款利率期限结构监测指标	监测试验区不同期限（如短期、中长期）贷款利率与基准贷款利率的比较情况以及偏离度
5	贷款利率监测预警	贷款利率币种结构监测指标	监测不同币种贷款利率情况，如试验区人民币贷款利率与境内人民币贷款基准利率的比较情况以及偏离度、试验区美元贷款利率与境外美元贷款基准利率的比较情况以及偏离度
6		存款利率期限结构监测指标	监测试验区不同期限（如短期、中长期）存款利率与基准存款利率的比较情况以及偏离度
7		存款利率币种结构监测指标	监测不同币种存款利率情况，如试验区人民币存款利率与境内人民币存款基准利率的比较情况以及偏离度、试验区美元存款利率与境外美元存款基准利率的比较情况以及偏离度
8	同业拆借利率监测预警	同业拆借利率监测指标	主要监测FTU人民币同业拆借利率与银行间同业拆借市场人民币利率的利差、FTU人民币同业拆借利率与伦敦同业拆借市场美元利率的利差、试验区大额可转让存单利率与银行间同业拆借市场利率的偏离度等

四、汇率监测指标

该类指标主要用于监测试验区汇率与境外及境内区外的偏离度情况，具体包括试验区人民币对美元汇率的环比变动率、试验区人民币对美元汇率与香港市场汇率的偏离度、试验区人民币对美元远期汇率与香港一年期无本金交割远期（NDF）的偏离度、试验区人民币对美元汇率与外汇交易中心人民币对美元汇率的偏离度、试验区人民币对美元远期汇率与外汇交易中心人民币对美元远期汇率的偏离度等，详见表7-4。

表7-4　　　　　　　　　　汇率监测指标体系

序号	监测项目	风险预警指标	监测内容及相关解释
1	汇率监测预警	汇率变动指标	试验区外汇买卖人民币对美元汇率的环比变动情况（一般为按日监测）

续表

序号	监测项目	风险预警指标	监测内容及相关解释
2	汇率监测预警	即期汇率偏离度指标（1）	试验区外汇买卖的买入牌价与当日CNH定盘价的偏离度
3		即期汇率偏离度指标（2）	试验区外汇买卖的买入牌价与当日外汇交易中心人民币对美元汇率的偏离度
4		远期汇率偏离度指标（1）	试验区人民币对美元远期汇率与香港一年期无本金交割远期的偏离度
5		远期汇率偏离度指标（2）	试验区人民币对美元远期汇率与外汇交易中心人民币对美元远期汇率的偏离度

五、主体监测指标

该类指标主要用于监测试验区不同主体各类业务发生的资金流动情况。具体包括：（1）自由贸易账户流出总规模及流入总规模中居民机构、非居民机构、居民个人、非居民个人，以及FTU机构的占比及其变动；（2）自由贸易账户净流出/净流入中居民机构、非居民机构、居民个人、非居民个人，以及FTU机构的占比及其变动；（3）居民机构、非居民机构、居民个人、非居民个人，以及FTU机构融资金额、占比及变动；（4）居民机构、非居民机构、居民个人、非居民个人，以及FTU机构融资金额、占比及变动汇兑业务金额、占比及变动（见表7-5）。

表 7-5　　　　　　　　　　主体监测指标体系

序号	监测项目	风险预警指标	监测内容及相关解释
1	跨境收支主体监测预警	跨境收入主体监测指标（包括金额、占比、同环比、偏离度等指标）	监测单个客户一段时间内（可按监测需要选择为日、周、月、季、年）的跨境收入金额、占比情况、同环比变化以及偏离度情况。主要分为三类：（1）账户开户人为自然人（FTI、FTF）的；（2）账户开户人为机构（FTE、FTN）的；（3）账户开户人为银行（FTU）的。
2		跨境支出主体监测指标（包括金额、占比、同环比、偏离度等指标）	监测单个客户一段时间内（可按监测需要选择为日、周、月、季、年）的跨境支出金额、占比情况、同环比变化以及偏离度情况。主要分为三类：（1）账户开户人为自然人（FTI、FTF）的；（2）账户开户人为机构（FTE、FTN）的；（3）账户开户人为银行（FTU）的。

续表

序号	监测项目	风险预警指标	监测内容及相关解释
3	跨境收支主体监测预警	跨境净收支主体监测指标(包括金额、占比、同环比、偏离度等指标)	监测单个客户一段时间内(可按监测需要选择为日、周、月、季、年)的跨境净收支金额、占比情况、同环比变化以及偏离度情况。主要分为三类:(1)账户开户人为自然人(FTI、FTF)的;(2)账户开户人为机构(FTE、FTN)的;(3)账户开户人为银行(FTU)的。
4		跨境收支总量主体监测指标(包括金额、占比、同环比、偏离度等指标)	监测单个客户一段时间内(可按监测需要选择为日、周、月、季、年)的跨境收支总量、占比情况、同环比变化以及偏离度情况。主要分为三类:(1)账户开户人为自然人(FTI、FTF)的;(2)账户开户人为机构(FTE、FTN)的;(3)账户开户人为银行(FTU)的。
5	境内收支主体监测预警	境内收入主体监测指标(包括金额、占比、同环比、偏离度等指标)	监测单个客户一段时间内(可按监测需要选择为日、周、月、季、年)的境内收入金额、占比情况、同环比变化以及偏离度情况。主要分为三类:(1)账户开户人为自然人(FTI、FTF)的;(2)账户开户人为机构(FTE、FTN)的;(3)账户开户人为银行(FTU)的。
6		境内支出主体监测指标(包括金额、占比、同环比、偏离度等指标)	监测单个客户一段时间内(可按监测需要选择为日、周、月、季、年)的境内支出金额、占比情况、同环比变化以及偏离度情况。主要分为三类:(1)账户开户人为自然人(FTI、FTF)的;(2)账户开户人为机构(FTE、FTN)的;(3)账户开户人为银行(FTU)的。
7		境内净收支主体监测指标(包括金额、占比、同环比、偏离度等指标)	监测单个客户一段时间内(可按监测需要选择为日、周、月、季、年)的境内净收支金额、占比情况、同环比变化以及偏离度情况。主要分为三类:(1)账户开户人为自然人(FTI、FTF)的;(2)账户开户人为机构(FTE、FTN)的;(3)账户开户人为银行(FTU)的。
8		境内收支总量主体监测指标(包括金额、占比、同环比、偏离度等指标)	监测单个客户一段时间内(可按监测需要选择为日、周、月、季、年)的境内收支总金额、占比情况、同环比变化以及偏离度情况。主要分为三类:(1)账户开户人为自然人(FTI、FTF)的;(2)账户开户人为机构(FTE、FTN)的;(3)账户开户人为银行(FTU)的
9	融资业务主体监测预警	融资业务主体监测指标(包括金额、占比、同环比、偏离度等指标)	监测单个客户一段时间内(可按监测需要选择为日、周、月、季、年)的融资金额、占比情况、同环比变化以及偏离度情况。
10	汇兑业务主体监测预警	汇兑业务主体监测指标(包括金额、占比、同环比、偏离度等指标)	监测单个客户一段时间内(可按监测需要选择为日、周、月、季、年)的兑换金额、占比情况、同环比变化以及偏离度情况。

六、币种监测指标

该类指标主要用于监测试验区不同币种资金流动情况，具体包括自由贸易账户流出总规模及流入总规模中本外币的占比、自由贸易账户净流出/净流入中本外币的占比、试验区外债（短期外债）的币种结构及其与全国（上海市）相同指标的比较、分账核算单元境外融资的币种结构等，详见表7-6。

表 7-6　　　　　　　　　　币种监测指标体系

序号	监测项目	风险预警指标	监测内容及相关解释
1	跨境收支币种监测	FTU 跨境收入币种指标	监测 FTU 跨境收入的本外币占比以及各币种占比的增减变化情况
2		FTU 跨境支出币种指标	监测 FTU 跨境支出的本外币占比以及各币种占比的增减变化情况
3		FTU 跨境净收支币种指标	监测 FTU 跨境净收支的本外币占比以及各币种占比的增减变化情况
4		FTU 跨境收支总量币种指标	监测 FTU 跨境收支总金额的本外币占比以及各币种占比的增减变化情况
5		代客跨境收入币种指标	监测代客跨境收入的本外币占比以及各币种占比的增减变化情况
6		代客跨境支出币种指标	监测代客跨境支出的本外币占比以及各币种占比的增减变化情况
7		代客跨境净收支币种指标	监测代客跨境净收支的本外币占比以及各币种占比的增减变化情况
8		代客跨境收支总量币种指标	监测代客跨境收支总量的本外币占比以及各币种占比的增减变化情况
9	境内收支币种监测	FTU 境内收入币种指标	监测 FTU 境内收入的本外币占比以及各币种占比的增减变化情况
10		FTU 境内支出币种指标	监测 FTU 境内支出的本外币占比以及各币种占比的增减变化情况
11		FTU 境内净收支币种指标	监测 FTU 境内净收支的本外币占比以及各币种占比的增减变化情况
12		FTU 境内收支总量币种指标	监测 FTU 境内收支总金额的本外币占比以及各币种占比的增减变化情况

续表

序号	监测项目	风险预警指标	监测内容及相关解释
13	境内收支币种监测	代客境内收入币种指标	监测代客境内收入的本外币占比以及各币种占比的增减变化情况
14		代客境内支出币种指标	监测代客境内支出的本外币占比以及各币种占比的增减变化情况
15		代客境内净收支币种指标	监测代客境内净收支的本外币占比以及各币种占比的增减变化情况
16		代客境内收支总量币种指标	监测代客境内收支总金额的本外币占比以及各币种占比的增减变化情况
17	境外融资币种监测	融资币种结构指标	按币种监测境外融资的未偿余额合计,以及未偿债总量占比情况
18		各币种融资增长指标	监测各币种境外融资未偿余额的同比增长/下降情况,以及环比增长/下降情况
19		各币种融资占比指标	监测各币种境外融资未偿余额与全国(上海市)相同指标的比较情况
20		债务融资币种警戒指标	债务融资币种警戒指标 = 外币境外借款融资余额/所有币种境外债务融资余额,重点监测外币债务情况
21	汇兑业务币种监测	代客汇兑业务币种指标	监测代客汇兑业务的本外币占比情况
22		自营汇兑业务币种指标	监测自营汇兑业务的本外币占比情况
23		各币种代客汇兑增长指标	监测各币种代客汇兑业务的同比增长/下降情况,以及环比增长/下降情况
24		各币种自营汇兑增长指标	监测各币种自营汇兑业务的同比增长/下降情况,以及环比增长/下降情况
25	同业往来币种监测	同业拆借币种指标	监测同业拆借本外币占比情况
26		存放同业币种指标	监测存放同业本外币占比情况
27		各币种同业拆借增长指标	监测各币种同业拆借金额的同比增长/下降情况,以及环比增长/下降情况
28		各币种存放同业增长指标	监测各币种存放同业的同比增长/下降情况,以及环比增长/下降情况

第四节│风险识别、分级及预警

根据宏观审慎管理政策框架的理念，能够被宏观上认定为"金融风险"的，主要是由机构间的关联、共同的风险敞口、放大金融周期波动性的机构顺周期行为倾向等因素导致的向整个金融体系蔓延的现象。因此，风险识别至关重要。考虑到自贸试验区金融改革开放所处的环境以及对长期以来风险监管惯性思维的传承，我们在自贸试验区金融改革开放涉及的跨境资金流动宏观审慎政策框架中对风险识别还是遵循了宏观、微观兼顾并略微偏重微观的做法。

试验区跨境资金流动风险预警指标体系中，设计了针对个体的和总量的两方面指标预警。个体预警方面，主要是偏离宏观审慎规则时的分级预警。以境外融资为例，每个主体的可融资上限是由其自身资本的倍数决定的。当境外融资达到上限的80%时，人民银行上海总部的业务部门会发出预警提示，提请融资主体注意融资使用即将触及上限；当境外融资超过上限的0～10%时，由业务部门根据预案进行处理；当境外融资超过上限的10%时，由上海总部根据预案进行处理。汇率预警方面，当个体的成交价超过国内汇率水平一定幅度，比如10%时，我们将根据监测情况对逐笔交易开展调查，了解背离的具体情况。总量预警方面，主要通过在宏观审慎规则中设置资金流动总闸门的方式加以管理。比如，当日跨境收支总量达到多少亿元且净流量达到多少亿元时为预警提示级，当日跨境收支总量达到多少亿元且净流量达到多少亿元时为I级预警，当日跨境收支总量达到多少亿元且净流量达到多少亿元时为II级预警，当日跨境收支总量达到多少亿元且净流量达到多少亿元时为III级预警，并为每级预警设置相应的行动方案。这里的多少亿元应该随着试验区内主体的增加以及经济总量的增加而进行相应的调整，需要有经验的投入。

此外，基于已设计的整套试验区跨境资金流动风险预警指标体系，可以识别出试验区跨境资金流动规模、对外负债、利率、汇率等各个维度的可疑风险，并按不同的风险阈值将风险按照不同的程度进行分级。宏观审慎监管的对象主要是系统性风险，实现对系统性风险的准确度量及有效预警则是宏观审慎监管的重要前提，因此，在宏观审慎管理框架下，依托先前的指标体系设计，根据所识别出的自贸试验区跨境资金流动风险特别是可能产生系统性问题的风险，按其后果的严重程度可以进一步细分为三级，即对试验区跨境资金流动风险实行三级风险识别及预警。

一、Ⅰ级（一般）风险：初级预警

该类风险为最低级，具体包括[①]：

（1）资金通过自由贸易账户体系的流动规模超出同期上海跨境资金流动规模的25%[②]，或超过全国跨境资金流动规模的15%；

（2）出现大幅顺差/逆差，且顺差/逆差金额超过上海地区顺差/逆差金额的25%；

（3）自贸试验区外债余额超过同期全国的10%、上海的15%，环比增速超过25%；

（4）自贸试验区短期外债（不含贸易信贷）余额超过全国的10%、上海的15%，环比增速超过25%；

（5）自贸试验区内本外币利率与境内利率偏离度超过10%；

（6）自贸试验区即期与远期汇率与境内汇率偏离度超过10%；

（7）自贸试验区内机构未来可预测计算的货币敞口的时间和方向集中度与货币趋势走向形成一定的比例结构，如50%时；

（8）出现进一步扩大、蔓延的可能性不大，基本不会影响到自贸试验区

---

① 以下有关阈值的数据仅为说明用途，不是具体阈值数据；另外，实践中阈值数据将根据实际情况不断完善调整。

② 具体数据的设定需在实践中逐步加以修正完善，此处只是为了便于说明问题，仅供参考，下同。

分账核算单元正常经营，引发较大损失的可能性比较小的突发事件或潜在金融风险隐患。

二、II级（较大）风险：中级预警

该类风险为中等级别，具体包括：

（1）资金通过自由贸易账户体系的流动规模超出同期上海跨境资金流动规模的50%，或超过全国跨境资金流动规模的25%；

（2）出现大幅顺差/逆差，且顺差/逆差金额超过上海地区顺差/逆差金额的50%；

（3）自贸试验区外债余额超过同期全国的15%、上海的25%，环比增速超过50%；

（4）自贸试验区短期外债（不含贸易信贷）余额超过全国的15%、上海的25%，环比增速超过50%；

（5）自贸试验区内本外币利率与境内利率偏离度超过15%；

（6）自贸试验区即期与远期汇率与境内汇率偏离度超过15%；

（7）自贸试验区内机构未来可预测计算的货币敞口的时间和方向集中度与货币趋势走向形成一定的比例结构，如70%时；

（8）出现可能造成一定不利影响的潜在较大金融风险隐患；

（9）在单个自贸试验区分账核算单元局部出现风险事件。

三、III级（重大）风险：高级预警

该类风险为最高级别，具体包括：

（1）资金通过自由贸易账户体系的流动规模超出同期上海跨境资金流动规模的100%，或超过全国跨境资金流动规模的50%；

（2）出现大幅顺差/逆差，且顺差/逆差金额超过上海地区顺差/逆差金额的100%；

（3）自贸试验区外债余额超过同期全国的25%、上海的50%，环比增速超过100%；

（4）自贸试验区短期外债（不含贸易信贷）余额超过全国的25%、上海的50%，环比增速超过100%；

（5）自贸试验区内本外币利率与境内利率偏离度超过25%；

（6）自贸试验区即期与远期汇率与境内汇率偏离度超过25%；

（7）自贸试验区内机构未来可预测计算的货币敞口的时间和方向集中度与货币趋势走向形成一定的比例结构，如90%时；

（8）出现可能造成重大影响或威胁到国家经济利益的、具有系统性风险特征的突发事件或潜在重大金融风险隐患；

（9）在自贸试验区分账核算单元体系出现重大风险事件。

第五节 | 风险干预、管理及处置

试验区跨境资金流动风险预警指标体系作为日常性、常态化的监测预警体系，还需构造宏观审慎管理框架下的跨境资金流动分级预警及应对措施。针对不同的预警级别，采取不同的处置手段，并动用内嵌的各项宏观审慎调节参数或风险转换因子等对跨境资金流动以及交易进行调节。

针对试验区异常大规模资金流动及外债风险，相应的宏观审慎管理政策主要包括两个方面的内容。

一、建立健全三级风险预警响应措施

（一）I 级预警的响应措施

一是实施对所涉及银行的窗口指导，提示相关金融风险，约谈重点银行的负责人。

二是通过调整风险转换因子的方式对外债借用进行微调。如果冲击来自外债，对增量外债规模的核定，可将调节系数n下调至1.5。同时，可根据情况对增量外债的币种结构和期限进行相应的比例限制，如规定外币外债比例不得超过总外债的50%、短期外债比例不得超过总外债的50%等。

三是通过调节宏观审慎调节参数来调节跨境流动方向和规模。如果冲击来自资本大规模流出入，在二线管理上可进一步加强真实性审核，对同一主体自由贸易账户与非自由贸易账户之间的资金划转，以及居民自由贸易账户本外币资金兑换等业务实施重点监测。

四是对各机构共同的货币敞口、期限敞口等进行适当干预并发出相应的预警提示。

此外，通过调整二线资金划转的"三反"（反洗钱、反恐怖融资以及反逃税）核查力度对资本跨境流动进行间接调节。

（二）II级预警的响应措施

在I级预警响应措施的基础上，进一步加大政策力度。

一是通过调整外债杠杆率的方式对外债借用进行中调。如果冲击来自外债，对增量外债规模的核定，可将调节系数n下调至1。同时，可根据情况对增量外债的币种结构和期限进行相应的比例限制，如规定外币外债比例不得超过总外债的30%、短期外债比例不得超过总外债的30%等。

二是通过调节宏观审慎调节参数来调节跨境流动方向和规模。如果冲击来自资本大规模流出入，在二线管理上，自由贸易账户与非自由贸易账户之间的资金划转全部视同跨境处理。对自由贸易账户的本外币资金将按实需原则进行管理。同时，根据实际情况，对投融资汇兑便利进行调整。如在防流入方面，对区内金融机构和企业在上海地区证券和期货交易场所的投资进行额度管理等。此外，通过调节二线资金划转的规模对资本跨境流动进行直接调节。

三是对重点银行实施现场检查，并延伸检查企业等相关主体。

四是对各机构共同的货币敞口、期限敞口等进行干预并发出相应的风险提示，要求进行适度的逆向操作。

（三）III 级预警的响应措施

在II级预警响应措施的基础上，进一步加大政策力度。

一是如果冲击来自外债，对增量外债规模的核定，可将调节系数n下调至0.5，并按发生额核定外债总规模。同时，可根据情况对增量外债的币种结构和期限进行相应的比例限制，如规定外币外债比例不得超过总外债的10%、短期外债比例不得超过总外债的10%等。

二是如果冲击来自资本大规模流出入，暂时取消所有二线资金流动渠道，取消自由贸易账户的所有优惠政策，同时对二线资金的流动实施逐笔真实性审核。此外，当宏观预警触发指标发出高级预警信号时，可通过可变方法工具的介入性使用来对一线的跨境资本流动进行直接的逆转性调节，如对流入资金征收零息存款准备金或对流出实施临时性资本管制措施等。

三是对重点银行实施现场检查，并延伸检查企业等相关主体。

四是对各机构共同的货币敞口、期限敞口等进行强力干预并发出相应的监管提示，要求开展反向对冲操作。

二、 制定特殊异常情况下的临时管制措施

建立金融宏观审慎管理框架下的外债和资本流动管理体系，意味着对外债和资本流动管理将从微观模式转为宏观模式，正常的外债及资本流动将放开。但对于异常资本流动，则需要加强管制。从国际经验来看，对异常跨境资本流动加强管制也是世界各国应对特殊异常情况的常用手段。目前，国际上比较认可的且为二十国集团（G20）所倡导的主要管制机制有：一是反洗钱措施，即抑制以洗钱为目的的跨境资金流动；二是反恐怖融资措施，即对为恐怖活动融资的跨境资金流动进行管控；三是防止过度运用"避税天堂"，反对大量通过一些离岸金融中心摆布资金以达到逃税目的的跨境资金流动。

除此之外，必要时还可以采取一些应急措施，强化对异常跨境资本流动的临时性管理。比如，在2008年国际金融危机时期，国际货币基金组织就允许各国采取临时性管制政策，抑制国际资本大进大出。这些措施在经济恢复正常后要逐步退出。

自贸试验区内应对特殊异常情况下的资本流动临时性管制措施可从以下方面进行安排：

（一）对以投融资汇兑便利为核心内容的自由贸易账户的临时性管制安排

根据《中国人民银行关于金融支持中国（上海）自由贸易试验区建设的意见》（以下简称《意见》），自贸试验区将"创新有利于风险管理的账户体系"来"探索投融资汇兑便利"，因此自由贸易账户的创设主要服务于投融资汇兑业务，包括促进企业跨境直接投资便利化、便利个人跨境投资、稳步开放资本市场、促进对外融资便利化和提供多样化风险对冲手段五个方面。在分账核算管理制度下，各类开立在金融机构自贸试验区分账核算单元内的自由贸易账户系账户在资金运行上采用"与境外相通而与境内（区外）适当渗透"的管理模式；同时，考虑到我国《外汇管理条例》有"境内……不得以外币计价结算"的明确规定，自由贸易账户系账户与境内非自由贸易账户系账户间的资金划转应明确必须以人民币进行，从而消除外汇借自由贸易账户系账户与非自由贸易账户系账户间的境内划转带来的影响和潜在风险。

从评估来看，自由贸易账户系账户可能出现的特殊异常情况大概有以下几类：

一是自由贸易账户系账户"与境内（区外）适当渗透"变为"大规模无序渗透"的情况，按方向又可分为渗入和渗出两种情况。根据《意见》，自由贸易账户系账户与境内（区外）的适当渗透有两条途径：一为同名渗透（同一非金融机构主体的居民自由贸易账户与其他银行结算账户之间因经常项下、偿还贷款、实业投资以及其他符合规定的跨境交易需要可办理资金划转），二为异名渗透（居民自由贸易账户与境内区外的银行结算账户之间产生的资金流动视同跨境业务管理）。渗透矩阵分析如表7-7所示。

表 7-7 渗透矩阵分析

自由贸易账户系账户与非自由贸易账户系账户	同名账户间	异名账户间
向非自由贸易账户系账户渗入（渗入）	同名渗入	异名渗入
向自由贸易账户系账户渗入（渗出）	同名渗出	异名渗出

当宏观预警触发指标发出预警（可定义为自由贸易账户系账户资金流方向与上海和全国跨境资金流方向相同且规模及速度大于上海和全国）时，可以采取的临时性管制措施有以下选项组合：（1）同名渗入或渗出时，调整外债杠杆率或外债风险转换因子（其作用为通过调节跨境来调节二线，下同）→通知FTU对高频收付账户和大额收付账户加大尽职审查力度以放缓资金流动速度→组织开展现场检查以抑制非法渗透→对账户实施临时性管制措施以停止渗透。（2）异名渗入或渗出时，调整外债杠杆率或外债风险转换因子→向银行发出强化尽职审查要求并通知FTU对高频收付账户和大额收付账户加大尽职审查力度以放缓资金流动速度→组织开展现场检查以抑制非法渗透→对账户实施临时性管制措施以停止渗透。

二是自由贸易账户系账户"与境外相通"变为"大规模无序跨境流动"的情况。根据流动方向，又可分为从境外流入自由贸易账户系账户和自由贸易账户系账户流向境外两种情况。从对自由贸易账户系账户出现异常特殊跨境流动的管理来看，当宏观预警触发指标发出预警（所有FTU的资金来源与运用表提示流动性比率过高或过低）时，可以采取的临时性管制措施有以下选项组合：（1）自由贸易账户系账户余额迅速增加且资金来源于境外时，调整外债杠杆率或外债风险转换因子→通知FTU对高频收付账户和大额收付账户加大"三反"审查力度以放缓资金流入速度→通知FTU和境内银行对高频收付账户和大额收付账户与非自由贸易账户系账户的划转加大尽职审查力度以放缓资金流入非自由贸易账户系账户的速度→组织开展现场检查以抑制非法流入→对流入自由贸易账户系账户的资金规定存放期限（延长）以遏制快进快出→对流入自由贸易账户系账户的资金征收特别存款准备金（此处未采用"托宾税"方案是因为"托宾税"需要协调税务部门出面征收，征收特别存款准备金有相同效果）以遏制流入规模→实施零息存款准备金以调低流入意愿→对账户实施临时管制措施以停止流入。与此同时，金融机构层面的反向比例对冲参数可以进一步调高。（2）自由贸易账户系账户余额迅速减少且资金流向境外时，调整外债杠杆率或外债风险转换因子→通知FTU对高频收付账户和大额收付账户加大"三反"审查力度以放缓资金流出速度→通知FTU和境内银行非自由贸易账户系账户资金划入自由贸易账户系账户资金加大尽职审查力度以放缓资金流入自由贸易账户系账户的速度→组织开展现场检查以抑制非法流出→对自由贸易账户系账户实施临时管制措施以停止流出。与此同时，对金融机构的反向对冲比例进行调整。

三是自贸试验区FTU资金价格传导异常的情况（通常资金异常流动与资金价格传导异常会同步发生）。根据《意见》，试验区分账核算单元与其常规业务实行分账核算管理，其因向区内或境外机构提供本外币自由汇兑产生的敞口头寸，应在区内或境外市场上进行平盘对冲；试验区分账核算单元流动性管理以自求平衡为原则，必要时可由其上级行提供。因此，FTU向区内或境外机构提供金融服务的资金价格（主要是汇率和利率）取决于其所处的区内（FTU间）和境外市场环境，可能会出现与境内区外的资金价格不同的现象。RCPMIS自贸试验区功能模块采集FTU相关业务中的这些资金价格信息并支持后台监测工作的开展。相关监测需要依据境内区外的现行管制目标来相机开展，临时性管制措施也需要相机抉择。

汇率方面，当宏观预警触发指标发出预警（所有FTU兑换业务的加权平均汇率高于或低于境内区外汇率一定幅度时，以美元为监测货币）时，可以采取的临时性管制措施如下：自由贸易账户系账户美元等外币流量加大且兑换异常时，通知FTU对高频交易账户和大额交易账户的外币流动加大尽职审查力度以降低外币流量→通知FTU对高频交易账户和大额交易账户与非自由贸易账户系账户之间的划转加大尽职审查力度→组织开展现场检查→对自由贸易账户系账户外币流动实施临时性管制措施以停止其流动。此临时性管制措施产生的效果是不在自由贸易账户系账户兑换但仍然会在离岸市场兑换，总体影响不变；当存在离岸兑换市场时，这类以价格为目标的临时性管制措施作用有限。

利率方面，当宏观预警触发指标发出预警（假定利率全面市场化，所有FTU加权平均的实际利率曲线高于或低于境内区外市场的利率曲线一定幅度）时，可以采取的临时性管制措施有以下选项组合：（1）外币利率曲线偏离度大（说明FTU缺外币资金或外币资金多）时，可选择调整FTU的外债杠杆率或外债风险转换因子（币种）→允许其所属境内母行为其提供外币流动性管理服务（母行纳入现行外汇管理框架）。（2）人民币利率曲线偏离度大（说明FTU缺人民币资金或人民币资金多）时，可实施《意见》第十二条并放大其进入境内银行间市场开展拆借或回购交易的额度，而不影响自由贸易账户系账户的常规运作。

（二）对整个自贸试验区特殊及异常跨境资金流动的临时性管制安排

由于通过自由贸易账户系账户发生的跨境资金流动只是自贸试验区现行跨境资金流动格局上新增的一类跨境资金流动渠道，并不排斥现行普通的人民币账户和外汇账户的跨境及跨区资金流动渠道，因此考虑对整个自贸试验区跨境资金流动出现特殊及异常情况时的临时性管制安排时，需要将自由贸易账户系账户特殊异常情况的临时性管制措施和常规账户特殊异常情况的临时性管制措施一并考虑。

总体原则上，可按账户属性和币种属性设置不同的临时性管制安排。在具体实施上，可以依托RCPMIS和国际收支统计申报系统的相关信息开展特殊异常流动的监测并在现有管理分工框架内实施相应的临时性管制措施。对于普通人民币账户的跨境资金流动，可从所有人民币（包括境外人民币）都存放在中国境内银行体系的角度，按人民银行有关跨境人民币业务管理规则，建立特殊异常跨境资金流动的临时性管制安排，跨区资金流动则视同境内业务管理。对于普通外币账户的跨境和跨区资金流动，国家外汇管理局可依据《外汇管理条例》，建立特殊及异常跨境资金流动的临时性管制安排。

第八章　自由贸易账户的监测预警实践

根据党中央、国务院对上海自贸试验区的定位，上海自贸试验区要建成我国开放度最高的自由贸易园区。金融的角色以服务实体经济为本，在服务实体经济中实现金融服务业开放，并以上海自贸试验区和上海国际金融中心建设的联动建设为载体，为人民币资本项目可兑换以及投资的开放建立符合国际通行规则且有利于涉外金融风险管理的新模式，为全国实现金融开放积累新经验、探索新路径。上海自贸试验区经过4年多的实践探索，在金融开放和资本项目可兑换领域尝试建立了符合国际通行规则的涉外金融安全运行风控机制。本章主要介绍依托自由贸易账户对自贸试验区金融开放运行的宏观监测预警及风险排查处置的实践。

第一节 | 跨境资金流动监测预警及风险排查的逻辑框架

一、如何定义跨境风险

在宏观审慎管理政策框架下，被宏观上定义为"金融风险"的，主要是由机构间的关联、共同的风险敞口、放大金融周期波动性的机构顺周期行为倾向等因素导致的风险向整个金融体系蔓延的现象。

用到自贸试验区金融改革开放框架下，对于跨境风险，我们主要围绕跨境资金流动和交易引起的各项风险，具体包括可能形成外部冲击的现象、可能导致市场剧烈波动的现象、可能导致风险从一个机构蔓延至部分机构或整个金融系统的现象等。因此，"跨境风险"是通过个体的跨境资金流动和跨境交易引发价格大幅波动、资金大规模流动且方向持续等造成规模效应的情形。

要捕捉这些情形，需要我们从跨境资金流动的规模、方向，隐含在各种跨境交易中的延时收付以及未来现金流动规模、方向，可能引起价格大幅波动的各项交易性因素变化等中进行信息的合成、交叉、综合判断。所以，跨境风险监测预警既包括对微观个人行为的关注，也包括对宏观面的分析判断，但更关注金融跨境交易引发的宏观现象。

二、为什么要开展跨境资金流动监测预警和风险排查

建立上海自贸试验区是党中央、国务院作出的重大决策，是深入贯彻党的十八大精神、在新形势下推进改革开放的重大决策。自2013年9月29日起，试验区金融领域的改革开放创新经历了从1.0版到2.0版再到3.0版的递进过程。

在构建适应新开放环境的涉外风险防控措施中，金融服务实体经济层面的各项行政性管制和限制措施逐步被简政放权后的事中、事后非现场监测与管理替代。

在经济全球化的大背景下，跨境资金流动具有高度的不稳定性与顺周期性。对每个经济体而言，都可能面临货币政策失效、汇率大幅波动、资本市场动荡、国际清偿力不足、国际收支失衡等系统性金融风险。上海自贸试验区在金融服务方面具有促进企业跨境直接投资便利化、便利个人跨境投资、稳步开放资本市场、促进对外融资便利化和提供多样化风险对冲手段五个方面的优势。上海自贸试验区在实现对外开放、推动创新业务发展、扩大金融市场双向开放的同时，跨境资金流动的渠道和规模也将扩大，从而带来跨境资金流动风险。作为开放度最高的自贸试验区建设，首先要有能力应对提高开放度后可能面临的各类金融风险。以增强抗风险能力和限制系统性风险为目的，开展对异常大规模跨境、跨区、跨账户资金流动的有效监测，确保不发生区域性、系统性风险是自贸试验区金融改革的底线。因此，跨境资金流动监测预警的首要目的是发现风险苗头，进而为风险识别提供线索，这是跨境风险宏观审慎管理的基础。

三、如何开展跨境资金流动监测预警和风险排查

上海自贸试验区作为我国改革开放创新程度最高的"试验田"，在资本项目可兑换、利率市场化、金融市场开放等核心金融改革上先行先试。人民银行在大力推进改革的同时要能履行好防范风险、控制风险的职能，既要监测好"上海跨境金融活动多、重要金融交易场所多、混业金融活动多"的风险，办好"国家交办的前瞻性、具有一定风险的金融改革事项"，率先实现"取消事前审批、实施负面清单管理，建立强大的事中、事后管理新监管体系"，又不能通过强化行政审批来管理风险，不能造成大量重复监管，增加企业负担。这就要求我们建立适应高度开放新形势的风险监管体系，履行好

上海自贸试验区跨境风险监测预警和风险排查的职能。

具体来说，实施自贸试验区跨境资金流动监测预警和风险排查的总体思路包括：

一是依托一套全口径反映资金流动和交易轨迹的数据监测分析预警系统。这一系统不仅要能够翔实记录、反映资金流动轨迹，还需具备基于监测指标的预警触发机制。实施上海自贸试验区跨境风险监测预警和风险排查主要依靠自由贸易账户监测管理信息系统进行。

二是设计一套行之有效的监测预警指标。设计一套与自由贸易账户监测管理信息系统相关的监测预警指标内容及阈值，当跨境资金流动数据达到临界值时，则会触发监测预警。设计的跨境风险监测预警指标必须真实反映跨境资金流动情况，有效提示跨境资金流动风险。

三是建立跨境资金流动全口径日常监测制度。通过选择并设置相关指标，由系统根据采集的数据自动处理后作出初步分析判断，并提示监测人员和部门进一步研判，作出是否要发出进一步预警提示以及启动行动方案的决策。该制度作为日常性、常态化的监测安排，能够使监测人员及时发现趋势性、苗头性以及异常情况，通过对趋势性、苗头性及异常情况作出进一步识别和界定，对跨境资金流动的潜在风险做到及时识别和处理。

四是建立一套能够快速响应并行之有效的行动方案。针对自贸试验区开放和可兑换条件下跨境资金流动的特点，人民银行上海总部在创新自由贸易账户体系和探索宏观审慎管理等方面进行了多维度的安排，构造了宏观审慎管理框架下的跨境资金流动分级预警和应急处理政策工具箱，包括设计普通预警指标体系、专项预警指标体系、分级预警指标体系等三层预警指标体系。同时，针对不同的预警级别，动用内嵌的各项宏观审慎调节参数或风险转换因子等对跨境资金流动以及交易进行调节。当事态无法通过预调进行遏制时，将动用延长账户资金存放期限、征收零息存款准备金等应急处理政策工具，将事态控制在不发生系统性、区域性风险的底线之内。

在此基础上，还可以考虑构建覆盖面更广、更加完善的金融风险监管体系：一是以自由贸易账户为基础建立上海地区的综合监测室。二是统筹上海的重大金融改革决策，而不是建立"大一统"的审批制度。三是依托自由贸易账户，建立覆盖全国自贸试验区的、一体化的风险监测体系。四是建立跨境、跨市场、跨行业、实时的全国跨境金融活动监测和危机应对中心。

第二节 │ 跨境资金流动监测预警及风险排查的技术框架

一、上海自贸试验区跨境资金流动监测的法规基础

目前，《中国人民银行关于金融支持中国（上海）自由贸易试验区建设的意见》《中国人民银行上海总部关于支持中国（上海）自由贸易试验区扩大人民币跨境使用的通知》《中国（上海）自由贸易试验区分账核算业务实施细则（试行）》《中国（上海）自由贸易试验区分账核算业务风险审慎管理细则（试行）》《中国（上海）自由贸易试验区分账核算业务境外融资与跨境资金流动宏观审慎管理实施细则（试行）》等多项制度已出台，防范上海自贸试验区金融创新业务可能出现的风险。这些制度明确了账户体系建设、反洗钱、反恐怖融资、反逃税、风险管理、监测预警、违规检查、违规处理等与风险防范有关的内容。如《中国人民银行关于金融支持中国（上海）自由贸易试验区建设的意见》明确建立有利于风险管理的账户体系；《中国（上海）自由贸易试验区分账核算业务实施细则（试行）》和《中国（上海）自由贸易试验区分账核算业务风险审慎管理细则（试行）》对分账核算单元审慎评估、试验区分账核算业务的风险管理、资金异常流动的监测预警等方面进行了规定；《中国人民银行上海总部关于支持中国（上海）自由贸易试验区扩大人民币跨境使用的通知》《中国人民银行上海总部关于切实做好中国（上海）自由贸易试验区反洗钱和反恐怖融资工作的通知》中明确了银行按国家有关规定切实履行反洗钱、反恐怖融资和反逃税义务和职

责；《中国（上海）自由贸易试验区分账核算业务境外融资与跨境资金流动宏观审慎管理实施细则（试行）》中建立了境外融资的宏观审慎管理模式，并明确了对金融机构超额办理分账核算境外融资结算等违规行为的处理措施等。

二、 上海自贸试验区跨境资金流动监测的数据基础

1. 监测数据来源。自贸试验区实施跨境资金流动监测所需信息来源于以下几个方面：一是自由贸易账户监测管理信息系统。上海自贸试验区利用自由贸易账户监测管理信息系统构成的"电子围网"对跨境资金的风险进行隔离和管理。监测人员依托自由贸易账户监测管理信息系统，对风险进行实时监测，能够实时、逐笔地监测跨境资金流动，确保金融安全。二是人民币跨境收付管理信息系统，即RCPMIS。RCPMIS主要侧重于采集居民与非居民、境内与境外账户之间的人民币资金流动信息，以及与人民币相关的跨境业务支持信息。三是国际收支统计申报系统。国际收支统计申报系统采集本外币跨境资金流动信息。四是外部门共享信息。综合运用工商、税务、海关等外部门的共享信息。

2. 监测数据范围。监测预警采用的数据源信息包括：一是自由贸易试验区涉外经济信息，包括生产总值、外贸进出口、债权债务等。二是自由贸易试验区各类实体经济主体的跨境和跨区收支信息。三是自由贸易试验区所有参与主体的各项业务管理信息和资金流信息。四是上海市跨境收支信息，包括金融机构、企业和个人。五是上海市金融机构信贷收支信息，包含本外币信息。六是自由贸易账户试验区各类主体基础信息，包括主体信息库中的注册资本、行业类别、法定代表人、所有者权益构成等信息。七是拓展信息，包括海关物流信息、纳税信息等。

三、 上海自贸试验区跨境资金流动监测的指标体系基础

建立跨境资金流动全口径日常监测体系，通过选择并设置相关指标，

由系统根据采集的数据自动处理后作出初步判断，并提示监测人员进一步研判，作出是否需要进一步排查风险和发出预警提示以及启动行动方案的决策。主要监测针对内设的各项预警指标是否被触发。

一是实体经济层面的大额资金跨境跨区流动监测指标。这一指标主要以自贸试验区跨境一线及跨区二线资金流量、区内实体经济跨境商务投资活动以及内外贸联动及境内外投资统一管理的规模平均值为依据设定，用于监测资金通过自由贸易账户体系跨境流出入或资金通过自由贸易账户体系跨区流出入的情况，包括从自由贸易账户流向境外的资金规模；从境外流入自由贸易账户的资金规模；自由贸易账户跨境资金净流出/净流入规模；自由贸易账户净流出/净流入占全国（上海市）净流出/净流入的比例；自由贸易账户发生额、净流出/净流入的增长率；从境内非自由贸易账户流向自由贸易账户的资金规模；从自由贸易账户流入境内非自由贸易账户的资金规模；自由贸易账户与境内非自由贸易账户之间的资金流动净额。

二是金融机构层面的反向比例对冲执行指标。根据既有规定，分账核算的自由贸易账户体系建成后，金融机构对实体经济的跨境金融服务将实现开放，实体经济可以自由选择跨境收付的币种并接受可兑换跨境金融服务。但金融机构层面需要对其所服务的自由贸易账户客户跨境收支的净收款部分实现一定比例的反向对冲，以保持跨境流动性的相对均衡态势。该类指标主要监测银行存放上级行清算账户的资金是否符合既有规定。实际操作上，监测重心放在该清算账户内的日终及月末余额，取数根据清算账户表和系统内资金往来，月末账户累计余额大于零时要进行预警提示，包括三个指标监测预警，即FTU清算账户日末余额大于该日所有客户自由贸易账户跨境收支净收额的10%、FTU清算账户月内日终累计净额大于10亿元人民币、FTU清算账户按月的日余额累计大于零。

三是对外负债监测预警指标。这类指标主要针对整个自贸试验区宏观上对外负债的情况。由于对外负债具体由各类经济主体的涉外经济活动引发，因此汇总各类经济主体的对外负债结果就可以获得自贸试验区整体对外负债情况。将自贸试验区整体对外负债情况与自贸试验区各类经济主体的产出能力相比较并设置一定的"度"（主要考察偿债的能力以及对外负债的各类结构是否可能引发偿付危机等方面），一旦系统收集到的各类对外负债数据汇总后的结果触碰到这些"度"的指标，就意味着预警信号触发，就可以采取相应的措施及早介入并启动相应的工具进行干预。

四是主体监测指标。虽然自贸试验区延续了传统的关注实体经济主体的做法，但对主体监测中的风险识别已经实现了转向。也就是说，在自贸试验区框架下，对主体的监测重点不再是实体经济部门，而是金融服务部门。对于实体经济的关注只是在对金融服务部门监测中需要延伸到逐笔由实体经济主体驱动的交易时才会被启动。对金融服务部门的关注则重点放在金融服务部门向实体经济提供跨境金融服务后引发的自身跨境金融交易而产生的敞口头寸上。系统处理观察这些引发延时跨境现金流的跨境金融交易的头寸是否具有同向性以及串联性，如果发现宏观上会造成未来现金流动同向性或串联性，并触及一定的"度"时，需要及时进行反向对冲，以免形成蔓延。

五是资金价格监测指标。资金价格包括利率和汇率，延伸扩展可以包括本外币资产的收益率以及境内外汇差等。利率（包括资产收益率）以及汇率（包括境内外汇差变动）是开放环境下跨境资金流动的主要驱动因素，因此对利率和汇率等资金价格的监测不仅包括每笔交易的具体价格以及锁定在交易中的未来价格，更包括市场动态交易形成的价格和价格预期。这类监测指标需要通过构建回归模型，从历史走势中寻求相似度，并在具体数据触碰到这些"度"时，提示监测人员进一步结合跨境资金流量进行具体分析，才能得出风险识别的判断，以便采取措施，开展早期介入干预。

关于指标体系的介绍，详见上一章。

第三节 | 跨境资金流动监测预警及风险排查的工作框架

一、跨境资金流动监测预警及风险排查实施内容

（一）跨境资金流动监测预警工作要求

监测预警主要包括综合分析、非现场监测，是后续开展风险排查的基础，是监测人员根据跨境收支形势及工作重点，结合自贸试验区跨境收支业务实际因地制宜实施管理、防范跨境资金流动风险的抓手。综合分析可以从宏观、中观、微观三个层面展开。宏观层面上主要通过对自由贸易账户跨境和跨二线收支总量、净额等情况的分析判断，掌握上海自贸试验区资金流动的规模、趋势和方向，结合国家整体跨境收支趋势和方向以及国际、国内金融市场价格指标的走势情况，判定资金流动处于偏流入还是偏流出或者适宜度的状态。中观层面从业务类型、交易类型、交易主体等层面入手，分析上海自贸试验区资金流动的构成，进一步解析驱动资金流动总量的构成及变化趋势，圈定待重点监测的业务类型、交易类型和交易主体等。微观层次上通过对前期筛选出的重点监测主体的各项业务指标、敞口情况和资金流动明细数据进行分析筛查，持续深入地开展非现场监测。

（二）跨境资金流动风险排查工作要求

跨境资金流动风险排查工作的目的是通过对驱动跨境资金流动的各项因素的细致分析和排查，解构这些因素的作用，并梳理出存在的脉络，搞清是否存在共同性和相关性，尤其是可能影响未来跨境现金流规模和方向的共同的敞口头寸情况，判断识别是否存在可能的风险隐患，并找出风险隐患的动因，以便提示预警这些风险隐患，尽早介入并采取逆向预发干预。

监测人员针对监测预警中发现的异常或可疑的跨境资金流动，以及金融机构办理自由贸易账户业务的合规性与报送信息的及时性、完整性和准确性，实施进一步的风险排查。风险排查主要以监测预警过程中掌握的线索为出发点和落脚点，以调查资金流动的本质、还原资金流动的全貌为目标。风险排查通过运用各种核查方式，逐步深入，不断挖掘驱动市场主体资金流动异常的真实原因，而不再只是对市场主体资金流数据层面的表面核查。监测人员应利用各方面信息，充分运用监测预警阶段的监测记录和结论，对资金流动情况进行进一步剖析，提高风险排查的有效性，明确可能存在的风险因子和事件。

（三）实施跨境资金流动监测预警和风险排查的流程

依托自由贸易账户体系快速、全口径的数据采集功能，跨境资金流动监测预警及风险排查主要遵循以下工作流程：一是建立监测工作台账制度，记录日常监测中发现的问题；二是对发现的问题进行核实分析，及时采取必要的措施启动风险识别；三是发起监测查疑；四是及时跟进落实；五是对疑似风险进行排查；六是对排查确认的风险进行提示；七是根据设定的规则采取早期干预措施。具体做法包括：

一是综合数据排查。依据自由贸易账户监测管理信息系统数据，结合系统监测预警功能，摸排数据异常的业务主体和业务种类，为监测人员开展跨境资金流动分析、准确研判和把握资金流动方向与潜在风险点提供数据支持。同时，帮助监测人员确定非现场监测的方向、范围，以便合理安排非现场监测的重点。

二是非现场监测分析。非现场监测分析是前期数据排查的具体落脚点，针对具体的异常主体和交易项目进行异常数据分解分析、异常指标时间序列比对分析、管理信息关联信息交叉印证分析、交易项目内在逻辑性分析等详细的监测和分析，排查出异常交易行为和交易主体，确定需要进一步进行风险识别的交易主体范围，为下一步的风险识别提供线索和依据。

三是风险识别。针对前期非现场监测分析的线索和结论，监测人员以数据为基础，结合日常监测的经验，进行逻辑分析和初步判断，推断异常数据背后的资金流动和交易行为存在风险的可能性，识别上海自贸试验区跨境资金流动的风险点，为启动进一步的风险排查设立靶子。

四是实施风险排查。对识别出来的风险点确定核查重点，结合宏观形势的发展特点，依据现阶段的工作重点，结合上海自贸试验区跨境收支的结构特点进行风险排查。通过非现场核查数据比对，向经办银行了解情况，要求经办银行提交情况说明，通过现场检查等方式排查当前出现的风险。

五是风险处理。经过前期的风险排查，对于确实存在的风险事件应引起重视，及时处理和化解风险。对于风险性较弱、银行因不理解政策而导致的办理自由贸易账户业务不到位的现象，可以排除引发系统性风险的可能，并转入业务纠错型的纠正流程，无须发出风险预警。对于风险性略强、法规有明确的要求、银行未履行法规要求而产生的业务事件，则通过发出监测提示函，对经办银行予以书面提示的方式进行处理。对于风险性较强、法规有明确要求和解释、银行恶意规避或违背法规要求、造成较大影响的业务事件，则可发起现场检查，并在事实确认后采取出具现场检查意见书、整改意见书、处罚意见书的方式进行处理。对于监测发现的共性事件，监测人员需要提炼归纳并启动对整体自由贸易账户体系中共同敞口的监测、市场先导性指标的监测，兼顾上海市和全国跨境资金流动监测，分析判断自贸试验区出现的现象是否具有趋势性和先导性，并采取必要的风险预警措施，提示各金融机构进入宏观预警模式，同时启动风险等级确认，发出相应的宏观预警等级信号，采取相应等级的早期介入干预措施。

二、跨境资金流动监测预警及发现风险的途径

自由贸易账户业务的风险发现主要依托自由贸易账户监测管理信息系统开展非现场监测工作，综合人民币跨境收付管理信息系统、国际收支统计申报系统、资本项目管理信息系统等不同来源的数据，并结合日常工作中向商

业银行了解的业务情况、商业银行上报的自查发现的有关问题，以及其他相关部门或处室移交的可疑线索展开。

一是依托自由贸易账户监测管理信息系统开展非现场监测和预警。运用动态预警功能，包括融资利率异常监测预警、大额资金跨境流动监测预警、境外融资额度预警、FTU二线渗透监测预警、当日收支监测预警、当日汇兑业务监测预警、跨区同名账户间划转异常监测、跨区异名账户间收支异常监测、兑换交易异常监测等发现异常及风险线索。运用"业务明细监测"模块，通过下载实时逐笔数据，例如"单位存款""同业往来""外汇买卖""各项贷款""系统内资金往来"等模块的明细数据，比对筛选不同模块的实时逐笔数据，发现异常或风险线索。

二是监测人员在对商业银行日常业务进行情况了解或开展专项业务调研的过程中发现异常或风险线索。

三是商业银行以电话、邮件等方式向监测人员咨询自由贸易账户相关业务办理或报送规则的过程中，发现异常或风险线索。

四是商业银行报送的情况说明材料或商业银行对其自由贸易账户业务开展情况进行自查并上报的自查报告中发现的异常或风险线索。

五是部内其他处室移交的异常或风险线索。

六是其他相关部门移交的异常或风险线索。

三、跨境资金流动监测预警及风险排查实践方法

（一）跨境资金流动监测预警实践方法

1. 大额高频分析法，即对跨境资金流动的大额和高频特性进行分析。以自由贸易账户监测管理信息系统为基础，综合人民币跨境收付管理信息系统、国际收支统计申报系统、资本项目信息系统等不同来源的数据，对自贸试验区跨境资金流动和创新业务办理情况进行总量分析，重点关注大额交易和高频交易，用于判断自贸试验区跨境资金流动和创新业务办理的合理性。

监测内容包括跨境收支、跨区二线收支、各项业务的金额和频度监测。根据总量金额和频度监测作出的基本判断，选择重点银行和重点业务以及相关行业进行分析，并对重点银行、重点业务和交易项目作出初步筛选。

2. 趋势分析法，即针对跨境资金流动的趋势性和波动性进行分析。自由贸易账户的跨境资金流动总体上应该平稳有序并与实体经济的跨境商务投资活动大体一致，与金融市场对外开放的规模大体一致。发生具有较大波动性的跨境资金流动，必然对宏观形势产生巨大影响。因此，在监测过程中要重视对跨境资金流动波动性的分析，掌握跨境收支时间序列数据的趋势性和波动性，衡量其影响宏观形势的程度。根据总体跨境资金流动的趋势性和波动性分析结果，查找造成波动性幅度变大的重点银行、重点业务，必要时延伸到重点企业，初步筛选出需要重点关注的银行、业务和企业。

3. 问题线索发现法。一是通过自由贸易账户监测管理信息系统的监测预警功能，结合日常监管中发现的问题线索，筛选异常交易主体和交易项目。二是针对部分容易导致风险的交易项目，进行重点监测排查。如跨境融资业务，重点关注融资规模是否触及上限，融资利率是否异常，融资期限是否构成共同敞口，是否存在逾期未归还现象以及借新还旧、不断展期等现象；信贷业务重点关注信贷资金来源、信贷规模、利率、期限、币种、对象是否合理，是否存在逾期未偿还现象；同业往来业务重点关注同业往来业务量是否突然膨胀、资金流动方向是否逆转、资金价格是否合理、期限是否一致导致的共同同方向到期；总行下拨业务重点关注人民币和外币清算账户的使用是否合规；外汇买卖业务重点关注自营外汇买卖的资金来源，是否具有真实资产负债敞口管理需求，买卖币种和价格是否合理，外汇衍生产品交易是否基于真实资产负债敞口；跨区同名异名账户划转重点关注金额和资金流向是否膨胀和逆转、是否合规，以及关联账户的跟踪监测。三是针对部分数据异常业务，考虑是否存在数据漏报、迟报、错报，数据漏报、迟报、错报的背后是否存在隐瞒异常交易的情况。

4. 对比分析法。通过各业务系统数据交叉比对查找风险主体。针对某一交易主体，综合运用多个系统，包括自由贸易账户监测管理信息系统、人民币跨境收付管理信息系统、国际收支统计申报系统、资本项目信息系统以及海关、税务、商务等外部门共享信息，串联交易主体多项业务，还原其资金流动全链条。利用多种监测系统的数据信息的交叉验证，搜集判断某一市场主体的关联存在，分析该市场主体及其关联存在某时间段内的所有收支及业务办理数据，了解该市场主体整个资金运作的脉络和路径，跟踪其资金流动轨迹，进行深度分析，从而发现异常点。

（二）跨境资金流动风险排查实践方法

1. 非现场核查。监测人员通过前期的监测预警流程确定需要重点核查的银行和企业后，可以根据重点监测主体的特征及具体监管工作需要，对重点监测主体进行监测分析，综合掌握重点监测主体的资金流动情况、存在的问题和导致异常的原因，形成较有依据的合规性判断，为准现场调查和现场检查提供具体的方向和线索。非现场核查步骤具体包括：一是总量指标内在逻辑性分析。将重点监测主体的资金流动总量指标进行内在逻辑性分析，同时关注资金流出和流入双向规模，对问题的性质和演变路径作出基本判断。二是总量指标分解分析。将需要重点关注的跨境资金总量指标分解到不同业务类型项下进行分析，进一步明确问题的性质，并确定需要进行时间序列分析的指标。三是异常指标时间序列分析。经过指标分解、分析选定的异常单项业务指标，通过将该指标与前期指标值、平均值或趋势值相比较，确定交易明细分析的数据类型及时间段。四是交易明细分析。选定单项业务项下出现异常的时间段的资金流逐笔数据，通过分析交易金额分布的均衡性，或对明细数据进行分类汇总分析，达到锁定异常数据、基本确定异常原因的目的。

2. 准现场调查。在数据指标分析的基础上，还可结合重点监测主体其他相关管理信息进行综合判断。可以从外汇、反洗钱、征信、海关、税务等部门获取监测主体的基本信息和异常线索，进行交叉验证。在数据指标和管理信息分析的基础上，必要时可采取向金融机构电话了解情况，要求金融机构提交业务办理单证、企业营业执照、财务报表，约谈银行经办人员等手段开展准现场调查，以期更直接地了解重点监测主体情况，分析指标变化的原因，得出监测结论，排查潜在风险。准现场调查对内衔接人民银行内部其他相关部门，对外联系其他职能部门和金融机构等。准现场调查阶段的工作需要有序、有效开展。实施准现场调查前，必须做好相关准备工作，以非现场核查阶段提出的需要进一步深入调查的清单为基础，结合当前跨境收支形势及调控重点，开展调查工作。

3．现场检查。对于需要进一步调查取证、了解风险事件的，可以组织检查人员进入金融机构进行现场检查。现场检查人员对非现场监测中发现的异常或可疑的自由贸易账户业务，以及金融机构办理自由贸易账户业务的合规性与报送信息的及时性、完整性和准确性实施现场检查。现场检查应当以非现场监测和准现场调查分析掌握的情况为出发点和落脚点，以调查落实重点监测主体数据异常的本质原因为目标。在检查开始前，现场检查人员应充分利用各方面信息，特别是非现场监测阶段的监测记录和结论，对被检查金融机构的业务进行剖析，提高现场检查效率。现场检查的每一个步骤应根据相关法规及内控制度严格实施。检查组应当在检查中及时收集相关证据，全面、客观、完整地记录执法检查工作情况。结束执法检查工作时，根据有关证据材料，确定风险事实，并按照规定进行处理。

第四节 ｜ 跨境资金流动监测预警与风险排查的实践效果

一、跨境资金流动监测预警和风险排查实践

（一）资金跨境、跨区流动总量监测与风险排查

1．资金跨境收支监测。2016年12月，分账核算单元共发生跨境收支折合

人民币5916亿元，净流出294亿元，较上月增加278亿元。从币种来看，跨境资金净流出由外币项下净流出导致。12月，人民币项下跨境净流入156亿元，外币项下跨境净流出折合人民币454亿元，以欧元资金净流出为主。欧元项下跨境资金净流出折合人民币555亿元：一是部分银行的FTU账户欧元活期存款调出至德国；二是财务公司开立的FTU账户作为资金池一级账户，将前期归集的欧元资金下拨至其成员企业用于对外支付。

2016年，分账核算单元共发生跨境收支折合人民币61244亿元，收付比为1∶1.05，全年跨境资金收支基本平衡。

2.资金跨区收支监测。2016年12月，分账核算单元共发生境内收支折合人民币7109亿元，由自由贸易账户净流出区外80.6亿元。2016年全年，分账核算单元共发生境内收支折合人民币50186亿元，净流入自由贸易账户5170亿元。资金跨区收付平稳有序。

（二）资金跨二线渗透监测与风险排查

1.FTU人民币清算账户违反"三个公式"要求。金融机构试验区分账核算单元可以通过内部联行往来的方式在其境内法人机构开立人民币清算专用账户，用于系统内及跨系统清算。该账户的日常管理应满足以下条件：（1）FTU清算账户日末余额≤该日自由贸易账户跨境收支净收额的10%×宏观审慎调节参数；（2）FTU清算账户月内日终累计净额≤10亿元人民币；（3）FTU清算账户按月的日余额累计≤0。

2015年4月30日，××银行分账核算单元客户从香港向其FTN账户汇入一笔3.9亿元人民币。当日，银行未及时将资金调拨到境外，而是存放于其开立在总行的人民币清算账户中，造成该日清算账户余额为3.6亿元，导致当日资金的内向渗透超过规定。监测人员发现该风险后，立即对该银行进行了风险提示，要求第一时间将资金调拨到境外。

2016年9月，××银行FTU人民币清算账户9月30日日末余额（清算账户净上存）为1.86亿元，违反了第三个公式的要求。经与银行了解确认，主要是由于该银行报备账户缺失。该银行向系统缺失报备两个清算账户，导致资金流信息缺失，银行FTU人民币清算专用账户实际余额应为净下拨7.7万元。经提示，该银行补充报备人民币清算账户数据。

2. 总行下拨资金用途监测。2016年10月底，××银行分账核算单元资金来源为总行下拨31亿元、客户存款16亿元，但其资金运用中向企业发放贷款只有2亿元，该银行总行下拨资金用途存在疑点。进一步排查该银行各项业务数据发现，该银行的总行下拨资金主要用于拆借给境外同业39亿元。

2016年11月，××银行用总行下拨资金办理自营外汇买卖业务。人民银行上海总部对××银行进行了风险提示，并要求××银行立即将总行下拨资金归还。××银行12月7日从境外拆入资金并归还了总行下拨资金。2017年2月底，××银行部分境外拆入资金到期，为弥补短期资金缺口，再次从总行下拨资金8.02亿元归还到期境外拆入资金。××银行已于2017年3月2日从境外拆入9亿元资金，归还该笔总行下拨头寸。

2017年1月，××银行分账核算单元循环办理同业拆出1～3日人民币资金业务，单笔金额最高为0.4亿元人民币，累计金额7.55亿元，同业拆出利率最高达30%。截至2017年1月，该银行自由贸易账户人民币存款余额仅0.09亿元，全部货币存款余额也仅折合0.34亿元人民币，且未发生同业拆入及信贷业务。该银行办理同业拆出业务的同时，其总行下拨资金余额为0.46亿元人民币。进一步核查发现，该银行将总行下拨资金用于循环办理短期同业拆借业务，以获取高额利息。

上述业务的发生正处于人民币汇率贬值期间，境外人民币短缺，隔夜拆借利率一度升到10%以上。为防止银行受高额资金收益的驱使，借自由贸易账户将人民币资金拆往境外，监测人员加强了对总行下拨款项使用情况的监测，并通知银行及时调回并严格按人民银行的相关规定办理这类业务。

3. 二线划转外币业务风险排查。《中国（上海）自由贸易试验区分账核算业务实施细则（试行）》要求，"自由贸易账户与境内（含区内）机构非自由贸易账户之间产生的资金划转（含同名账户）应以人民币进行"；同时，"金融机构试验区分账核算单元吸收的自由贸易账户外币资金余额，除因清算需要必须存放境内金融机构的，不得存放境内金融机构"。

2016年1月，××银行分账核算单元获得总行7500万美元流动性支持，用于参与跨境银团贷款。该行为违反了二线划转应以人民币进行的规定。监测人员在风险事件发生后，迅速发现，并立即责令该银行整改。

4. 二线划转资金风险排查。《中国（上海）自由贸易试验区分账核算业务实施细则（试行）》要求，"同一非金融机构自由贸易账户与其开立的境内其他银行结算账户之间，可办理以下业务项下的人民币资金划转：（一）经常项下业务；（二）偿还自身名下且存续期超过6个月（不含）的上海市银行业金融机构发放的人民币贷款，偿还贷款资金必须直接划入开立在贷款银行的同名账户；（三）新建投资、并购投资、增资等实业投资；（四）中国人民银行上海总部规定的其他跨境交易"。

监测人员持续对同名账户的资金划转进行监测核查，发现部分银行未严格落实同名划转的"四个通道"要求。有的银行存在数据报送不准确问题，经提示后，相关银行已进行了数据修正。有的银行存在办理同名账户资金划转不符合资金性质要求的问题，已对相关银行进行了风险提示。经前期对银行进行数据报送指导和合规性要求指导后，同名划转项目数据报送质量及规范性有较大程度改善，大部分银行已完成前期数据修改工作，银行业务办理不合规现象也显著减少。

（三）自由贸易账户业务监测与风险排查

1. 分账核算单元同业拆出及存出美元增幅较大。2016年11月，分账核算单元共发生同业拆出及存出美元业务金额折合人民币1412.2亿元，较上月增加704.4亿元。其中，同业拆出及存出美元资金金额较大的金融机构为：A银行同业拆出美元折合人民币450.3亿元，较上月增加折合人民币434.4亿元，主要是补报前期漏报数据所致；P银行同业拆出及存出美元折合人民币250亿元，较上月增加折合人民币140.8亿元，主要是近期为了满足业务部门用款需求，P银行做了较多的美元超短期（隔夜）拆出业务，导致美元拆出发生额较大，经了解，其美元资金来源均为分账核算单元吸收的存款。

2. 境外融资额度超限风险排查。2016年3月及9月，部分区内企业境外融资额度超限。KM公司，境外融资占用规模2578万元，突破2494万元的融资上限，经办银行为H银行。WG公司，境外融资占用规模381万元，突破246万元的融资上限，经办银行为P银行。LY公司，境外融资占用规模1616万元，突破1429万元的融资上限，经办银行为F银行。SL公司，境外融资占用规模1402万元，突破1306万元的融资上限，经办银行为S银行。监测发现风险后，立即向相关银行发放监测提示函，要求银行加强内控，防范风险，企业境外融资未降至融资限额之内期间不可再新增境外融资。

3. 部分境外融资业务报送数据有错漏，逾期未归还或还款路径不合规。截至2017年2月，有17家企业金额折合人民币6.4亿元境外融资业务逾期未归还，币种涉及人民币、美元、欧元、澳大利亚元，逾期期限为1~14个月，涉及经办银行7家。经了解，其中10笔境外融资业务为已还款，但漏报还款数据；7笔境外融资业务已申请展期；1笔境外融资已逾期未归还；1笔境外融资未到期，经办银行报送数据有误。我们已督促相关银行及时补报还款信息，修改错误数据。另有1笔境外融资业务，ML公司通过自由贸易账户从境外借入150万欧元资金，于2016年11月29日到期，企业通过区外普通账户已还款。我们已向经办银行发布风险提示，并就该笔违规操作业务约谈经办银行。

4. 分账核算单元向FTN发放贷款业务风险排查。监测发现，某些月份分账核算单元向FTN发放贷款金额较大。进一步监测核查办理金额较大的FTN贷款业务可知，贷款用途多为归还已到期融资、境外并购贷款及用于支付货物贸易款项的流动资金贷款。其中，Z银行向GH公司发放102亿港元的过桥融资，用于完成并购交易；P银行向LS公司发放流动资金贷款45亿元人民币，用于归还P银行前期发放的7亿美元的境外贷款；G银行向DH公司发放流动资金贷款30亿元人民币，用于支付货物贸易款项；G银行向LH公司发放流动资金贷款27.5亿元人民币，用于归还企业的人民币短期贷款；P银行向EM公司发放并购贷款3.5亿美元，用于支付私有化股权对价及目标公司发行的可转债未偿还部分；××银行向AF公司发放流动资金贷款2亿美元，用于支付企业收购海外股权的定金。

此次监测预警主要针对业务量增长较为迅速的分账核算单元向FTN发放贷款业务，经过非现场监测和风险排查，基本排除了分账核算单元向FTN发放贷款项下业务量大幅增长作为异常资金流动通道的风险。

（四）业务办理主体监测与风险排查

1. 同一主体多种业务类型的监测和风险排查。××公司在香港设立全资子公司JXHK，JXHK在开曼设立JXKM。××年3月，JXKM与MPS股东签订了股权转让协议，约定向MPS股东支付7.15亿美元，用于收购MPS 65%的股权。非现场监测发现，××公司向FTN支付共计46.4亿元人民币，用于收购境外企业的股权转让款项。

由于对境外投资交易金额较大，我们对整个资金流转过程进行了全程逐笔监测。监测数据包括单位存款、各项贷款、外汇买卖、系统内往来、同业往来等多项业务。交易全流程还原如下：××年5~8月，××公司向JXHK的FTN账户支付对外投资股权转让款项共4笔，金额合计46.4亿元人民币，JXHK直接或通过JXKM向卢森堡的MPS股东支付股权对价款。其间，××银行分账核算单元向JXKM发放了两笔境外投资过桥贷款，共计3.78亿美元，JXKM以××公司向其支付的股权转让款购汇归还银行贷款。通过对该笔海外收购案资金链条的全流程监测，我们掌握了交易的真实情况，对于企业对外投资资金流出的跟踪、排查风险起到了很好的作用。

2. 多个监测系统的大数据核查。非现场监测发现，××年2~3月，HJ公司的FTN账户从香港汇入6笔、金额合计6762万美元的资金转存为1年期定期存款，存款利率为2.2%~2.3%。HJ公司以定期存款作为质押，在NRA账户中向银行申请办理了7笔、合计4.7亿元人民币的贸易融资款，用于向境外支付贸易款项。同时，HJ公司通过自由贸易账户办理了1年期远期结汇，美元兑换人民币汇率为7.048~7.126。

非现场监测运用的系统包括自由贸易账户监测管理信息系统、人民币跨境收付管理信息系统、国际收支统计申报系统等。××年初,人民币汇率波动,资金流出压力较大。部分境外机构试图通过打通NRA人民币和外币账户的方式套取汇差。监测人员通过多系统数据核查,监测发现了HJ公司疑似跨境套汇差的操作手法。HJ公司在FTN和NRA账户中均未直接结汇,而是通过在FTN账户系统中办理美元定期存款和远期结汇,在NRA账户中办理定期存款质押的人民币贸易融资业务,试图通过两个账户系统、两个监管系统的数据分离实现赚取汇差的目的。

（五）资金价格监测与风险排查

1. 自由贸易账户现欧元同业拆借负利率。××年1~2月,DY银行上海分行办理了3笔欧元负利率同业拆出业务,分别为0.35亿欧元、0.15亿欧元和0.35亿欧元,交易对手为其境外母行,期限为29~31天,拆借利率分别为-0.41%、-0.36%和-0.36%。4月,JS银行上海分行办理了2笔欧元负利率同业拆出业务,分别为0.35亿欧元和0.65亿欧元,交易对手为JS银行悉尼分行和卢森堡分行,期限为361~362天,拆借利率分别为-0.16%和-0.1%。5月,ZM银行上海分行办理了1笔欧元负利率同业拆出业务,金额为0.1亿欧元,交易对手为GM银行上海分行,期限为37天,拆借利率为-0.03%。

××年3~7月,JS银行上海分行办理了3笔欧元负利率同业拆入业务,分别为2.6亿欧元、0.01亿欧元和0.01亿欧元,交易对手分别为JS银行悉尼分行、法兰克福分行和卢森堡分行,期限为30~31天,拆借利率分别为-0.35%、-0.3%和-0.2%。5~6月,GS银行上海分行办理了2笔欧元负利率同业拆入业务,分别为0.19亿欧元和0.1亿欧元,交易对手为GS银行东京分行和ZG银行上海自贸试验区分行,期限分别为19天和37天,拆借利率分别为-0.15%和-0.03%。

监测显示,境外央行实施的负利率政策已传导至自贸试验区。由于欧元资金实现了负利率借贷,市场主体可以实现低成本融资。与此同时,负利率压缩了银行的利差空间，对银行现有的盈利模式提出了挑战。

2．自由贸易账户美元贷款业务平均利率首次突破3%。××年1月，分账核算单元共发放美元贷款18笔，金额折合人民币30.3亿元，平均利率为3.17%，首次突破3%。截至上年底，美元贷款平均利率仅为1.79%。

经了解，一是近期境外美元利率上涨，带动分账核算单元美元贷款利率上浮；二是本期美元贷款期限较长，平均期限达3.5年，其中××银行发放了4笔金额折合7.4亿元人民币的美元贷款，期限长达12年，均为与航运企业的造船期限相匹配的船舶融资。

（六）数据质量监测与风险排查

××年8月，分账核算单元办理同业拆入业务金额大幅减少，尤其是业务量较大的Z银行规模大幅萎缩。自由贸易账户监测管理信息系统显示，7月Z银行发生人民币同业拆入业务124.1亿元，8月同业拆入业务发生额为零。Z银行为跨境人民币业务办理大行，当月未发生同业往来业务不合理。

监测人员通过准现场调查方式了解到，Z银行8月实际发生同业拆入业务金额折合人民币150亿元，币种涉及人民币、美元和港元，由于Z银行内部自动报送系统问题，8月其同业拆入业务数据全部丢失漏报。在发现数据漏报风险后，监测人员提示Z银行，Z银行立即从其内部业务系统中查询同业往来业务数据，并补报送至自由贸易账户监测管理信息系统，消除了数据漏报的风险。

二、上海自由贸易试验区跨境风险监测预警效果

（一）自由贸易账户金融服务快速发展，跨境收支总体平衡

试验区分账核算业务启动以来，自由贸易账户金融服务快速发展，跨境收支总体平衡。目前，上海全市所有金融机构均可通过直接接入和间接接入的模式开展自由贸易账户相关业务。截至2017年7月末，已有55家上海市各类

金融机构直接提供自由贸易账户金融服务。这些金融机构为区内和境外市场主体开立自由贸易账户近7万个，余额折合人民币超过2000亿元。累计办理各类跨境收支近15万亿元人民币，跨境净支出1630亿元人民币，跨境收付比为1：1.02，跨境收支基本平衡有序。各类主体通过自由贸易账户已经和139个国家和地区发生收支业务。

（二）资金二线划转以实需为原则，跨二线资金流动合理有序

在自由贸易试验区与境内其他地区之间，即境内跨区二线的管理上，自由贸易账户严格控制只能以人民币划转结算，外币双向不渗透。同时，人民币划转只能在经常项下、偿还贷款、实业投资和人民银行认可的其他交易四个通道中进行。截至2017年7月末，自由贸易账户共发生境内收支近14万亿元，资金净流入自由贸易账户8195亿元。其中，FTU自身境内收支近10万亿元，净流入自由贸易账户5285亿元；代客境内收支近4万亿元，净流入自由贸易账户2910亿元。从总体的资金流向来看，资金从境内一般账户净流入自由贸易账户8195亿元，从自由贸易账户净流出境外1630亿元，主要为货物贸易、服务贸易和直接投资项下的结算款项。这说明自由贸易账户跨境资金流动总体平衡有序，与境内的跨二线资金流动遵循真实交易背景要求，且符合同名及异名账户之间的结算规则要求，有效控制了无因性跨境资金的大规模流动。

（三）自由贸易账户创新业务运行平稳，有效满足实体经济金融服务需求

自由贸易账户可使区内实体经济合理但是传统政策不支持的需求通过合规的渠道和方式得到满足。这些业务以前常常通过灰色的渠道开展，自由贸易账户可以使其阳光化、规范化。自由贸易账户可提供境外融资、跨境存单、黄金国际板、大宗商品现货及保税铜溢价等市场跨境交易、跨境并购、跨境投资、跨境结算、跨境同业拆借、贸易融资以及跨境担保、跨境自贸债发行及交易、全功能型跨境资金池、跨境电子商务结算、海外人才跨境金融

服务、跨境股权投资等多项金融产品和服务。试点以来，企业通过自由贸易账户累计办理各项本外币融资折合人民币近万亿元，人民币贷款加权平均利率为3.9%，远低于境内贷款基准利率。银行分账核算单元从境外借款折合人民币6.7万亿元，币种涉及人民币、美元、港元、欧元、英镑、日元等。自由贸易账户累计办理同业往来业务近5万亿元。累计发生银行代客买卖人民币金额合计5179亿元，银行自营买卖人民币金额合计2.4万亿元。黄金国际板跨境收支共发生3905亿元，境内收支共发生1488亿元。共有796家科创企业开立自由贸易账户1230个，通过自由贸易账户与境外发生跨境收支折合人民币549亿元，与境内区外发生收支2211亿元人民币，通过自由贸易账户获得境外融资折合人民币9亿元，获得银行信贷资金折合人民币626亿元。

（四）促进金融监管方式转变，探索建立跨境资金流动的宏观审慎管理框架

随着金融对外开放和人民币可兑换程度的不断提高，需要构建面向未来的可兑换和市场化的资金流动管理框架。人民银行在参与自贸试验区金融改革开放创新的工作中，积极试验开放经济运行下对跨境资金流动的宏观审慎管理，为将来全国实现可兑换后的金融审慎管理探索、积累经验。在试验区自由贸易账户体系设计过程中，通过分账核算管理，形成了一个资金跨境和跨区流动的"电子围网"式监管格局，所有进出和停留在自由贸易账户中的资金以及资金活动背后的业务信息都通过自由贸易账户监测管理信息系统采集汇总到人民银行。通过对自由贸易账户的动态监测分析，结合对境内和国际市场情况的联动监测，建立风险预警和异常干预机制。在分账核算境外融资实施细则制定过程中，尝试建立了宏观审慎的境外融资风险管理新模式。可根据试验区跨境及跨区资金流动、区内及境内信贷供求情况，对境外融资杠杆率、风险转换因子、宏观审慎调节参数等进行调整，必要时还可采取总体规模调控等应急管制措施。根据系统采集的数据以及试验区经济金融运行和跨境、跨区资金流动情况建立相应的风险预警指标体系，并可根据监测和

风险防控需要对风险预警指标和宏观调控政策工具进行调整和完善。

（五）自由贸易账户风险可控，牢牢守住金融稳定底线

上海自贸试验区成立以来，在人民银行总行的正确领导下，人民银行上海总部认真落实中央对上海自贸试验区建设的总体要求，严守不发生系统性金融风险的底线。自由贸易账户体系支持实时、逐笔、按主体、全口径直接采集交易明细数据，可以捕捉到每笔交易的全部明细信息，掌握各类主体、金融机构借助自由贸易账户开展的各类业务、价格、资金流动、资金流向、资金存量等情况，开展实时动态的风险监测，从而赋予监管部门更丰富的预警分析功能。同时，在政策设计上，通过"电子围网"式的金融监管环境，筑牢"防火墙"，有效防止跨境资金的异常流动。上海总部的日常监测和数据分析显示，截至目前，自由贸易账户跨一线及二线资金流动并无异常。政策设计中的服务实体经济效应以及遏制"热钱"从金融渠道流动的目的基本得到体现，自由贸易账户没有成为"热钱"流入套利的管道，也没有成为资金向内渗透的管道。"防火墙"机制起到了较好的风险防范作用，自由贸易账户无论是在实体经济层面还是在金融机构层面均没有出现境外"热钱"流入和境内区外资金异常流动的现象，自贸试验区跨境资金流动风险基本可控。

第九章　上海自贸试验区境外融资宏观审慎
管理改革与实践

正常的跨境资本流动有助于实现资源禀赋在国与国之间的有效配置，但对一国来说，大规模的资金集中流出、流入会对资源配置的有效性产生影响，甚至会冲击到一国的宏观经济稳定。从历史上看，许多发展中国家的债务危机与资金大规模集中流出是相伴而生的，为此，许多发展中国家都对跨境资本流动实施了程度不同的管制措施，重点是对外债及相应的境外融资活动的管理。

对跨境资金流动管理，可以通过微观层面上的特定交易类型、交易对手方以及交易量等来实施，但也可以采取更加偏重宏观的审慎政策来实施。上海自贸试验区成立以来，为对接国际高阶贸易投资规则，在人民银行总行的大力支持下，人民银行上海总部对自贸试验区跨境资金流动宏观审慎管理进行了积极探索，其中，全口径境外融资政策在上海自贸试验区试点的基础上顺利在全国推广。本章重点介绍上海自贸试验区率先启动的外债管理改革，即境外融资宏观审慎管理模式的相关实践。

第一节 | 境外融资（外债）风险及其管理原则

境外融资是指境内主体（包括金融部门和非金融部门）以主动发起的方式向境外非居民主体融借本外币资金和信用的行为。这一行为包括以下要素：（1）境内主体主动发起；（2）构成契约性偿还义务；（3）涉及本外币资金和信用。从上述定义上看，境外融资的结果构成对外负债，所以境外融资的风险管理主要体现为对外债的风险管理。

一、外债风险的主要表现

从国际货币基金组织（IMF）、国际清算银行（BIS）、经合组织（OECD）、联合国贸发会议（UNCTD）以及世界银行（WB）等机构对外债管理的要求来看，外债管理是指对外债风险的管理，包括偿付能力和流动性管理两大内容。其中，外债管理中的偿付能力定义为一个经济体连续履行其对外支付义务的能力，而外债管理中的流动性问题则指流动资产短缺影响到一个经济体当前对外支付义务的能力。外债管理的核心原则是对风险的管理。外债风险是指一个经济体的外部负债在一定时间内由于某些因素发生的不确定性变动或者自身的缺陷，给经济、政治、社会造成一定的损失或者负面效应。根据风险的表现形式，可以将其分为结构风险和规模风险。

（一）结构风险

外债结构是指某个时点上一个经济体外部负债总量中各个因素的结构比例，主要包括负债期限结构、来源结构、币种结构、利率结构、投向结构等多个方面。不合理的负债结构有可能导致不同种类的风险，下文将进行详细叙述。

1. 期限结构风险。外债的期限结构是指一个经济体某一时点外部负债总额中短期债务头寸与中长期债务头寸的比例关系。一般来说，中长期外债和短期外债各有利弊：中长期外债还款期限长、利率高、流动性弱，但到期日集中，会增加还款的难度；短期外债利率低、流动性强，容易受国际金融环境的影响而冲击一国的金融系统，风险相对较大。当这些短期外债超过它们持有的流动性对外资产（国际储备）时，就产生国际流动性不足，当国际流动性不足时，容易导致对短期外债的挤兑，触发金融危机，墨西哥金融危机和亚洲金融危机都证实了这一点。外债期限结构引发的风险主要表现在期限错配和到期日集中两个方面，降低其风险一方面需要降低短期融资的比重，另一方面也要避免长期融资由于到期日集中造成的偿债压力。目前，人们普遍认为短期外债占外债总额的比重应该保持在20%以下，若该指标剧烈变化，则被认为是债务危机的征兆。

2. 来源结构风险。负债来源结构主要是考察一个经济体外债总规模中不同融资来源类型所占的比重大小。根据外债的来源划分，外债可分为外国政府贷款、国际金融组织贷款、国际商业贷款和企业间贸易信贷等四大类。其中，前三个类型是主要的构成部分。外国政府贷款和国际金融组织贷款属于优惠贷款，具有开发援助的性质，利率低、期限长、赠予成分较高，但金额有限、附加条件较多；国际商业贷款附加条件少、利率高、期限较短，但多为浮动利率，易受国际金融市场变化的影响。在这几种类型中，国际商业贷款比重的高低，最能反映出该经济体境外融资借贷成本的高低。因此，合理的境外融资来源结构应当适当控制国际商业贷款的数量，将其占境外融资总额的比例控制在60%以下，防止出现偿债风险。

3. 币种结构风险。负债币种结构是指一个经济体某个时点外债总量中不同货币币种的构成比例，其风险主要表现为汇率风险和错配风险。汇率风险是指由于境外融资从借入到偿还有一定的时间跨度，在这期间外汇市场上本币对外币以及外币之间的汇率会发生变化，这就会导致本币或者某种外币的债务余额发生变化，直接形成债务风险。在货币错配的情况下，一个经济体的总资产负债表净值或净收入对汇率的变化非常敏感。从存量的角度看，货币错配是资产负债表净值对汇率变动的敏感性；从流量的角度来看，货币错配是损益（净收入）对汇率变动的敏感性，它会直接导致固定汇率制度失效和本币汇率大幅下跌，对实体经济和资本市场造成很大的冲击。因此，合理的币种结构应当确保币种多元化，与本国出口创汇和外汇储备的币种结构相结合，提高本币的使用比例，以降低汇率变动带来的损失。

4. 利率结构风险。负债利率结构即一个经济体固定利率境外融资与浮动利率境外融资之间的比例关系。利率结构风险主要是从资金使用成本角度测量境外融资风险，由于利率结构直接影响境外融资举借成本的大小，因此合理的利率结构可以减少不确定性支出，防止境外融资利率浮动引发的资金枯竭。固定利率稳定、风险小、便于管理但较高；浮动利率灵活性强、举借方便但受市场影响变动较大，从而导致风险较大。如果浮动利率过多，债务国将因利率变动而很难把握未来的债务偿还金额，容易因利率的忽然上升而发生偿债困难，甚至引发债务危机。通常认为，合理的境外融资利率结构中，固定利率债务占境外融资总额的70%～80%，浮动利率债务占20%～30%。

5. 投向结构风险。投向结构是一个经济体境外融资资金的使用领域比重分配。境外融资资金应用于可以收到预期经济效益的领域，才能保证按时还本付息。因此，境外融资资金应当应用于与国家宏观调控方向相符的领域，必须有利于扩大出口创汇，优化产业结构，促进技术进步。只有这样，才能保证境外融资的使用效益和境外融资本身的清偿能力，并通过合理的境外融资投向，促进产业结构不断优化，避免偿债风险的发生。

（二）规模风险

国际上通常使用外债余额和外债流量来衡量一个经济体的境外融资规模。外债余额是某一时点一个经济体外部负债净流量的累积数，它反映了一个经济体的债务负担。外债流量则是某一时段内一个经济体境外融资进出规模的累计量，它是外债余额构成的内因，并在一定程度上反映了一个经济体的开放程度和对外资的吸收能力。为了判断一个经济体的外债规模是否存在风险，通常要借助其重要的经济和金融变量计算出一系列的外债比例。国际通用的指标由世界银行在20世纪80年代末提出，主要包括偿债率、负债率和债务率。

1. 偿债率。偿债率是指一个经济体当年借入境外融资的本息偿还金额与其出口项下外汇收入的比率，反映一个经济体有多少出口收入用于偿还其境外融资，也用来衡量境外融资规模是否具有可持续性。偿债率是衡量一个经济体偿债能力的最直接、最重要的指标，实际上是一个综合反映偿付能力和流动性的混合指标，因为它能够反映一个经济体的出口收入中有多少将用于偿还其境外融资，进而能反映出一旦出口收入突然或意外下降，该经济体在履行偿债义务方面是否会面临困难。目前，国际上比较公认的偿债率警戒线为20%。

2. 负债率。负债率是指一个经济体当年外债余额与其生产总值的比率，反映一个经济体外债总规模与其整体经济实力之间的关系。负债率是一项综合指标，能够全面反映一个经济体的偿债能力和外债规模。如果负债率较大，说明该经济体对境外融资的依赖程度较高，若不及时限制，容易面临偿债风险；反之，如果该比率较低，说明这个经济体境外融资的总体规模比较合理，经济不会受到境外融资波动的影响。由于国际上对负债率没有普遍认同的警戒线，根据IMF对于发生过债务危机的国家主权境外融资的经验分析，相对安全的负债率应在49.7%以下，而国际上比较公认且相对保守的警戒线为20%。

3. 债务率。债务率是一个经济体当年境外融资余额与其出口项下外汇收入的比率，是衡量境外融资负担的一个专门指标，基于资源转换能力来衡量一个经济体的借债能力，反映一个经济体境外融资规模是否具有可持续性和清偿可能性。一般而言，出口创汇能力与境外融资清偿能力呈现正比关系。如果债务率随时间的推移而提高，就意味着其境外融资总额的增长速度快于该经济体对外收入基本来源的增长，表明该经济体今后在偿还境外融资方面

可能会出现问题甚至发生危机。目前，国际上比较公认的债务率警戒线为
100%。

二、外债管理的目标、意义和原则

根据定义，外债是一个经济体的居民对非居民承担的具有契约性偿还义
务的全部债务。合理使用外债能够利用国内、国外两种资源，多渠道筹集资
本要素，支持经济发展。

无论从国家层面还是微观主体角度而言，外债的借用须与还款能力相适
应，超出还款能力的借债将存在偿债风险，不具有持续性，甚至可能引发国
际收支危机、货币危机和金融危机。外债管理的目标应定位为在合理利用境
外资金的基础上，防止过度负债影响国民经济稳健发展。因此，保持外债的
可持续性、避免出现偿债危机成为首要目标。1994年发生的墨西哥金融危机及
1997年的亚洲金融危机等均充分说明外债可持续性的重要性。外债偿债能力
管理主要包括两个层面，一个是微观主体借用外债后的偿债能力管理，一个
是国家宏观层面上的总体对外偿债能力管理。从货币的可兑换角度来看，若
一国货币的可兑换程度高，微观主体的偿债能力管理主要集中在财务稳健性
管理上，其他要求如出口收入等方面的要求可以相对低些。宏观偿债能力方
面，也要结合货币的可兑换程度来综合管理，货币可兑换程度高的国家，负
债的偿还可以用本币直接进行，宏观偿债能力的管理主要集中在财政稳健性
上，包括税收（与国内经济发展状况有关）和外汇储备等情况。外债的持续
性管理则主要是引导经济各个部门对外负债合理化，包括期限、币种等方面
的结构合理化。本币负债的合理程度高于外币负债。

外债管理的意义在于：（1）通过管理，引导合理融资，促进国民经济
健康发展。通过对外债的统计监测，把握一个经济体对外负债的总体情况，
保持对外负债的结构合理和总量合理，与境内融资形成协调发展的格局，防
止对外负债过度，保持与实体经济发展态势和总体偿债能力的协同性，促进
国民经济健康发展。（2）通过管理，增强对外负债的自主性，防范畸形融资

的冲击。对外债借用行为的规范有助于对外部融资期限结构、利率结构和币种结构等进行适当约束和引导，避免短期融资过度而冲击国内货币政策和经济政策的独立性与自主性。（3）通过管理，引导投向，支持实体经济发展。一个经济体对外部融资的使用（包括产业投向、期限结构、规模、用途等因素）会制约外部融资资金的使用收益。引导外部融资投向发展前景较好、符合国家战略规划和发展导向的行业能够提高资金收益，降低偿债风险。（4）通过管理，建立全面的外债统计监测体系，为宏观决策提供信息支持服务。

从国际上来看，对外部融资的管理主要遵循风险可控原则，也就是融资风险可控、规模适度、偿债保障程度高。发达国家因其货币国际化程度较高，外部融资通常采用本币，对企业和国家的资产负债表而言，偿债保障主要来自财务稳健性而非外汇收入的可靠性。对发展中国家而言，因其货币的国际化程度低或根本没有实现国际化，外部融资通常采用外币，偿债保障主要依靠出口商品和劳务赚取外汇来实现，因此相关的偿债率指标、负债率指标等都与出口收入挂钩，这也使得国际收支经常账户是否有盈余成为外债管理的主要关注点。

第二节 ｜ 境外融资宏观审慎管理前的外债管理

在上海自贸试验区实施境外融资宏观审慎管理政策之前，我国外债管理的现状主要表现为以下几个方面：

一、管理机构

目前我国外债管理涉及多个部门，包括国家发展和改革委员会、中国人民银行、财政部以及国家外汇管理局等，商务部对实际借入外债数量也有很大的影响。不同部门根据各自分工履行职责，共同实现对外债的管理。

1. 国家发展和改革委员会对外债的管理。国家发展和改革委员会会同有关部门根据国民经济和社会发展需要，以及国际收支状况和外债承受能力，制订国家借用外债总体计划，确定全口径外债的总量和结构调控目标；会同有关部门核定国有商业银行举借中长期国际商业贷款余额以及外资银行的中长期外债额度，批准境内中资企业等机构举借中长期国际商业贷款；会同外汇管理局审核财政部之外的机构境外发行长期债券。

2. 中国人民银行对外债的管理。中国人民银行主要负责人民币外债业务的管理。随着人民币跨境业务的不断扩大，境外持有人民币的规模不断扩大，人民币外债的总量也在逐渐增长。在管理上，由于是我国发行的本位币，人民币外债管理更多地采用市场化的手段进行，突出强调人民币外债的管理不纳入现行外币外债的管理，并在实践中探索建立一套适用于本币国际化环境的对外负债管理模式。

3. 财政部对主权债务的管理。财政部报国务院审批，代表国家在境外发行债券并纳入国家借用外债计划。

4. 国家外汇管理局对外债的管理。国家外汇管理局核定境内中资机构举借短期外币国际商业贷款余额，审核财政部之外的机构境外发行短期外币债券，负责全口径外债的统计监测，并定期公布外债情况，管理、监督和检查外债的登记、账户、使用、偿还以及结售汇等。

5. 商务部对实际借入外债数量的影响。商务部对实际借入外债数量的影响主要通过核定一般外商投资企业的"投注差"、外资投资性公司的投资总额以及外资融资租赁公司的负债规模等途径。

二、外币外债管理

（一）借用管理

为有效防范外债风险，我国目前对借用外币外债仍然实施额度管理，根据不同行业、不同机构的特征确定不同的外币外债额度。在额度范围内，主体可按照规定程序借入和使用外币外债。

1. 外商投资企业的外币外债额度标准。对外商投资企业的外债管理主要是从引进外资的角度来设计的。考虑到外商投资中国后将形成一定的固定资产投资，因此在外币外债的管理中突出了总投资管理概念，要求外商投资企业从境外借入的资金不得超过注册资本与总投资之差，也就是"投注差"概念下的外资外债管理。

具体操作上，外商投资企业借用的短期外币外债余额和中长期外币外债发生额之和不得超过商务主管部门批准的投资总额与其注册资本的差额，实际可借用外币外债额度等于外方股东资本金到位比例乘以"投注差"。外商投资企业首次借用外币外债之前，其外方股东至少已经完成第一期资本金的缴付，应当缴付的资本金符合出资合同或企业章程约定的期限、比例或金额要求。

外商投资性公司的注册资本不低于3000万美元的，其短期外币外债余额与中长期外币外债发生额之和不得超过已缴付注册资本的4倍；注册资本不低于1亿美元的，其短期外币外债余额与中长期外币外债发生额之和不得超过已缴付注册成本的6倍。

外商投资租赁公司会计年度内可新借外币外债余额的最高限额为该公司上年末经审计净资产的10倍与风险资产之差。借用外币外债形成的资产全部计入风险资产。

外国投资者出资比例低于25%的境内企业、投资总额与注册资本相等的外商投资企业、外国投资者比例不低于25%但未明确投资总额的外商投资企业举借外币外债参照中资企业管理。

2. 银行等金融机构外币外债指标的核定。金融机构的外币外债管理呈现典型的审批性质，金融机构无论是借用长期外债还是短期外债，均需要通过一定程序的申请和审批。其中，长期外债由国家发展和改革委员会逐笔审批核定，短期外债由外汇管理局逐机构审批核定。国家外汇管理局根据国际收支形势以及经济发展规划等因素每年初核定当年短期外债余额指标。指标由两部分构成：一是全国性中资银行和境内法人外资银行以及对短期外债指标实行集中管理的外资银行分行的指标，二是各省、自治区、直辖市以及宁波、青岛、厦门、大连和深圳等地区的短期外债指标。各地外汇管理分局在地区指标内核定辖内地方性法人中外资银行、未实行指标集中管理的外资银行分行以及中资企业的短期外债指标。

在具体核定银行短期外债指标时，通常需要考虑资本金（运营资金）规模、国际结算业务量，同时参考上年指标使用情况等因素。短期外债指标核定后，银行任一工作日末短期外债余额不得超过核定的指标。

3. 中资企业外币外债指标核定。中资企业的外债管理也呈现典型的审批核准特点。中资企业借用长期外币外债的，需要向国家发展和改革委员会逐笔申请审批，获得核准；借用短期外币外债的，则需要向外汇管理局申请获得短期外债指标后，方可举借外债。

（二）使用管理

为规范外债有序使用，提高外债资金使用效益，防范期限错配风险，支持实体经济发展，我国对外币外债使用的期限、用途与汇兑等进行了明确规定。

1. 外币外债使用的期限匹配要求。外债资金的运用期限应与外债的还款期限相匹配，短期外债原则上只能用于流动资金，不得用于固定资产投资等中长期用途，除"搭桥"用途外。审批部门或债权人未指定外债资金用途的，中长期外债可用作短期流动资金。

2. 外币外债资金的用途限制。境内企业借用的外债资金，可用于自身经营范围内的货物与服务贸易支出，以及规定范围内的金融资产交易。用于金融资产交易的，除外商投资租赁公司、外商投资小额贷款公司外，不得用于放款；除担保公司外，不得用于抵押或质押；不得用于证券投资；外债账户内资金需要转存定期存款的，在不发生资金汇兑的前提下，债务人可在同一分局辖区内、同一银行自行办理。

3. 外币外债资金的汇兑管理。外商投资企业借用的外债资金可以结汇使用，但以借新还旧等方式进行债务重组、进行股权投资等不得办理结汇。境内金融机构和中资企业借用的外债资金一般不得结汇使用。债务人在办理外债资金结汇时，应遵循实需原则，存在实际需要办理符合规定的人民币支付时才能办理结汇。债务人可以根据实需原则购汇偿还外债。

（三）非银行机构外币外债业务流程

在现行外债管理模式下，境内非银行债务人借用一笔外债的流程通常包括外债签约登记、开户、提款、结汇、还本付息以及注销等。此外，债务人根据需要，还可办理外债套期保值业务。

1. 外债签约登记。外债签约登记是指境内非银行债务人在外债合同签约后15个工作日内，到所在地外汇局办理签约登记手续。外债借款合同发生变更时，债务人应按照规定到外汇局办理外债签约变更登记。

2. 外债开户。非银行债务人完成外债签约登记后，银行可凭相应凭证为其直接开立两个以内的外债账户。当开户数目超出两个或异地开户时，须经外汇局核准。

3. 外债提款。银行可以为非银行债务人在尚可提款金额内办理外债提款。对于非资金划转类提款登记，债务人需逐笔到外汇局办理。

4. 外债结汇。非银行债务人可按规定直接到银行办理外债资金的结汇使用。债务人办理外债资金结汇，应当遵循实需原则。结汇后，人民币资金不能用于偿还境内金融机构发放的人民币贷款。除备用金等特殊用途外，结汇所得人民币资金应于结汇之日起5个工作日内划转给收款人。银行需要按照"展业三原则"对债务人结汇申请进行审核。

5. 外债还本付息。非银行债务人可以直接在银行办理资金划转类还本付息业务。非银行债务人购汇还本付息需遵循实需原则。非资金划转类还本付息需在外汇局逐笔办理。

6. 外债注销。非银行债务人外债未偿余额为零且不再发生提款的，应在办妥最后一笔还本付息之日起1个月内，到所在地外汇局办理外债注销登记。注销外债前，非银行债务人需关闭相关外债专用账户及还本付息专用账户。

（四）外币或有债务的管理

2014年5月，《跨境担保外汇管理规定》（汇发〔2014〕29号）对担保业务的外汇管理政策进行了重大改革，明确了内保外贷、外保内贷等或有债务的管理模式，跨境担保基本实现了可兑换。

内保外贷是指担保人注册地在境内、债务人和债权人注册地均在境外的跨境担保。内保外贷以登记管理为主，不再进行数量控制。除普遍适用于所有机构的一般性限制条款（如担保资金不能以股权或者债权等方式直接或者间接回流境内等用途限制）外，不再存在针对特定主体（担保人、被担保人资产负债比例或股权关联关系要求）或特定交易（如非融资性担保）的资格条件限制。非银行机构发生担保履约，可凭登记文件直接在银行办理担保履约项下购汇及对外支付。

外保内贷是指担保人注册地在境外、债务人和债权人注册地均在境内的跨境担保。外保内贷债权人必须是境内金融机构，债务人必须是非金融机构，被担保的债务只能是本外币普通贷款或授信额度。债权人对外保内贷实施集中登记，自己办理担保履约收款。债务人因外保内贷履约形成的对外负债，其未偿本金余额不得超过其上年度末经审计的净资产数额。超出上述限额的，需占用其自身的外债额度。

三、人民币外债管理

人民币外债是2009年7月启动跨境贸易人民币结算以后产生的新的本币对外负债形态。根据货币在其发行国完成终极清算的客观规律，人民币外债将伴随着人民币走向国际而长期存在且不断扩大。在人民币外债管理上，已经呈现出迥异于外币外债管理的趋势，并发挥了引导对外负债本币化的作用。

（一）外商投资企业人民币境外借款管理

基于外商投资企业一直沿用"投注差"外债借用管理模式的习惯，2011—2012年间，人民银行陆续发布《外商直接投资人民币结算业务管理办法》和《中国人民银行关于明确外商直接投资人民币结算业务操作细则的通知》，在尊重既有管理模式的情况下，对外商投资企业借用人民币外债确定了新的管理模式。

1. 借用管理。外商投资企业借用人民币外债仍然参照"投注差"管理模式，但无论中长期还是短期人民币外债均按照发生额计入总规模，有展期的，首次展期不计入，此后的展期计入境外借款总规模。

一是外商投资企业的额度标准。除外商投资性公司和外商投资融资租赁公司等特殊类型外商投资企业外，外商投资企业向其境外股东、集团内关联企业和境外金融机构的人民币借款和外汇借款应当合并计算总规模。外商投资性公司的境外人民币与外币借款总规模按照商务主管部门关于外商投资性公司的规定执行。外商投资融资租赁公司境外人民币借款全部计为风险资产，按照商务主管部门有关规定进行管理。外商投资房地产企业不得自境外借用人民币资金。

二是境外投资者投资的境内金融机构不得自境外借用人民币资金。

三是境内中资企业不得自境外借用人民币资金。

2. 使用管理。根据法规要求，自境外借用人民币的资金应当在国家有关部门批准的经营范围内使用，不得用于投资有价证券和金融衍生品，不得用于委托贷款，不得购买理财产品、非自用房产；对于非投资类外商投资企业，不得用于境内再投资。自境外借用人民币的资金不得转存，不得划转至境内同名人民币存款账户。自境外借用人民币的资金可以偿还国内外贷款。

3. 业务流程。外商投资企业注册资本金按期足额到位后，可以从境外借用人民币资金。原则上，外商投资企业应在注册地的银行开立境外借款人民币一般存款账户；确有实际需求的，可以选择在异地开立账户，并报其注册地人民银行分支机构备案。

外商投资企业的一笔境外人民币借款只能开立一个人民币一般存款账户办理资金收付，该账户为活期存款账户。原则上，应通过原结算银行办理还本付息。

4. 或有债务管理。《中国人民银行关于明确跨境人民币业务相关问题的通知》中明确银行可以按照《中华人民共和国物权法》《中华人民共和国担保法》等法律规定，为客户出具境外工程承包、境外项目建设和跨境融资等人民币保函，该业务不纳入现行外债管理。

《中国人民银行关于明确外商直接投资人民币结算业务操作细则的通知》中明确以外商投资企业为受益人的境外机构和个人对境内银行提供担保，已实际履约的人民币金额计入境外借款总规模。

（二）自贸试验区人民币境外借款管理政策

2013年9月，上海自贸试验区启动运行后，中国人民银行出台了《关于金融支持中国（上海）自由贸易试验区建设的意见》。经总行批准，人民银行上海总部发布了《关于支持中国（上海）自由贸易试验区扩大人民币跨境使用的通知》，对试验区区内企业和非银行金融机构的人民币境外借款实现了以偿债风险管控为主要目标的宏观审慎管理。

1. 借用管理。区内企业借用境外人民币资金规模（按余额计）的上限不得超过实缴资本×1倍×宏观审慎调节参数。

区内非银行金融机构借用境外人民币资金规模（按余额计）的上限不得超过实缴资本×1.5倍×宏观审慎调节参数。

其中，实缴资本以最近一期验资报告为准，借用期限应在1年以上，宏观审慎调节参数由人民银行上海总部设定，可根据全国信贷调控的需要和跨境资金流动情况进行灵活调整。

2. 使用管理。区内金融机构和企业从境外借用的人民币资金应用于与国家宏观调控方向相符的领域，其借款不得用于投资有价证券（包括理财等资产管理类产品）、衍生产品，不得用于委托贷款。

区内企业从境外借入的人民币资金，只能用于区内或境外，包括区内生产经营、区内项目建设、境外项目建设等。

区内非银行金融机构从境外借入的人民币资金，只能用于区内或境外，包括区内经营、区内项目建设、境外项目建设等。

3.业务流程。区内企业可依据《人民币银行结算账户管理办法》的规定，在上海地区的银行开立专用存款账户，专门存放从境外借入的人民币资金。在试验区启动前已经设立在区内的外商投资企业在借用境外人民币资金时，可自行决定是按"投注差"模式还是按"实缴资本"模式办理，并通过其账户银行向人民银行上海总部备案。一经决定，不再变更。

区内非银行金融机构可在上海地区的银行开立专用存款账户，调回从境外借入的人民币资金。区内企业和非银行金融机构开立的存放境外人民币借款的专用存款账户按活期计息。

试验区人民币境外借款政策的特点是注重宏观风险管理，并采用了市场化的管理模式，改变了外债"借、用、还"三个环节上的行政管理模式，并实行与国际借贷风险管理规则一致的资本杠杆率管理，对区内主体实现了公平、统一的人民币外债管理，通过嵌入"宏观审慎调节参数"，使得对外债的管理从逐单逐笔行政审批核准向以逆向调节为主的宏观审慎管理发展，为下一步我国在境外融资与跨境资金流动管理领域建立宏观审慎政策框架提供了实践基础。

四、我国外债管理中存在的问题

（一）外债管理及统计监测现状

根据我国现行相关政策，我国对外债的管理呈现"管理机构分散多元、管理目标分散多元、管理职责分散多元"的格局。具体来看，我国涉及外债管理的机构有发展改革委、财政部、商务部、人民银行和外汇局五个部门。其中，人民银行负责人民币国际化和人民币外债的管理，外汇局负责全口径外债的统计监测及境内机构短期外币外债的指标核准及管理，发展改革委负责中资机构中长期外币外债的指标核定和境外发债审批，商务部从利用外资角度对外商投资企业的外债有管辖权，财政部对国家主权债务的境外发行有管辖决定权。在管理目标上，人民银行对人民币外债的管理既与偿债风险控制有关，又与人民币国际化推进有关；发展改革委对中长期外债管理的主要目标在于境内固定资产投资管理；商务部则主要从引进外资角度来进行外资总投资核准；外汇局主要从短期资本跨境流动角度来落实短期外债的管理和外债的全口径统计监测。由于管理机构分散多元和管理目标和职责上的分散多元，我国外债管理的整体目标有待明确，管理效益有待提高。

在外资企业外债规模管理上，人民银行及外汇局均借助商务部门核定的投资总额与注册资本的差额（"投注差"）确定其借用外债的上限。对于中资企业及中外资金融机构，则采取核定年度外债指标或逐笔核准的方式控制外债规模。目前，外汇局根据银行的核心资本或营运资金、业务需求、历史指标基数等因素，核定银行的年度短债指标；发展改革委根据银行预计项目所需中长期外债核定外资银行的中长期外债指标，中资银行并未核定中长期外债指标。净资产相同的银行，获批的外债指标可能差异很大。从2013年5月13日开始，外汇局调整了外债统计监测方式，保留了签约登记环节的核准，资金划转类外债的开户、提款、结汇及还本付息等均下放给银行操作，通过外汇金宏系统、外汇账户信息管理系统采集开户、提款、结汇及还本付息数据，导入资本项目信息系统，从而实现在便利外债主体办理登记业务的同时准确统计外债数据。

（二）现行外资企业"投注差"管理方式的弊端

人民银行和外汇局选择"投注差"作为控制外资企业外债规模的主要方式，主要是由于目前缺乏其他有法律依据且行之有效的手段，而沿用工商总局及商务部门关于投资总额与注册资本比例关系的规定，简单易行，便于操作。但这一管理手段单一，缺乏弹性，在一定程度上既不能满足企业实际需求，又可能造成外债管理的被动和外债规模的居高不下，受制于其他部门的管理目标。概括起来，"投注差"政策暴露出的缺陷主要有以下几个方面：

1. 投资总额及注册资本理论计算数与企业实际资金需求之间存在差异。投资总额及注册资本是根据企业所投资项目的可行性研究报告由涉外商务管理部门设定的，而可行性研究报告中的投资额及注册资本本身就是一个估计数，与实际生产经营中的资金需求之间是存在一定差异的，因此用"投注差"确定企业的实际资金需求及外债总规模总是存在一定偏差。

2. 企业经营状况发生变化但投资总额与注册资本没有及时变更的情况极为普遍。在企业经营一段时期后，在市场变化因素和自身经营损益因素的影响下，原投资额与注册资本已不能反映企业真实的资金需求状况，以此考核企业外债规模已失去意义。变更注册资本与投资额手续烦琐，有些企业不愿及时变更。此外，一些合资或合营企业，如某一方股东因资金不足等原因不愿增资，企业注册资本与投资额难以及时变更。因此，使用非动态化的注册资本与投资额差额考核企业外债规模显然有不合理之处。

3. 企业受制于"投注差"，不能根据行业周期波动进行融资安排。企业的融资安排与行业变化的大环境息息相关。例如，当企业预测到原材料有涨价趋势时，就有可能在短期内大量采购原材料，势必需要增加流动资金。此时，如果因"投注差"的限制而不能增加流动资金贷款，企业可能错失良机。

4. 外资企业的境内融资未纳入"投注差"，因而控制企业投资规模的作用有限。

5. 中外资企业外债管理政策上的不平等，不利于中资企业的公平竞争，不利于解决中资企业融资难、融资贵的问题。

6. 特殊类型外资企业外债管理尚未完全明确和规范。一是外资租赁公司享受极为宽松的外债管理政策。《外债登记管理办法》规定，非金融机构类的外资租赁公司的风险资产（指总资产中扣除现金、国债、银行存款及委托租赁资产外的资产）不超过其净资产的10倍，且借用外债形成的资产全部计入风险资产，比金融类租赁公司、外资银行和外资企业的外债政策都要宽松。二是投资性公司的外债规模可达其注册资本的4～6倍，与商务部门的规定存在差异。商务部门规定投资性公司的贷款总规模可达注册资本的4～6倍，而后者将国内贷款也一并包括在内。由于不少投资性公司均有国内银行的本外币借款，外债额度加上国内借款可能会超过商务部规定的贷款总规模。三是外资保理公司、外资股份制公司的外债额度核定缺乏依据，这两类公司均无投资总额。

第三节 │ 境外融资宏观审慎管理及其政策工具

宏观审慎管理的目标是通过减缓金融顺周期行为和风险传染来防止系统性金融风险。在2016年国际货币基金组织（IMF）、金融稳定理事会（FSB）和国际清算银行（BIS）联合发布的《有效宏观审慎政策要素：国际经验与教训》报告中，宏观审慎政策被解释为利用审慎工具防范系统性金融风险，从而降低金融危机发生的频率及其影响程度。可见，实施宏观审慎管理的关键是审慎工具的创新与运用。

一、宏观审慎管理中的可变和固定工具

根据G30宏观审慎管理工作组的定义，宏观审慎政策框架应包括四个部分：一是对整个金融体系进行政策反应，而非孤立地针对单个机构或特定经济措施。二是增强抗风险能力和限制系统性风险，减缓系统性风险通过机构间的关联、共同的风险敞口、放大金融周期波动性的金融机构顺周期行为倾向等因素向整个金融体系的蔓延。三是宏观审慎政策工具类型应当使用可变和固定工具减少系统性风险，同时增强金融体系的抗风险能力以防范风险。四是宏观审慎政策要求执行机构必须公开并能获取货币政策、财政政策及其

他政府政策信息。

所谓的可变工具是指可以通过灵活的参数自动调整或响应商业周期发展进行变化的工具，如逆周期资本缓冲。所谓的固定工具是指不在经济周期中进行调整以增强金融体系在周期内各个时点抵御风险能力的工具，如资本乘数概念中的总资本杠杆率（gross leverage ratios）和核心融资比率（core funding ratios）等。

在跨境融资管理中，可以积极引入宏观审慎管理中的政策工具。如在境外融资管理中，从宏观审慎管理的角度来看，境外融资管理的本质是对本国向境外负债的管理，管理的目的是避免过度对外负债和降低整体的偿债风险。从这一角度来看，境外融资管理与金融宏观审慎管理政策强调对杠杆率、核心融资比率的管理要求有类似之处。此外，宏观审慎管理政策要求避免因单一机构风险蔓延至整个系统从而导致系统性风险，同时突出强调逆周期宏观调控工具的介入式运用。因此，在境外融资管理上要体现金融宏观审慎管理政策的原则，就需要改变现在逐笔审批核准式的前置管理模式，转为更大程度上关注境外融资引发的宏观风险。同时，充分借鉴和运用宏观审慎政策工具，来建立一套可由宏观直达微观的指标体系，以实现境外融资逆周期风险调节管理。具体来讲，就是在涉外经济活动和跨境资金流动常态运行周期内，可以通过固定工具的使用，实现对境外融资借用的常态化管理。在涉外经济活动与资金流动异常运行时，为响应周期发展变化，可通过可变工具的使用，实现对境外融资的介入式逆向调节管理。

二、境外融资宏观审慎管理的固定工具

在正常情况下，境外融资管理可侧重于固定工具的使用，以使对风险管理的要求嵌入境外融资活动的常态化运行中。核心指标为与借款主体的实缴资本挂钩的资本杠杆率，可按实体经济部门和金融部门分别设置乘数参数，用于对境外融资借用中的总体规模控制，避免杠杆率过高引致的境外融资风险。同时，为降低境外融资期限、币种和类型等的错配风险，可以对期限、

币种和类型分别设置不同的风险转换因子比例，以消除现行境外融资管理中
的短期融资和外币融资激励因素。

（一）嵌入式固定杠杆率

实体经济的杠杆率是与金融运行密切相关的指标，且与宏观经济运行
的周期密切相关。复苏（上升）及景气期内，实体经济通常采用增杠杆的做
法，以扩大经营规模，而杠杆率过高则容易引发过剩，导致经济下行，此时
实体经济通常又采用去杠杆的做法。因此，选择杠杆率作为宏观指标可以与
企业的实际财务运作挂钩，具有操作性和简单明了的优势。杠杆率可以按实
际经济部门和金融部门来分别设置，以体现不同部门的运行特点。

在具体政策设计上，将境外融资与借款主体的资本指标挂钩，从而对个
体境外融资规模上限进行约束。采用国际通行的资本杠杆率概念，将偿债风
险与股东责任挂钩，境外融资杠杆率与其实缴资本（含股本和资本公积）挂
钩，如实体经济以实缴资本的一定倍数作为境外融资杠杆率指标；金融部门
按非银行金融机构和银行业金融机构区分，以实缴资本的倍数作为境外融资
杠杆率（分支机构是按其总行资本的一定比例授权执行），其中金融部门的
或有对外负债可按一定比例计入境外融资杠杆率。

（二）嵌入式固定各类风险转换因子

境外融资管理的核心是偿债风险管理，而匹配（包括币种匹配和期限匹
配）原则是偿债风险管理的首选。境外融资统计则应体现全口径原则，匹配
原则应体现在借用境外融资的币种匹配和期限匹配上。总体而言，借用本币
境外融资的风险低于借用外币境外融资的风险，因此应该鼓励对外负债本币
化。在具体设计上，可考虑通过加大外币境外融资风险转换因子权重的方式
来抑制借用外币境外融资；期限方面，借长用短风险小，借短用长风险大，
且借款主体有借短用长的驱动。因此，在设计上可通过加大短期借款风险转
换因子的权重来抑制借用短期境外融资的动机。

在具体政策设计上，可针对期限、币种以及各种业务类型设定不同的

风险因子。对风险大的业务类型，所设定的风险因子比值较高；对风险小的业务类型，所设定的风险因子比值较低。例如，由于短期境外融资具有期限短、资金进出频繁等特点，与中长期境外融资相比，对国际收支影响更大，因此短期境外融资与中长期境外融资在计入总规模时需采用不同的风险转换因子，以体现政策的导向，如长期境外融资的风险转换因子低，短期境外融资的风险转换因子高。同样地，鉴于本币负债风险低于外币负债的特点，为引导对外负债本币化，在人民币境外融资和外币境外融资计入总规模时也应采用不同的风险转换因子，如人民币境外融资的风险转换因子低，外币境外融资的风险转换因子高。当然，如果要进一步细化以体现结构性差异，还可以借鉴企业所属行业设置境外融资风险转换因子，根据产业导向及外债管理实践动态调整行业风险权数。但由于企业行业属性与经营内容可能存在较大差异，且信息采集的难度客观存在，对于行业结构的风险转换因子可在条件成熟时再加以考虑。

无论是杠杆率，还是各类风险转换因子，都可以作为嵌入式固定工具对各类主体、融资期限、币种以及不同的业务进行调节。同时，这两类工具也可以作为可变工具加以使用。

三、境外融资宏观审慎管理的可变工具

为响应经济和金融周期变化，及时开展宏观审慎调控，应设计一套由宏观指标触发微观调节的参数指标体系，当宏观数据达到临界值发出预警时，引起相应微观调节的参数指标变动。这些变动必须对跨境资金流动和境外融资活动产生有效的影响，从而对跨境资金流动形成有效的调控。这就需要我们设计一套由宏观指标触发微观调节的参数指标体系，可根据试验区跨境及跨区资金流动、区内及境内信贷供求情况，对各类参数进行调整，为宏观指标触发微观调节提供抓手。

在境外融资管理中，当经济形势发生变化时，日常作为嵌入式固定工具的杠杆率以及各类风险转换因子都是可以调整的。作为可变工具，在具体政

策设计中，主要有三类：

（一）可变杠杆率

实体经济的杠杆率是与金融运行密切相关的指标，且与宏观经济运行的周期密切相关。因此，为开展宏观调控，应根据经济周期对金融机构和企业境外融资进行逆周期调整，即经济在上行周期并出现过热先兆时，调低境外融资杠杆率，抑制实体经济的融资冲动；在经济处于下行期时，调高境外融资杠杆率，鼓励金融机构和企业开展境外融资。

调整杠杆率可以采取普调的方式，也可以针对不同类型主体进行调整。采取普调的方式就是将各类主体的杠杆率普遍上调或下调一定的比例，从而向市场传递清晰的调控信息。除了普调之外，也可以对企业、金融机构等不同主体的杠杆率进行调整。

（二）可变风险转换因子

风险转换因子的作用是激励经济主体在借用境外融资的币种上和期限上体现匹配原则，从而降低外债风险。一般情况下，期限风险转化因子体现鼓励中长期负债、抑制短期负债的政策导向，币种风险转化因子体现鼓励本币负债的政策导向。这些风险转换因子可以根据宏观调控需要进行相机调整，优化试验区内经济实体对外负债的币种、期限结构，降低外债风险。具体操作上，如果境外融资整体结构呈现外币债务比例过高，或短期债务比例过高，可通过适当调高币种转换因子、期限转换因子开展调控，进一步引导、鼓励企业和金融机构实现对外负债的本币化和长期化。

（三）宏观审慎调节参数

为在总量上调控跨境资金流动规模，需要设置一个宏观审慎调节参数。通过调节宏观审慎调节参数，可以对境外融资总量进行调控。比如，一段时期内跨境资金流动表现为净流出时，可调高宏观审慎调节参数，鼓励实体经济和金融部门开展境外融资活动，增加资金跨境净流入，平衡国际收支；反之，跨境资金流动表现为净流入时，可调低宏观审慎调节参数，限制实体经济和金融部门开展境外融资活动，减少资金跨境净流入。

与杠杆率和各类风险转换因子不同的是，宏观审慎调节参数更加注重总量调节，所以一般不作为嵌入式调节工具。在一般情况下，宏观审慎调节参数设定为1，此时该参数不对融资规模和结构产生影响。

四、以资本约束为核心的境外融资管理机制

建立以资本约束为核心的境外融资管理机制，一是要确定融资主体可以从境外融入资金的上限，这个上限应该和资本挂钩；二是要对融资主体所融入的各类资金规模进行合并计算，使其不得超过上述融资上限。

首先，通过融资主体的资本、杠杆率及宏观审慎调节参数确定融资主体境外融资的上限，其上限为资本、杠杆率、宏观审慎调节参数三者的乘积，用公式表示为：

$$境外融资上限 = C \times L \times K$$

式中，C为资本，L为不同类型主体的融资杠杆率，K为宏观审慎调节参数。

根据上述公式，融资主体的融资能力与其资本直接挂钩，即"有多大的本钱借多少钱"。

其次，有了融资上限之后，对融资主体从境外融入的资金余额需进行日常管理，使其融入的资金规模小于上述融资上限。在实际管理中，融资主体从境外融入的本外币资金按余额需合并计算总规模，这里的余额是指已提用未偿余额，其计算公式为

$$境外融资余额 = \Sigma 境外融资余额 \times \alpha \times \beta \times \gamma$$

式中，α为期限风险转换因子，β为币种风险转换因子，γ为类别风险转换因子。

通过上述境外融资制度安排，将资本、杠杆率、各类风险转化因子以及宏观审慎调节参数有效连接，并建立了参数指标之间的联系，为宏观指标触发微观调节提供了抓手。

第四节 | 自贸试验区境外融资宏观审慎管理政策实践

自贸试验区境外融资宏观审慎管理实践大致分为两个阶段：一是在普通账户，以人民币为突破口探索境外融资宏观审慎管理政策；二是依托自由贸易账户，探索全口径本外币一体的境外融资政策。2016年，在上海自贸试验区试点的基础上，全口径境外融资政策先后在四个自贸试验区和全国推广，取得了很好的市场效果。

一、以本币为突破口探索境外融资宏观审慎管理政策

在上海自贸试验区成立初期，人民银行上海总部尝试对人民币境外借款实施宏观审慎管理政策。2013年，中国人民银行出台了《关于金融支持中国（上海）自由贸易试验区建设的意见》。经总行批准，人民银行上海总部发布了《关于支持中国（上海）自由贸易试验区扩大人民币跨境使用的通知》，对试验区区内企业和非银行金融机构的人民币境外借款实现了以偿债风险管控为主要目标的宏观审慎管理。

在试验区人民币境外借款相关政策中，涉及的主体主要是区内企业和非银行金融机构。具体而言，区内企业借用境外人民币资金规模（按余额计）的上限不得超过实缴资本的1倍再乘以宏观审慎调节参数，区内非银行金融机构借用境外人民币资金规模（按余额计）的上限不得超过实缴资本的1.5倍再乘以宏观审慎调节参数。其中，实缴资本以最近一期的验资报告为准。此外，所借用的境外人民币资金只能用于区内或境外。

在上述试验区人民币境外借款政策中，基本体现了宏观审慎管理的思路和理念。首先，无论是企业还是非银行金融机构，其境外借款能力与其实缴

资本是挂钩的，实缴资本的多少决定了企业和非银行金融机构的融资能力。其次，无论是中资企业还是外资企业，境外借款的规则是一致的，最大限度地体现了市场公平原则。只不过考虑到外商投资企业外债政策的连续性，规定试验区启动前设立的区内外商投资企业在借用人民币外债时，可以选择以前的"投注差"管理模式，也可以选择按照新的规则办理，但一经选定，就不再变更。再次，根据企业和非银行金融机构的特点，对境外借款的杠杆率作出了差别性的规定。最后，和传统的境外借款政策相比，首次引入了宏观审慎调节参数，宏观审慎调节参数由人民银行上海总部设定，可根据全国信贷调控的需要和跨境资金流动情况进行灵活调整。

在自贸试验区人民币境外融资政策中，杠杆率及宏观审慎调节参数可以作为嵌入式固定工具和可变工具对人民币境外融资规模进行调节，且这种调节是无偏的。

最初的境外融资宏观审慎管理政策从人民币开始，也是充分考虑到人民币作为本币的优势。作为本位货币，其境外融资的货币错配风险小，所以要在自贸试验区引入高阶贸易投资管理规则，将本币作为突破口是一个现实选择。

二、依托自由贸易账户的全口径境外融资政策

在积累前期实践经验的基础上，经总行批准，人民银行上海总部于2015年2月发布了《中国（上海）自由贸易试验区分账核算业务境外融资与跨境资金流动宏观审慎管理实施细则（试行）》（以下简称《实施细则》），并启动了依托自由贸易账户的分账核算境外融资业务试点。

在试点中，试验区内金融机构和企业可以通过运用其自由贸易账户，按照其资本规模自主从境外借入本外币资金。这一政策充分拓展了自由贸易账户的服务功能，拓宽了企业和金融机构的境外融资渠道，降低了融资主体的融资成本，在全国率先探索并初步建立了以资本约束为核心的本外币境外融

资宏观审慎管理制度，为下一步开放条件下本外币一体化的事后监管积累了可复制、可推广的经验。

（一）试验区全口径境外融资政策的主要内容

试验区内新的境外融资宏观审慎管理制度设计了一套完整的由宏观指标触发微观调节的参数指标体系。

一是设置境外融资杠杆率。采用国际通行的资本杠杆率概念，将偿债风险与股东责任挂钩，境外融资杠杆率与其实缴资本（含股本和资本公积）挂钩。《实施细则》中规定分账核算境外融资杠杆率按主体类型设定，区内法人企业（分支机构不适用）设定为其资本的2倍。已建立分账核算单元的区内非银行法人金融机构设定为其资本的3倍，非银行金融机构的上海市级分账核算单元设定为其境内法人机构资本的8%。已建立分账核算单元的区内新设法人银行机构设定为其一级资本的5倍，银行上海市级分账核算单元设定为其境内法人机构一级资本的5%。未建立分账核算单元但在其他金融机构分账核算单元开立自由贸易账户的区内法人非银行金融机构按其资本的2倍设定，非银行法人金融机构在区内的直属分公司按境内法人资本的5%设定。

二是设置境外融资风险转换因子。在境外融资杠杆率基础上，鉴于短期境外融资具有期限短、资金进出频繁等特点，与中长期境外融资相比，对国际收支影响更大，因此短期境外融资与中长期境外融资在计入总规模时应采用不同的期限风险转换因子，以体现政策的导向。目前，《实施细则》中规定，长期境外融资的风险转换因子设定为1，短期境外融资的风险转换因子设定为1.5。同样地，鉴于本币负债风险低于外币负债的特点，为引导对外负债本币化，在人民币境外融资和外币境外融资计入总规模时也应采用不同的币种风险转换因子。目前，《实施细则》中规定，人民币境外融资的币种风险转换因子设定为1，外币境外融资的币种风险转换因子为1.5。此外，为进一步细化以体现不同类别融资的风险差异，还可以根据融资类别设置类别风险转换因子。目前，《实施细则》中规定，表内融资的类别风险转换因子设定为

1，表外融资（或有负债）的类别风险转换因子设定为0.2和0.5两档。

三是设置宏观审慎调节参数。以跨境资本流动规模和方向为监测指标，设定触发值后进行灵活调节。初始参数设定为1。这样，在日常管理中，宏观审慎调节参数对各类主体的融资规模没有任何限制，只有在宏观形势发生变化的情况下，通过改变宏观审慎调节参数，对各类主体的融资规模进行调节。宏观审慎调节参数的调节作用是无偏的，符合宏观审慎管理的要求。

（二）试验区全口径境外融资政策实施效果

试验区全口径境外融资政策实施后，取得了以下政策效果：

一是拓宽了企业和金融机构的境外融资渠道，降低了融资主体的融资成本。和早期人民币境外融资相比，试验区全口径境外融资政策成功地将商业银行纳入了统一的境外融资政策框架内，并根据是否已建立分账核算单元等情况设定了不同的杠杆率，从而实现了对区内各类主体境外融资政策的全覆盖。此外，对区内法人企业的融资杠杆率也从原来人民币项下的资本的1倍扩大到目前的2倍，进一步扩大了企业从境外自主融资的规模。

整体上看，试验区全口径境外融资政策为实体经济进一步拓宽了融资渠道，并通过扩大试验区分账核算单元的境外资金来源，间接支持了区内企业的融资需求。企业可以充分利用境内外两种资源、两个市场，进一步降低融资成本，为其生产经营活动带来实实在在的好处。

二是统一了中外资企业和金融机构的境外融资管理模式，实现了本外币一体化的事中、事后监管。在试验区全口径境外融资政策中，试验区内的中外资企业和金融机构采用了统一的计算标准来办理境外融资业务。区内主体可按照自身资本规模的大小，在规定的计算方式下，综合考虑期限、币种、融资类别等因素，自主决策以何种方式开展境外融资、融资多长期限、融资什么货币等，将这些本应属于企业自主决定的权利归还给企业。

与此同时，在取消了前置审批核准环节的情况下，人民银行上海总部采用自由贸易账户体系形成的"电子围网"效应对境外融资的风险进行隔离和管理，依托自由贸易账户监测管理信息系统（FTZMIS）等相关系统采集区内主体的境外融资实际情况，开展对境外融资和跨境资金流动的实时监测分析，并建立相应的风险预警指标体系，通过境外融资参数等调控工具相机抉择地开展调控，从宏观上把控境外融资的整体风险。此外，在对境外融资的日常管理中，人民银行会同外汇局同时、共同使用相关系统，开展一体化监测分析和协同监管，探索本外币一体化的外债管理。

三是建立了风险防控范围清晰的境外融资管理规则。试验区全口径境外融资政策参照巴塞尔协议相关规则，对负债类业务进行了梳理，并尝试在风险识别的基础上对长短期、本外币和表内外的境外融资建立规范性管理规则。从有利于人民币国际化和外债宏观风险管理角度，明确了计入或不计入融资规模的具体做法，实现了资本约束下的业务全覆盖。这样既便利了实体经济跨境贸易投资活动，又能有效地管控境外融资整体风险。尤其是参与跨境衍生交易所引发的或有负债部分也按一定规则纳入计算，可以较好地约束金融机构利用衍生交易扩大杠杆倍数。

同时，试验区全口径境外融资政策通过创造性地使用风险转换因子（包括期限风险转换因子、币种风险转换因子、类别风险转换因子）、杠杆率等工具，来合理引导经济主体的境外融资结构。这种新的管理方式鼓励企业和金融机构使用人民币、中长期以及用于支持实体经济的资金，不鼓励短期融资。最后，在境外融资行为引发大规模跨境资金流动的特殊情形下，人民银行上海总部可以通过对相关参数的调整或其他类型的调控工具来进行逆向调节。

四是建立了以资本约束机制和宏观审慎管理调节机制为核心的境外融资管理模式。境外融资风险主要是偿债风险和由境外融资带动的跨境资金流动对境内市场的冲击风险。试验区全口径境外融资政策对境外融资建立了偿债风险导向的资本约束机制，强调以资本为境外融资约束的依据，有利于激励我国企业增强资本实力，改变当前负债偏高的格局，促进股东资本与债务资本的良性互动，提高企业自身的抗风险能力。同时，试验区全口径境外融资政策依托自由贸易账户分账核算管理体系，建立了跨境资金流动宏观审慎管理调节机制。在这两个机制的共同作用下，人民银行将境外融资与境内融资、境外融资与跨境资金流动结合起来进行通盘考虑，将境外融资作为金融开放环境下货币政策宏观调控的一个阀门和手段来进行管理，为实现人民币资本项目可兑换后抵御外部冲击风险的相关体制机制建设做探索，为进一步完善本外币一体化的协调监管工作机制创造了条件。

第十章　构建适应金融开放的跨境风险宏观审慎管理政策框架

　　金融开放意味着更多的跨境资金流动和风险传递。如何在实现金融服务实体经济的开放环境下做好跨境领域金融风险的管理工作是"一个铜板的两面"，不能失之偏颇。从国际来看，金融开放不设防以及设防不当都是历次金融危机的深刻教训，即便已经跻身发达国家行列的许多经济体也是如此，更遑论众多的新兴市场和发展中国家了。但金融危机的爆发也未阻止各国继续推进金融的开放。

　　本章在上海自贸试验区金融改革开放与金融风险防控新机制建设的实践基础上，再次梳理宏观审慎管理政策框架的逻辑及其在跨境金融领域的运用，冀望为我国下一步在跨境金融领域构筑全方位的涉外金融安全网提供些见解。

第一节 | 宏观审慎管理政策概要

宏观审慎政策框架是一个动态发展的框架，其主要目标是维护金融稳定、防范系统性金融风险，其主要特征是建立更强的、体现逆周期性的政策体系。目前，国际上普遍使用"宏观审慎政策框架"（Macro Prudential Policy Framework，MPPF）这一表述，这是宏观审慎管理的政策目标、评估、工具、传导机制与治理架构等一系列组合的总称，和货币政策是并列的。宏观审慎政策框架包括了多个方面的内容，如对银行的资本要求、流动性要求、杠杆率要求、拨备规则、对系统重要性机构的特别要求、会计标准以及衍生产品交易的集中清算等。宏观审慎政策已经成为全球范围内金融监管和宏观调控框架改革的重心。如周小川行长所言，央行不能只负责保持低通胀，还要保持金融体系的健康、稳定，以防出现危机，完善宏观审慎政策框架就已经成了全球金融体制改革的基本方向和核心内容了。[①]

宏观审慎政策框架的真正形成和广泛使用始于2008年国际金融危机深化以后，主要是2009年G20峰会讨论并推行的[②]。2009年初，国际清算银行（BIS）提出用宏观审慎性的概念来概括导致危机中"大而不能倒"、顺周期性、监管不足、标准不高等问题，这一概念逐步被二十国集团（G20）及其他国际组织采用。在G20匹兹堡峰会上，最终形成的会议文件及其附件中开始正式引用"宏观审慎管理"和"宏观审慎政策"的提法。在G20首尔峰会上，进一步形成了宏观审慎管理的基础性框架，包括最主要的监管以及宏观政策方面的内容，并得到了G20峰会的批准，要求G20各成员国落实执行。

---

① 周小川行长 2010 年 12 月 15 日在北京大学的演讲。
② 严格来说，宏观审慎并不是一个新的概念。20 世纪 70 年代起，就有人提出过类似概念，并有不少经济体实施过类似措施。

对宏观审慎政策目标的理解离不开宏观审慎性、系统重要性金融机构、顺周期性这几个重要的概念，下文得对这三个重要概念分别进行辨析。

第一个重要概念是宏观审慎性。为了更好地理解宏观审慎性，我们有必要明确其与微观审慎政策的区别。微观审慎政策，其工作重点在于保护单个金融机构，增强其抵御外生冲击的能力，保障个体投资者以及存在潜在风险的金融机构的存款者利益。微观审慎政策既不考虑金融体系的内部风险，也不衡量单个机构的系统重要性。由于审慎监管仅限于降低特定机构资产负债表的风险，对于日益融合的金融体系而言，这样的监管框架具有局限性。此外，当信贷市场崩溃、资产价格急剧下降的时候，审慎监管机构关注的是单个金融机构的偿付能力而非金融体系整体情况，并因此要求机构采取更为保守的信贷政策，而这可能会对更大范围的金融体系产生负面的顺周期效应。

与微观审慎政策相比，宏观审慎政策对于减轻金融机构之间高度关联性产生的内部风险以及抑制顺周期倾向具有独特的优势。宏观审慎政策认为，在经济衰退时期，银行和其他高杠杆机构在危机下的自我保护行为将使金融体系产生更广泛的不稳定，并且宏观审慎政策还将考虑对单个机构的微观审慎行为所产生的外部效应。

实际上，审慎性概念早已存在，如审慎性会计、审慎性监管原则等。那么，为什么要强调宏观审慎性呢？微观审慎体现为每个金融机构都应保持自身的健康性，难道微观审慎性的总和不等于宏观审慎性吗？对于这一问题，有以下几种解释：一是由于现代金融体系中金融机构之间的高度关联性。这种高度关联性是将明显不同的金融活动纳入同一金融机构的结果。金融机构间存在大量的同业往来，金融机构之间的业务占很大的比例，这导致了不同金融机构资产负债表的高度关联，很容易出现相互传染，从而引发系统性金融风险。由合同或行为的联系构成的复杂网络系统使得金融风险能够产生并在金融体系内迅速传播。二是金融机构和其他重要市场参与者（如资产管理公司、对冲基金和大型企业等）对相似风险的共同暴露。对手方信用风险、对至关重要的市场基础设施的共同依赖、相同估值和风险度量方法的使用以及对某种资产的共同风险敞口，使金融机构拥有类似的风险暴露。当经济低迷时，共同的风险敞口使得它们容易受到内生的或内部的风险冲击。三是由于"羊群效应"等非理性因素的存在，原本健康的微观金融机构行为大致相同且彼此强化，从而产生从众性狂热或恐慌，推动资产价格顺周期单向波动，引发宏观的系统性风险。正因为有上述三个原因的存在，仅仅从微观上对金融机构进行监管是不够的，还需从宏观上对金融系统性风险进行管理。这种管理通过两条路径实现：（1）持续加强金融体系的抗风险能力；（2）减轻由内部关联性和顺周期趋势所导致的系统性风险。

第二个重要概念是系统重要性金融机构。系统重要性金融机构简称SIFIs（Systemically Important Financial Institutions），这类机构资产规模较大，有极高的系统影响性。这种系统影响性可能来自机构庞大的规模或它们的交易和贷款行为、它们隐性或显性的关联、它们建立和维护的市场基础设施。如这些金融机构出现倒闭清盘，可能牵涉到很多机构，造成很高的社会成本。系统重要性金融机构往往关联性很强，甚至是跨境关联性很强，出现危机将涉及跨境处理问题。如次贷危机中，雷曼兄弟的倒闭对其伦敦同业产生了很大影响；再如，冰岛几家银行破产，除对冰岛产生巨大影响外，还把其他一些欧洲国家牵连进去承担损失。当这类机构出现问题时，政府往往不得不对其进行救助，从而引发"大而不能倒"的问题。正是这种"大而不能倒"的特点使得系统重要性金融机构具有很强的道德风险，容易忽视风险，顺周期逐利动机特别强烈。因此，宏观审慎管理针对的主体主要是这些系统重要性金融机构。由于任何系统重要性金融机构和非金融机构都可能引发系统性风险，有效的宏观审慎政策必须扩展至银行以及非银行金融机构，有时候也包括非金融机构。

第三个重要概念是顺周期性。顺周期性指金融运行中普遍存在的周期性自我增强或自我减弱的特性。金融体系具有天然的顺周期倾向。由金融机构和非金融机构高度关联所构成的关联网络会导致危机产生并迅速传导。2008年国际金融危机为此提供了鲜明的案例，说明了内部冲击如何通过机构和个人的顺周期行为得到加强，继而扩散至整个实体经济并最终蔓延至全球。在经济的循环波动中，金融机构或非金融机构在面对相似风险时通常会作出同质行为，这种同质行为增强了市场波动性，由此而来的金融体系顺周期性可以引发系统性风险。如在经济周期的繁荣阶段，金融机构往往通过扩张资产负债表、更多地依赖短期资金、提高杠杆水平等方式来响应资产价格上升，忽视风险措施；而在经济泡沫破裂阶段，资产价格下滑，金融机构（尤其是那些高杠杆水平的金融机构）变得不易获得短期资金，被迫出售资产。虽然对于单个金融机构而言，在经济萧条期出售资产是合理的，但是从整个系统角度来看，被迫出售资产会产生"资产贱卖"的外部性。也就是说，虽然单个金融机构的资产贱卖导致资产价格更普遍地下跌，但它并没有动力去考虑它自身资产贱卖所导致的价格冲击。此外，周期上行时，资产市场价格走高和乐观情绪互为强化，推动资产泡沫的产生；周期下行时，资产市场价格走低和恐慌情绪互为强化，导致资产价格持续暴跌并进一步加剧危机，这些都体现了典型的顺周期性。2008年国际金融危机以来，各国央行普遍认识到，金融体系的顺周期波动和资产价格波动是危机爆发的重要原因，因此宏观审慎政策目标要求减少顺周期性、增加逆周期性。如宏观审慎政策中应包括一些工具，这些工具应该在经济繁荣阶段减少额外的杠杆，在萧条阶段则减少去杠杆化行为。

综上可见，宏观审慎管理政策有如下几个特点：第一，宏观审慎管理政策旨在从宏观上对金融风险进行管理，目标是有效防范和化解系统性金融风险，从整体上维护金融稳定，其视角是宏观的，而非微观的。第二，宏观审慎管理政策主要针对金融体系整体和对金融体系有系统性影响的个体机构，即系统重要性金融机构。第三，宏观审慎管理政策旨在从宏观的视角，运用审慎政策工具对系统重要性金融机构进行逆周期调控，宏观审慎政策目标要求减少顺周期性、增加逆周期性。一方面，宏观审慎管理政策应该具有上述三个特点；另一方面，具备上述三个特点的政策都可以纳入宏观审慎管理政策的范畴。

第二节 ｜宏观审慎管理政策的工具

　　宏观审慎管理者除了保持对金融稳定数据、分析和评估的市场透明度外，还必须拥有一套特殊的工具来有效实施宏观审慎管理。这些工具不仅要提高金融体系抵御系统性风险的能力，也要减少金融机构与市场的关联性以及市场参与者的顺周期倾向所带来的内部风险。这些工具其实大多适用于特定类别的金融机构和市场行为，因此在某种意义上都是微观审慎工具。但是从另一方面讲，它们又属于宏观审慎工具，因为这些工具根据宏观指标适用于所有相关机构和行为，而不考虑一个特定机构或行为是否合乎适用工具的标准。

　　目前，运用宏观审慎工具的方法可以归纳为两类，这两类方法差别较大但相辅相成：一类是可变方法（variable approach），另一类是固定方法（fixed approach）。可变方法使用的工具涉及可调整的变量参数，如逆周期资本缓冲，这种工具往往是自动调整或者根据宏观审慎管理者的定期修正而调整，主要依据的是随经济周期波动的宏观审慎指标。可变工具最有可能被用来限制顺周期倾向和伴随经济周期而增加的网络关联风险。所以，可变工具可以被认为是一种"依靠周期"的工具。

　　固定方法运用的工具不必在经济周期的各个阶段进行调整，如总资本杠杆率和核心融资比率，它们的目的在于增强金融体系在周期中任意时点抵御系统性风险的能力。另外，固定工具能够用于管理网络关联风险，例如要求某类交易必须通过中央清算所清算和规范关键做市商的市场行为。不过，即使被称为固定工具，仍需由宏观审慎管理者定期重新审视规则的条款和适用性，以确保实现其预期目的。

　　具体来说，宏观审慎工具可以划分为四大类：第一，应对高杠杆的宏观审慎工具。第二，应对期限错配和流动性风险的宏观审慎工具。第三，应对信用过度扩张的宏观审慎工具。第四，与市场基础设施及商业行为的监管有关的宏观审慎工具。下文将对主要的宏观审慎管理政策工具做一简要介绍。

一、应对高杠杆的宏观审慎工具

（一）逆周期资本缓冲

金融体系天然具有顺周期的特征。在经济繁荣期，银行信用往往加速扩张；而在经济萧条期，受坏账增加等因素的影响，银行信用可能过度萎缩。逆周期资本缓冲工具意在平滑经济周期对信用增长的影响。在经济繁荣期，提高对银行的资本要求，防止信用过度扩张；在经济萧条期，释放资本要求，帮助银行吸收损失，避免信用条件过度恶化。具体来说，就是相关银行和其他金融机构要在贷款质量好于历史平均水平的年份建立资本缓冲，以备在贷款质量差于平均水平的萧条年份扣减。根据巴塞尔协议Ⅲ的规定，银行的逆周期资本缓冲规模应当为风险加权资产（Total Risk Weighted Assets）的0~2.5%，且由核心一级资本（Common Equity Tier 1）提供。逆周期资本缓冲制度将降低银行违约和大批银行倒闭的可能性。另外，通过在经济上升阶段抑制银行贷款，在经济下行阶段减缓银行收紧贷款的程度，该制度可以弱化银行行为对放大经济周期的作用。

调整缓冲水平的机制可以是自由裁量型，或者是规则决定型，或者是混合型。在自由裁量型体系下，监管者将根据对宏观经济周期和宏观审慎问题的分析决定适当的缓冲水平。该系统允许通过细致的分析来进行决定，但受主观判断的质量和独立性的影响巨大。在规则决定型体系下，要求的缓冲水平将根据预先设定的指标（如资产负债表的增长）决定。这是一种事前约束，不会受政治压力的左右，但是相较自由裁量型体系缺乏灵活性和定性的判断。如果需要增强灵活性，可以采取混合型体系，即运用规则来决定最低资本要求，但给予监管者额外增加资本要求的裁量权。

各个国家必须权衡各种选择的成本和效益。例如，西班牙已经选择采用动态拨备体系，该体系将规则决定型的缓冲要求和单独储备相结合。其他国家则可能谋求另一种平衡，从而作出另一种选择。

虽然具体实施的细节千差万别，但逆周期资本缓冲的必要性却显而易见。不过，它们并非包治百病的灵丹妙药，因为从西班牙的经验来看，虽然逆周期资本缓冲增强了银行体系的抗风险能力、缓解了银行行为的顺周期后果，但单靠规则决定型的逆周期资本缓冲方法并不足以熨平信贷供给。要确定缓冲的合适规模，还需要详细的分析。作为一个出发点，英国金融服务管理局提出的建议是在周期顶峰阶段，缓冲控制在加权风险资产的2%～3%是一个比较合适的数值。

（二）总资本杠杆率

宏观审慎管理者也可以针对金融和非金融机构运用总资本杠杆率工具。使用总资本杠杆率工具可以有以下三个方面的好处：一是总资本杠杆率将有助于防范风险低估问题。当系统性问题显现时，以前认为较低的风险可能变为流动性不足和高风险，这在微观层面上会导致单个机构被迫出售资产；在宏观层面上，则会导致系统性的资金危机，该危机直接与资产负债表杠杆水平的总规模有关。总资本杠杆率工具将控制经济上升阶段杠杆水平的提高，从而在经济下行阶段最大限度地降低潜在的系统性损失。二是总资本杠杆率可以通过限制总体头寸的方式来限制系统性的金融不稳定风险。三是由于最低资本要求的计算往往涉及内部模型和判断，所以本质上具有主观性。银行与监管者之间容易产生争执，而总资本杠杆率工具可以减少此类争执。

目前，已有部分监管者使用总资本杠杆率工具。例如，加拿大当局规定资产与资本的乘数比率限制为20∶1。在美国，银行控股公司根据公认会计准则计算的资产已经有最大总资本杠杆率的要求，而对于投资银行的资产还没有此类要求。不过，这种对银行控股公司杠杆的明显限制在某种程度上是一种假象，因为银行控股公司往往大量使用特殊目的工具来规避总杠杆水平。

事实上，有观点认为，近期美国的实践表明，总资本杠杆率无法抑制系统性杠杆水平的积聚，因为该工具依赖于会计惯例，而且缺乏对不同质量资产的识别。杠杆率只是更广泛的宏观审慎框架中的一部分，它只是对更高资本充足标准的一种补充。

总资本杠杆率工具对于经济繁荣时期的经济利益有一定的抑制，但同时降低了危机时期负面经济事件发生的风险，这其中必然会有一个权衡问题。虽然不可能完全预测杠杆规则的成本与收益，但从最近的经验来看，金融危机的成本是巨大的。所以，应当认真考虑将总资本杠杆率作为一种宏观审慎工具运用。

二、应对期限错配和流动性风险的宏观审慎工具

（一）流动性缓冲

实施流动性缓冲能够减少对容易导致系统流动性问题的、风险过大的资金来源的依赖。2008年国际金融危机证实，一种资产的风险程度深受其背后融资方式的影响。由短期货币市场融资支持的资产，其风险要远大于由长期负债支持的同样资产所具有的风险。特别是在经济增长期间，在缺乏监管的情况下，短期资金成本低于长期资金，激励着金融机构利用短期融资。为了减少这种利用短期资金购买资产的激励，可以采用流动性缓冲方法，流动性缓冲的规模根据资产负债期限错配情况制定。资本缓冲可以通过要求机构建立一个储备来运作。储备由可出售性较好的资产组成，这些资产存在活跃的交易市场。在流动性下降时，可以使用储备扣减。

（二）核心融资比率

上文阐述的措施大部分集中于单个金融机构，另一个备选工具是核心融资比率。作为宏观审慎管理工具，它可以运用于整个金融体系，起到对上述针对个体机构的工具的补充作用。核心融资比率既可以度量总体系统性风险，也可以作为一项监管抓手（如上文所讨论的总资本杠杆率）来限制通过

稳定性较差的资金所支持的资产的高增长。

这一比率将测量金融机构用于购买资产的核心资金与所有其他非核心资金的比例。尽管在实际中，这个比率的性质和范围会以各种不同的方式进行调整，但核心资金至少包括那些在经济周期各个阶段都具有可持续性的资金来源，比如小额存款和长期大额资金。它不包括短期信用敏感性存款或货币市场工具等风险较高的资金来源。如果把核心融资比率作为一个监管抓手来使用，将起到逆周期作用，能够限制金融机构在经济繁荣时期依赖高风险资金来源增加资金，从而减少在萧条时期流动性危机所造成的冲击。

核心融资比率与总资本杠杆率配合使用将相得益彰，尽管两者实现的目标不同。总资本杠杆率的目标是抑制对资产风险的低估，而核心融资比率则影响负债的数量和质量，进而在繁荣时期阻止资产负债表过度扩张。

（三）针对流动性的额外资本要求

最后，可以通过强制实施额外的资本要求来减少流动性风险。这个额外的资本要求可以与现有的资本要求结合起来，也可以完全独立实施。如果前者被采用，就可以通过对资本的调节来反映资产负债期限错配情况，这种调节相当于为当前基于资产信用质量的资本要求增加一个乘数。这个工具提供了流动性缓冲的一个备用选择。

归根到底，上面所提到的监测流动性的各项措施趋向于减少金融体系在经济增长阶段对短期、高风险资金来源的依赖，促使金融机构持有更多流动性资产，并对银行放贷情况进行检查。这样将降低期限错配发生的概率，尽管会放缓经济在繁荣时期的增长步伐。然而，与金融危机所造成的巨大损失相比，为了减少影响将来金融稳定的系统性风险，流动性管理措施所产生的成本还是值得的。

三、应对信用过度扩张的宏观审慎工具

除资本要求、杠杆率限制和流动性监管外，也可以考虑在某些领域对信

贷发放采取限制措施。

2008年国际金融危机爆发于住房市场。这场危机大部分应归咎于2005—2007年美国迅速膨胀的房地产抵押贷款。伴随着那些高按揭成数的新增贷款比例的上升，相应的风险也不断累积。资产价格泡沫不断膨胀，价格崩盘风险发生的概率也与日俱增。当萧条阶段到来时，抵押贷款市场的紧缩又加剧了经济的周期效应。

鉴于抵押贷款与经济周期的这种关联，有必要认真考虑对房地产抵押贷款产品采取更为严厉的监管。对房地产抵押贷款按揭成数的限制有以下几点好处：

首先，从消费者保护角度来看，按揭成数限制可以起到防止个体非审慎借贷行为的作用。重要的是，这样的限制也会避免商业层面上的非审慎借贷行为，比如对商业地产信贷加以限制。

其次，降低首套房地产信贷按揭成数的要求也能使银行避免非审慎放贷行为。从这个意义来说，按揭成数限制起到了与逆周期资本缓冲类似的作用。

再次，从系统层面来看，抵押贷款限制措施将约束对经济周期上升和下行阶段都起到放大作用的信贷扩张。

最后，按揭成数限制能够起到反映系统性问题的指标作用，并能提供一个国家层面的政策工具，该工具即使考虑跨境借贷也仍有效。

当然，按揭成数限制作为宏观审慎管理工具也会面临一些指责。如果采用抵押贷款按揭成数限制，一些新购住房和商业地产的人可能受到影响。个人可能会转而通过诸如信用卡借款等非抵押贷款获取相当或更多数量的信贷。另外，按揭成数限制也可以通过二次抵押来规避。由于"按下葫芦浮起瓢"现象的存在，对某个领域贷款的限制会推动市场参与者寻求其他形式的贷款，而不会限制信贷供给总量，这将减弱按揭成数限制作为政策工具的效用。赞成或反对实施抵押贷款成数限制的争论各有对错，这些有待进一步讨论，但成数限制是一种通过约束贷款人来控制系统性风险的宏观审慎政策工具，这一点毫无疑问。

如果最高按揭成数被实际采用，那么一个重要的问题是，成数在经济周期的不同阶段是否应调整以抑制周期波动。例如，最高成数可以被设定为80%或90%，然后根据房屋价格来调低或调高。

除了最高按揭成数外，可以考虑设立一个独立的按揭贷款管理机构。2010年7月，美国制定的金融监管改革法案就包括设立一个消费者保护局。消费者保护局拥有监管滥发房地产抵押贷款行为的权限，这会限制那些不合格购房者轻易获得贷款从而推高房价的能力。

四、与市场基础设施及商业行为的监管有关的宏观审慎工具

本部分主要关注通过资本和杠杆要求等制度层面的工具来增强金融体系抗风险能力。此外，任何宏观审慎管理工具组合都会包含另外两个重要组成部分，这就是对市场基础设施的有力监督和适当的商业行为标准的运用。

对金融市场基础设施的监管至关重要。支付、清算和结算系统等具有系统重要性的金融基础设施出现问题，将会对单个机构及整个金融体系造成实质性的不利影响。

近年来，监管者开始致力于强制金融机构使用某些基础设施，以降低系统性问题发生的概率和成本。举例来说，一些国家的监管者正考虑对互换产品（swaps）进行中央对手方清算，作为削减不适当的信用风险敞口的一种方式。中央对手清算系统的优势在于可以通过充足的初始保证金、每日结算、净轧差敞口等要求，以及在清算所会员不能清偿债务的情况下提供一个便利的交易转移机制，来削减信用风险敞口，并降低市场参与者经营失败所造成的成本。

在美国，多德法案强制要求所有的互换产品都需要经中央对手方清算系统处理，以此作为减轻系统性风险的一种手段。该法案同样规定，对于新成立的金融稳定监管委员会所确定的具有系统重要性的金融市场基础设施，必须加强审慎监管。这些基础设施一旦被认定为具有系统重要性，就应受到功能监管机构的主监管，并受到美联储的辅助监管和金融稳定监管委员会的最

终监管。法案规定的功能监管者所采用的风险管理标准的法定目的是：推动建立健全的风险管理，实现金融体系安全、稳健，减少系统性风险，支持更广范围内的金融体系稳定。这个标准将重点关注风险管理政策和程序、保证金和担保要求、参与者或交易对手违约政策和处理程序、实现金融交易的及时清算和结算的能力以及这些指定的金融市场基础设施对资本和资金的要求。

商业行为的管理在某种程度上被忽视但却是具有广泛系统性影响的宏观审慎管理工具。2008年的国际金融危机更加突出了投资者保护问题对整个金融体系影响的程度。不审慎的抵押贷款发起行为通过抵押贷款证券化过程传染了金融市场，最终导致了这场具有世界范围影响的次贷危机。功能监管者必须有足够的权力并对实施的商业行为标准保持谨慎，同时在恰当的时候与宏观审慎管理者共同合作，以达到保护更广泛范围金融体系的目的。

从上文对宏观审慎政策工具的介绍中可以看到，目前宏观审慎政策工具主要是在资本充足要求和流动性要求方面取得进展，而其中资本充足要求的内容最为突出。事实上，资本充足要求就是为了将杠杆水平保持在一个持续发展的基础上，并避免微小冲击就可能导致危机发生的情况，是一种对杠杆率的逆周期调节。资本充足要求在宏观审慎政策工具中的突出地位，体现了宏观审慎政策对杠杆水平的高度关注。

第三节 ｜ 宏观审慎管理政策的实践

一、各国宏观审慎管理政策的实践

2010年7月21日，美国总统奥巴马签署了多德法案，将宏观审慎方法应用于美国的金融稳定。该法案设立了一个新的委员会，吸收了包括美联储、新成立的消费者金融保护局在内的监管机构的人员，赋予了重大的权力和责任，内容包括以下几方面：一是认定系统重要性银行、金融业务和非银行金融机构，并对委员会认定的可能产生系统性风险的业务或机构提高审慎监管标准。二是收集可能产生系统性风险的金融机构和市场行为的信息并向国会报告。三是对用来减少系统性风险的监管限制所造成的经济影响进行持续的研究，包括对限制大型金融机构的规模、结构复杂性和关联性的成本收益分析。四是关注国内和国际上的监管建议和发展并分析对美国金融市场系统性风险的影响。除了成立该委员会之外，该法案还包含了一些监管规则，专门针对2008年国际金融危机中产生的宏观审慎议题。例如，将以风险为基础和杠杆化资本标准的适用范围从银行拓展到美国的银行控股公司、储蓄机构控股公司和其他具有系统重要性的非银行金融公司。该法案还对信用评级机构提出了新的监管要求，包括增加透明度和加强内控机制以及对高管薪酬披露引入新的标准。

欧盟于2009年9月建立了欧洲系统性风险委员会（ESRB），以监督整个欧洲金融体系的稳健性。欧洲中央银行被指定为委员会的秘书处，将在委员会中发挥重要作用，欧盟所有27国中央银行是委员会成员。委员会作为早期预警机构，主要负责识别潜在风险来源、判断风险重要性并报告风险。一旦顺利运行，该机构将改变目前欧洲各国仅仅在国家和机构层面进行风险分析的做法，发挥重要作用。但是，该机构只能从事宏观审慎分析，没有权利对其成员国采取措施，也不能为其成员国当局创造新的宏观审慎工具或政策。

英国也采取措施以执行新的宏观审慎管理框架。金融服务管理局已经采取了一项临时性政策，通过要求较高质量与数量的资本储备来提高资本充足性。同时，引入可变标量（variable scalar）等调整项避免顺周期性问题。2008年12月，金融服务管理局批准了一项针对一些欧洲指数型信用违约互换产品提供中央清算的决议。在危机期间实施巴塞尔协议Ⅱ的过程中，金融服务管理局设计了一些平滑金融波动的方法，例如使用违约概率的长期平均值或者是"全周期"平均值。2010年7月，英国财政部建议将宏观审慎管理权授予隶属于英格兰银行的金融政策委员会（FPC）。金融政策委员会的设立旨在解决前文提到的"监管缺失"问题。除了监管职能外，金融政策委员会将使用一些微观工具以应对识别出的系统性风险。为了更好地利用这些工具，财政部在报告中建议将审慎监管职责从金融服务管理局转授给一个新的、隶属于英格兰银行的机构——审慎监管局，以保证宏观审慎和微观审慎职能集中于一家机构之内。另外，除了支付结算体系和中央交易清算所之外，对金融市场的监管权力将赋予一个单独的消费者保护和市场局（CPMA）。该机构的任务是保护金融和信贷市场上的参与者，特别是零售产品的消费者，以提升消费者对金融服务和市场的信心。

2000年，西班牙当局将动态拨备机制引入其金融监管制度中，要求银行建立一般性拨备缓冲，也称"动态"或"统计"拨备，即在经济上升期为正常贷款提供拨备以备经济下行期使用。西班牙的一般性拨备旨在补充原有的特别拨备，特别拨备主要针对已出现损失迹象的贷款。西班牙建立动态拨备的经验现已成文，尽管这项宏观审慎工具被认为有效保护了银行业，使银行在危机前保持了拨备充足，但在平缓金融周期方面并不成功。

二、我国宏观审慎管理政策的实践

2011年以来，人民银行实施的差别准备金动态调整和合意贷款管理机制，在加强宏观审慎管理、促进货币信贷平稳增长、维护金融稳定方面发挥了重要作用。在合意贷款规模计算方面，主要依据还是资本，但是引入了逆周期测算的因子，并且强调了对于系统重要性银行的监管，这些方面与宏观审慎政策框架的要求是一致的，具有一定的宏观审慎政策特点。

2015年12月29日，人民银行发布《部署完善宏观审慎政策框架》的公告，宣布从2016年起将现有的差别准备金动态调整和合意贷款管理机制升级为宏观审慎评估体系（Macro Prudential Assessment，MPA）。MPA体系更为全面、系统，重点考察资本和杠杆情况、资产负债情况、流动性、定价行为、资产质量、外债风险、信贷政策执行等七大方面，通过综合评估加强逆周期调节和系统性金融风险防范。宏观审慎资本充足率是该评估体系的核心，资本水平是金融机构增强损失吸收能力的重要途径，资产扩张受资本约束的要求必须坚持，这是对原有合意贷款管理模式的继承。

MPA的评分计算标准包括资本和杠杆情况、资产负债情况、流动性、定价行为、资产质量、外债风险、信贷政策执行等七大方面，各部分总分均为100分。总体来看，权重较大的指标是利率定价（100分）、资本充足率（80分）、信贷执行情况（70分）、广义信贷（60分）等。MPA考核评价指标依照机构不同分为三类，即全国性系统重要性机构（N-SIFIs）、区域性系统重要性机构（R-SIFIs）和普通机构（CFIs）。

资本和杠杆情况分为资本充足率指标和杠杆率指标。资本充足率（Capital to Risk Assets Ratio，CRAR）和杠杆率是MPA考核的首要指标，其中用于考核银行风险程度的资本充足率占据重要位置，也是最难以完成的指标。资本充足率采用央行的宏观审慎资本充足率，与广义信贷扩张速度直接挂钩，在零容忍评价体系下，如果广义信贷扩张较快，将导致宏观审慎资本充足率较高。考虑到资本充足率占80分，一旦银行资本充足率不达标，便很难通过该项评价。宏观审慎资本充足率（C*）的计算方式为：C*=结构性参数×（最低资本充足率要求+系统重要性附加资本+储备资本+资本缓冲要求）。

资产负债控制广义信贷增速。广义信贷=旧口径广义信贷+表外理财=各项贷款+债券投资+股权及其他投资+买入返售资产+存放非存款类金融机构款项+表外理财-现金和银行存款。流动性指标要求相对刚性，流动性覆盖率是关键。MPA考核体系的流动性评估分项中，包括流动性覆盖率（40分）、净稳定资金比例（40分）这两个定量指标，以及一个定性指标，即遵守准备金制度情况（20分）。流动性覆盖率是银行合格的关键指标。其计算公式是：流动性覆盖率（LCR）=优质流动性资产储备/未来30日的资金流出量。

资产质量、定价行为、外债风险、信贷政策执行等指标影响相对较小。我国在形式上取消了利率管制措施，通过将利率定价行为引入MPA考核框架，有助于央行通过考核体系引导利率水平，避免信贷市场出现恶性"价格战"。

　　MPA考核结果分为A、B、C三档。A档机构指七大方面均超过90分，计为优秀，执行最优档激励，如相关业务的优先权、支农支小再贷款再贴现、金融市场准入及各类金融债券发行审批、金融创新产品等。B档机构执行正常档激励，指除进入A档、C档以外的机构。C档机构满足条件为资本与杠杆情况、定价行为中任意一项不达标，或其他五项即资产负债情况、流动性、资产质量、外债风险、信贷政策执行中任意两项及以上不达标。达标线均为60分。给予C档机构适当约束，如取消或者暂停MLF一级交易商资格、SLF利率提高、金融市场准入及各类金融债券发行受控等。此外，设置差别准备金率，旨在进一步增加准备金利率的实施灵活性，具体为在法定准备金利率上下30%以内，分三类情况实施差别准备金率。

　　从现阶段MPA评估体系的分析中可以看到，资本和杠杆情况是考核的重点和难点，这与国际上的实践是一致的，这同样体现了我国宏观审慎政策对杠杆水平的高度关注，但跨境资金流动这部分的宏观审慎管理运用还没有过多地触及，仅包括了外债一项。

第四节 ｜ 金融开放及相关风险

一、金融开放的定义

　　根据世贸组织《服务贸易总协定》（GATS）的分类，金融服务业可以分为"人寿险、意外险和健康保险服务""接受公众存款和其他需偿还的资金"等16类。

　　这16类金融服务业的对外开放既包括外国金融机构为我国客户提供金融服务（"外对内"）方向上的开放，也包括我国金融机构为外国客户提供金融服务（"内对外"）方向上的开放。

在任一方向上，金融服务都可以按照商业存在、跨境提供、境外消费和自然人流动四种提供方式加以提供。如在"外对内"的方向上，商业存在指外国金融机构通过在我国创建独资、合资或者合作企业，向我国客户提供金融服务；跨境提供指外国金融机构在其本国境内通过网络、传真、通信等媒介为我国客户提供金融服务；境外消费指我国客户进入外国境内直接接受外国金融机构的金融服务；自然人流动指外国金融机构派出工作人员进入我国境内向我国客户提供金融服务。同理，在"内对外"的方向上，也存在以上四种服务提供方式。

综上所述，16类金融服务类型、"内对外"与"外对内"两个方向以及四种金融服务提供方式共同构成128个选项（例如，外国金融机构以商业存在方式为我国客户提供贷款服务即为其中一个选项）。一国金融开放程度，具体指的是以上128个选项的可实现程度。

二、金融开放对跨境资金流动的要求

显而易见，金融开放，尤其是"跨境提供"方式下的金融开放，往往涉及资本的跨国流动，在资金跨境流动的自由度、速度和效率等方面有一定要求，并且往往与一国资本账户开放程度有直接关系。出于对资本流动和监管难度的顾虑，大多数发展中国家都不愿意对跨境金融服务作出大幅度的承诺，对于跨境资金流动有一定的要求。

中美双边投资协定谈判以2012年4月发布的《2012年美国双边投资协定范本》为基础开展。该范本中的主要内容包括投资的定义、投资的准入、投资者的待遇标准、征收与补偿、资金转移、投资者与东道国之间的争端解决机制以及国与国之间的争端解决机制。该范本对于投资自由化的要求极高，因此有"最高水平的投资规则"之称。我们通过分析该范本，来说明金融开放对跨境资金流动的要求。

《2012年美国双边投资协定范本》对于跨境资金流动的要求可以概括为以下两点：

第一，对资金自由转移要求高。范本要求缔约一方必须允许外国投资者投入的资本以及利润、股利、资本利得、利息、各种费用、所有支付（包括借款合同下）、征收补偿所得、争端产生的支付等所有与所涉投资相关的资金自由与无延误地进出其领土，并且这些资金还必须能够以可自由使用的货币进行转移，非自由使用的货币要允许其按照转移时的市场兑换率转换为可自由使用的货币。

第二，适用金融审慎例外。范本列出了两种金融审慎例外的情况：一是协议"不得阻止东道国出于审慎考虑而采取或维持有关金融服务的措施，包括保护投资者、储户、保险单持有人或者以金融服务提供者为受托人的信托委托人利益的措施，或者是确保金融体系完整和稳定的措施"。二是协议"不适用于央行或货币当局为追求货币政策及相关信贷政策、汇率政策目标而普遍运用的非歧视性的措施[①]"。如果投资者向东道国提出仲裁申诉，东道国试图以金融审慎例外作为回应的，投资者必须在上诉仲裁机构后120天内，分别向两国的金融主管当局提出书面申请，要求其对于东道国所述金融审慎例外是否（以及在何程度上）合理作出一个"联合认定"（joint determination），提交争议双方以及审议会。这一"联合认定"在审议会上将具有法律约束力。金融主管当局在收到书面申请后120天内没有作出"联合认定"的，则视同"金融主管当局未解决争议"，仲裁机制重启。

对照上述高水平的投资开放要求，我国金融开放目前还存在一些可改进的空间，这也是构建一个适应金融开放的跨境风险宏观审慎管理政策框架应该考虑的。

一是推动资本项目进一步开放。金融服务业对外开放与资本项目开放密切相关。资本项目进一步开放，尤其是金融市场的进一步开放将为金融服务

---

① 范本注解中称，央行或货币当局为追求货币政策及相关信贷政策、汇率政策目标而普遍运用的非歧视性的措施不包括任意增添、废除指定货币面额以及汇率的合同条款。

业对外开放创造出大量新的机会。目前，在IMF确定的40项资本项目交易中，虽然我国已经实现了按项目分类中的绝大部分项目的可兑换（仅有3项不可兑换），但实践中已经实现可兑换的各项依然存在诸多的兑换前置条件，整体评估的可兑换程度还是不高。外汇管理方面，对外商直接投资的外汇管理比较宽松，对境内企业对外直接投资的外汇管理不断放宽；证券投资管理较为严格，QFII、QDII均有主体、额度和投向限制；外债、对外担保实行核准或备案管理，有主体和额度限制。跨境人民币管理方面，外商直接投资和境内企业对外直接投资管理实现了一定程度的国民待遇和便利化服务，但证券投资有主体、额度和投向限制（允许RQFII投资债券市场和ETF、允许三类机构投资银行间债券市场），外债有主体和额度限制。总的来说，我国资本项目开放存在着"松直接紧间接""松投资紧债务"的特点。在现行资本项目开放程度下，各类金融市场中证券发行、资产管理、自行或代客交易类的金融服务大都没有开放，商业信贷、金融信贷、担保承兑类的金融服务开放受限；从提供方式角度看，以跨境提供方式提供金融服务受到很大限制，以商业存在方式提供金融服务的丰富性也受到影响。

二是制定"重大安全例外条款"和"金融审慎例外条款"等风险防控措施。金融服务业高水平的开放并不意味放弃监管，只是风险防控措施有所升级。除"负面清单"以外，常用的风险防控措施还有"重大安全例外条款"和"金融审慎例外条款"。"重大安全例外条款"是双边投资条约中的一项重要内容。以美国《埃克森—佛罗里奥修正案》为例，其中规定，只要有足够证据证明在美国发生的并购行为对国家安全产生威胁，总统就有权暂停或终止该并购交易。实践中，一些国家会以"威胁国家安全"为由，对我国外资设置种种贸易壁垒。"金融审慎例外条款"是双边投资条约中一项重要的内容。上文列举了美国BIT范本中列出的两种"金融审慎例外"的情况。我国BIT范本既不含"重大安全例外条款"，也不含"金融审慎例外条款"，在我国已签订的100多个双边投资协定中，仅有极少数协定包含"重大安全例外条款"，但这些条款对安全问题的界定极为模糊，可操作性低。"重大安全例外条款"和"金融审慎例外条款"的缺失，使我国金融服务业开放缺少了两道"安全阀"。

综上所述，一个适应金融开放的跨境风险宏观审慎管理政策框架既要有利于促进跨境资金自由流动和资本项目开放、减少行政干预，也应具备既接轨国际，又适合国情的"金融审慎例外条款"，有效防范和化解跨境资金流动中存在的系统性金融风险，从整体上维护金融稳定。

三、金融开放可能引起的风险

上海自贸试验区重点开放领域中，投资的开放或资本项目可兑换的全部实现同时也意味着我国资本及金融账户的开放。应运实体经济跨境贸易投资活动的需求，提高资金结算效率、加快资金结算速度是跨境金融服务的必然之举。在这样的背景下，自贸试验区跨境资金流动面临的新特点主要体现在：一是跨国经营企业集团内跨境资金集合管理以及跨境电子商务等新业务的开展，使得资金流动复杂性增大，流动形式趋于多样化。二是资本及金融市场活动的双向开放，使得资金跨境流动呈现大进大出、快进快出的特性。三是跨境投融资渠道的打开使得跨境"双套利"（汇差和利差）更趋活跃。四是经济主体基于自由选择权对跨境结算货币的从优选择导致的微观及宏观货币错配以及相应的对冲管理，使得跨境资金流动与实际的跨境债权债务关系存在倍增倍减的杠杆效应。

从风险角度来看，主要是资本项目中大部分中低风险的项目已经实现基本可兑换，但开放风险的管理尚留在行政层面，即国家行政管理部门是通过"双Q"制度[资质（qualification）和额度（quota）]来行使资本项目可兑换的风险管理，而金融层面和实体经济层面尚未建立起金融开放运行下的风险管理意识和机制，这使得国家的资本及金融开放面临巨大的困难和风险。这种"双Q"制开放模式的最大缺陷就是由国家行政部门来管理开放中的宏微观风险，而不是市场主体。一旦从90%的基本可兑换过渡到100%的全面可兑换，原有各项目单一逐项独立开放模式中可控的风险可能演变为整体性、结构性、叠加性的风险，并通过国内外货币市场、资产市场、外汇市场等媒介实现交叉传递，继而引发开放宏观中典型的系统性风险——货币及金融危机。

我们以自贸试验区为例，来具体说明金融开放可能引发的风险。根据跨境本外币资金流动中发生的异常现象以及国际收支领域金融风险的情形判断，自贸试验区启动先行先试资本项目可兑换和利率市场化后，可能出现以下四类可以被称为系统性风险的情况：

一是跨境资金借道自贸试验区大规模流入或流出，对国内金融市场和实体经济产生冲击。因境内外客观存在的利差、汇差，自贸试验区试行资本项目可兑换，可能会为短期投机性资金跨境/跨区套利提供更为便捷的通道。极端情况下，跨境资金借道自贸试验区大规模流入或流出，可能引发我国货币市场、证券市场、房地产市场资产价格剧烈波动，进而对我国实体经济造成冲击。

二是自贸试验区出现金融流动性短缺，引发整个自贸试验区金融系统的"钱荒"。提供自贸试验区先行先试金融服务的银行业金融机构流动性来源有限，可能出现流动性不足的情况。这些银行业金融机构之间往往具有高度关联性，或具有共同的风险敞口，一家金融机构的流动性短缺可能会引起连锁反应，使整个自贸试验区金融系统陷入"钱荒"之中。

三是区内金融信贷资产过度膨胀，形成大规模坏账。提供自贸试验区先行先试金融服务的银行业金融机构无须缴纳存款准备金，也不受存贷比、合意信贷规模等指标的限制，理论上具有无限创造信贷资产的能力。同时，这些银行在逐利动机的驱使下也有意愿去大量放贷，从而可能创造出过量信贷资产，进而引发系统性的坏账风险。从以往的经验看，离岸账户（OSA）发展过程中确实出现过信贷资产过度膨胀引发大规模坏账的情况，值得引以为鉴。

四是区内利率、汇率等资金价格随境外剧烈波动。自贸试验区试行利率市场化，相对隔离的分账管理制度会造成区内利率、汇率等资金价格随境外同步变动。这意味着境外资金价格的剧烈变动会传导到区内，进而在某种程度上对境内区外的资金价格产生影响。

第五节 | 构建适应金融开放的跨境风险宏观审慎管理政策框架

一、构建目标

根据上文的分析，我们可以得出构建适应金融开放的跨境风险宏观审慎管理政策框架所需要达到的几个目标。

第一，这些政策应具备宏观审慎政策的一般特点。一是这些政策应从宏观上对金融风险进行管理，有效防范和化解系统性金融风险，从整体上维护金融稳定，其视角是宏观的，而非微观的。二是主要针对系统重要性金融机构。任何系统重要性金融机构和非金融机构都可能引发系统性风险。所以，虽然银行是维护金融稳定的传统关注重点，但有效的宏观审慎政策必须扩展至银行以及非银行机构，包括非金融机构。三是调控手段应该具有逆周期性的特点。2008年国际金融危机以来，各国央行普遍认识到，金融体系的顺周期波动和资产价格波动是危机爆发的重要原因，因此宏观审慎政策目标要求减少顺周期性、增加逆周期性。

第二，这些政策要适应金融开放的要求。这就意味着这些政策既要有利于促进跨境资金自由流动和资本项目开放、减少行政干预，也应具备既接轨国际，又适合国情的"金融审慎例外条款"，有效防范和化解跨境资金流动中存在的系统性金融风险，从整体上维护金融稳定。

第三，从上文对宏观审慎政策工具的介绍中可以看到，现阶段宏观审慎政策工具主要是在资本要求和流动性要求方面已取得进展，而其中对于杠杆水平的逆周期调节的内容最为突出，是宏观审慎政策工具的核心。因此，对于跨境资金流动的宏观审慎管理也应体现宏观审慎政策对杠杆水平的高度关注。宏观审慎政策中应包括一些工具，这些工具应该在经济繁荣阶段减少额外的杠杆，在萧条阶段则减少去杠杆化行为。

二、构建思路

在跨境资金流动管理中应用宏观审慎管理理论框架是一个新的尝试，我们根据上述构建目标，在自贸试验区构建了适应金融开放的跨境风险宏观审慎管理政策框架，包括建立一套全口径的宏观数据监测分析预警系统、一套能够由宏观指标触发微观调节的参数指标体系以及一套能够快速响应并行之有效的行动方案。

第一，建立一套全口径的宏观数据监测分析预警系统。自贸试验区资金流动监测信息系统是自贸试验区宏观审慎监管的具体化，也是各项金融改革政策在自贸试验区落地的先决条件。为了识别系统性风险，上海总部将建立自贸试验区资金流动监测信息系统，对区内主体以及区内主体与境外及境内区外主体之间本外币资金流动等信息进行集中管理与监测分析。宏观审慎管理要求对宏观数据有准确的监测与记录，这就要求我们建立一套全口径的宏观数据监测分析预警系统，这一系统不仅要能够翔实记录、反映宏观数据，还需具备基于宏观监测指标的预警触发机制，能够在宏观数据达到临界值时发出预警信号，触发相应微观调节参数指标变动。目前，人民银行建设的上海自贸试验区自由贸易账户监测管理信息系统（FTZMIS）可以采集通过自由贸易账户办理的相关境外融资的币种和期限等信息，形成以自由贸易账户为渠道的跨境高频交易、大额交易以及境外融资的币种及期限错配的监测预警分析，成为全口径的境外融资监测分析预警系统。全口径的宏观数据监测分析预警系统的建立着眼于从宏观上对金融风险进行管理，有效防范和化解系统性金融风险，从整体上维护金融稳定，其视角是宏观的，而非微观的。

第二，设计一套由宏观指标触发微观调节的参数指标体系。当宏观数据达到临界值发出预警时，引起相应微观调节参数指标变动，这些变动必须对跨境资金流动产生显著的影响，从而对跨境资金流动形成有效的调控。这就需要我们设计一套由宏观指标触发微观调节的参数指标体系，为宏观指标触发微观调节提供抓手。根据宏观审慎管理的理论框架，这套微观调节参数指标体系应包括：（1）杠杆率。实体经济的杠杆率是与金融运行密切相关的指标，且与宏观经济运行的周期密切相关。复苏（上升）及景气期内，实体经济通常采用增杠杆的做法，以扩大经营规模，而杠杆率过高则容易引发过剩，导致经济下行，此时实体经济通常又采用去杠杆的做法。因此，选择杠杆率作为宏观指标可以与企业的实际财务运作挂钩，具有操作性强和简单明了的优势。杠杆率可以按实际经济部门和金融部门来分别设置，以体现不同部门的运行特点。同时，对当前中外资企业境外融资借用政策不一致的调整，体现了所有背景资本的企业在借用境外融资上均一视同仁的原则。（2）以降低风险为目的的匹配性指标。匹配原则应体现在借用境外融资的币种匹配和期限匹配上。总体而言，借用本币境外融资的风险低于借用外币境外融资的风险，因此应该鼓励对外负债本币化。在具体设计上，可考虑加大外币境外融资风险转换因子权重来抑制借用外币境外融资。期限方面，借长用短风险小，借短用长风险大，且借款主体有借短用长的驱动。因此，在设计上可加大短期借款风险转换因子的权重来抑制借用短期资金的动机。这一套由宏观指标触发微观调节的参数指标体系，有助于减少跨境融资的顺周期性，增加跨境融资的逆周期性：在经济繁荣阶段降低跨境融资企业和金融机构额外的杠杆，在萧条阶段减少去杠杆化行为。这一思路与上文分析的宏观审慎政策思路是一脉相承的。

第三，建立一套能够快速响应并行之有效的行动方案。当监测分析预警系统未发出预警信号时，一般认为自贸试验区整体经济金融运行处于常态周期，人民银行不采取干预措施。一旦发出预警信号，则需要迅速采取相应的行动。这就要求建立一套能够快速响应并行之有效的行动方案。当监测到资本流动中出现异常高频及大额交易现象时，人民银行可以"金融宏观审慎"的名义采取必要的措施，如通过调节微观调节参数来调节跨境流动方向和规模，通过调整风险转换因子的方式对融资结构进行微调，通过加大对资金划转的"三反"（反洗钱、反恐怖融资以及反逃税）核查力度对资本跨境流动进行间接调节等。这一体系的建立，既有利于减少行政干预，促进跨境资金自由流动和资本项目开放，也具备适合国情的"金融审慎例外条款"，可以有效防范和化解跨境资金流动中存在的系统性金融风险，从整体上维护金融稳定。对照上文金融开放的相关要求可以看到，这一宏观审慎政策体系的建立是适应金融开放要求的。

三、自贸试验区实践对全国跨境资金流动宏观审慎管理的启示

回顾自贸试验区金融改革开放的实践，应该说自贸试验区金融改革开放自始至终贯穿了金融服务实体经济与金融开放风险防控同步进行的主线，没有因为开放跨境金融服务而造成系统性、区域性风险，也没有因防范风险而构成对实体经济跨境金融服务的限制。自由贸易账户体系提供的累计折合人民币15万亿元的跨境收支实现了收付比为1：0.96～1：1.06的均衡流动格局，开立自由贸易账户的各类企业获得了近万亿元的低成本融资，金融机构依托自由贸易账户不仅向区内主体提供了便利化的跨境金融服务，也把服务延伸到了境外企业，打开了服务国际市场的空间。

总结自贸试验区金融改革开放实践，转变风险管理理念、创新风险管理模式毫无疑问是值得重点关注的。虽然还处于试点阶段并还有很大的改进空间，但从整体设计的跨境风险宏观审慎管理政策框架来看，以下几点对全国金融开放后的跨境风险宏观审慎管理政策框架无疑具有借鉴意义：

一是要充分利用好国际公认或推荐的金融风险防控规则。由于上海自贸试验区的定位是全国开放程度最高、对标国际贸易投资规则建设的自由贸易园区，承担着为国家探索新路径、积累新经验的使命，因此"开放是原

则，限制是例外"成为自贸试验区建设中要遵循的一项重要规矩。放在金融领域，"开放是原则"符合金融业作为一个竞争性服务行业的特点，可以为各类经济主体带来更优的服务。"限制是例外"则可以直接通过用好"金融审慎例外"来做好开放环境下的涉外金融安全管理。上海自贸试验区的实践中，跨境金融风险的宏观审慎管理模式已探索了新的路径，也积累了一些可资借鉴的成功经验，但在金融审慎例外方面还有许多方面值得深挖，需要相关部门通力合作来共同设计规划并推动实践。

二是跨境风险宏观审慎管理政策框架要运行顺畅、运转到位，需要我们充分了解并把握各类参与主体的财务运行规律。无论是企业、个人还是金融机构，各类跨境活动的结果都需要最终体现在财务报表上，因此财务运行是贯穿这些经济主体生产或经营活动的全过程的。微观的财务运行具有天然的顺周期性，周期上升时各类财务指标自然好转，周期下降时财务指标难免难看。微观主体的合成就是宏观经济。因此，找到宏观调控节点与微观运行节点的共力点来设置跨境宏观风险审慎管理政策框架的传导点具有事半功倍的效果。上海自贸试验区在外债（境外融资）管理上尝试运用融资与资本间的杠杆比率并在这一比率上加设一个宏观审慎调节参数，毫无疑问可以在自贸试验区整体外债过高时通过调节这一参数来实现对自贸试验区个体对外负债的调控作用，从而实现将整个自贸试验区对外负债水平降低到安全线以内的目标。

三是要放开对实体经济跨境金融服务的限制，就必须要在金融服务层面加设适当的"防火墙"，这一"防火墙"要能够阻断实体经济与金融机构合谋跨境套利的利益链。对于一个"新兴+转轨"的庞大经济体而言，经济主体逐利行为形成的"合成谬误"或"羊群效应"通常会带来巨大的杀伤力，既不利于实体经济的发展，也不利于宏观金融安全。作为金融服务部门主体的金融机构如果在向实体经济提供服务的过程中存在共谋套利，则宏观审慎政策和货币政策的传导就会出现偏差，甚至会形成"一边是央行，一边是实体经济和金融机构"的博弈。因此，在宏观审慎政策框架的设计上，金融服务部门的作用至关重要。其角色应该定义为央行和实体经济部门之间的传导途径，既要服务好实体经济，又要发挥宏观审慎政策和货币政策的传导作用。

在自贸试验区金融改革开放实践中，我们构建了两部门（实体经济部门和金融服务部门）框架，让金融机构承担部分其所服务的实体经济的跨境收支结果（跨境流动性）反向比例对冲责任，从而阻断了金融服务部门与实体经济部门共谋的利益链。如要求金融机构分账核算单元存放在其上级行的人民币清算账户中的日末余额不得超过FTU服务的各类自由贸易账户该日跨境清算收支净收款的10%。这就意味着该日该FTU为其所有自由贸易账户客户账户办理跨境人民币收支轧差后的净收款的90%以上，必须由该FTU负责返还境外市场。也就是说，当日实体经济通过自由贸易账户发生的跨境净流入人民币，需要金融机构的分账核算单元通过批发的方式安排相应的人民币净流出。这一安排制约了金融机构FTU通过拉高自由贸易账户的人民币存款利率来吸引境外人民币存款的动机，避免了高息揽存的存款恶性竞争，同时也保持了境外人民币存量的相对稳定，支持了人民币国际化进程。

四是金融风险防控是个系统工程，需要统筹考虑宏观审慎政策框架的设计。风险通常由于存在缺陷（discrepencies）而被放大。政策设计不可能在初期就考虑得非常周到，顾及方方面面，但一些常识性的直觉要起作用。比如，自由贸易账户的"电子围网"到底要"围"住什么、要如何发挥作用，都需要在设计时有所考虑。前面提到的金融机构层面对实体经济层面跨境收支结果的反向比例对冲设计，其作用除了阻断两部门共谋的利益链，还有一个作用就是即便金融机构还是愿意拉高利率来吸收存款，其资金运用方面也只能在区内和境外，不能渗透到境内区外。与此同时，我们引入了新的外债管理模式，打开了实体经济直接从境外获得融资的空间。在这两个措施的共同作用下，金融机构拉高存款利率吸收来的资金，无法通过同步抬高贷款利率获得收益，自然就不会再出现高息揽存的恶性竞争现象了。

五是不能从政策上使金融机构作为货币政策和宏观审慎政策传导途径而获得优于其服务对象的商业优势地位。在单币种普通账户的跨境金融服务中，金融机构获得了优于其服务对象的商业优势地位。在自由贸易账户支持的跨境金融服务设计上，由于"跨境宏观审慎、二线有限渗透"的管理规则，金融机构在跨境金融服务上没有多少限制。监管部门的要求是做好"展业三原则"（了解客户、了解业务以及展业尽调）和"三反"（反洗钱、反恐怖融资和反逃税）审查。因此，其与服务对象之间更多地属于商业伙伴关系。如果无法做到展业尽调，金融机构自身将要承担风险，就像商业交易中彼此需要了解对方一样。

六是对风险的识别以及设计的预警触发指标一定要具有先导性，不能只是依据已经发生的历史数据。监管设计中，首先要定义好"风险"以及对风险的容忍度，以便确定引发这些"风险"的驱动力和风向标。这需要有很强的经济学直觉和经验。就自贸试验区金融改革开放而言，我们目前界定的风险是宏观层面上的，也就是跨境资金流动以及跨境交易所产生的敞口头寸（包括期限敞口、方向敞口、币种敞口等）足以影响金融市场价格走势或带动趋势更强化的现象。对于单一个体事件不宜作为风险，除非发生大规模类似事件且存在加重趋势的情形。强调先导性指标主要是为风险预判和提前介入干预提供参考，但并非所有先导性指标都合适，是需要逐步寻找的。

附录：自贸试验区跨境金融服务
实体经济案例

案例 1 | 分账核算境外融资为汽车 4S 店平行进口汽车提供
贸易融资

作为首批参与自贸试验区平行进口汽车试点的企业，××公司从海外平行进口整车时面临一定的资金缺口。相较于境内融资成本，该公司希望以境外市场价格融入外币资金。

2015年2月《中国（上海）自由贸易试验区分账核算业务境外融资与跨境资金流动宏观审慎管理实施细则（试行）》发布后，汇丰银行作为第一批入驻自贸试验区的外资银行，第一时间就相关政策与该公司进行沟通交流，并提出了共同携手探索自贸试验区金融创新的意向，随后为该企业集团的区内子公司开通了自由贸易账户，并对该公司在自贸试验区内的美元借款进行详细解析，确定了该笔融资方案。具体流程如图1所示。

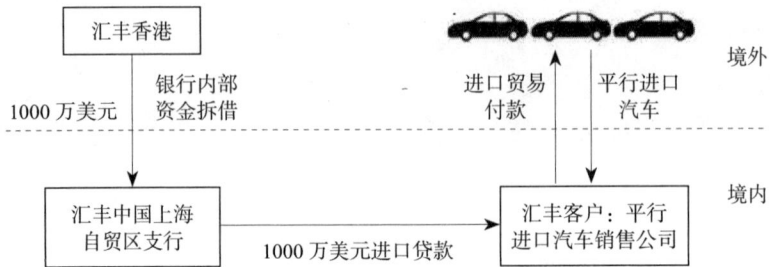

图 1　流程示意

业务类型：自贸试验区外币借款。

借款主体：某大型汽车销售集团下属中高端汽车4S店。

贷款主体：汇丰银行上海自贸试验区支行。

借款情况：

　　借款额度：1000万美元的贸易融资；

　　借款期限：1年；

　　借款目的：支持集团内企业平行进口汽车货款需求；

　　涉及担保：该汽车销售公司的集团母公司（上市公司）担保。

具体操作模式概括如下：首先，汇丰银行上海自贸试验区支行为该公司开立自贸试验区自由贸易账户用于接受该笔借款，并开展相关授信工作，取得该公司的香港母公司做公司担保。其次，利用汇丰国际化的银行网络和强有力的海外支持，汇丰（中国）以较优惠的贷款利率从汇丰（香港）拆借境外资金。最后，该公司从汇丰（中国）参考境外融资成本进行借款，借款资金用于从海外供应商处直接购买平行进口汽车，并运回国内，在上海自贸试验区销售，以实现自身销售额增长，推进自贸试验区平行进口车试点业务发展。

该笔业务中，汇丰银行的专业团队根据该客户业务需要为其设定了以境外融资成本借入外币借款的方案，为该客户量身打造了高效落地该笔业务的具体操作流程。汇丰银行依靠海内外网络联动的优势，依照相关法律法规，在自贸试验区管委会、人民银行上海总部、外汇管理局上海市分局等监管部门的指导下，最终完成了该项融资服务。

该公司通过境外美元价格融资，显著降低了融资成本，有力地支持了其业务发展。该公司CEO对汇丰此次助力企业获得境外低成本融资表示了支持和肯定，认为汇丰此次分账核算境外融资业务的推出，为其公司平行进口汽车业务的成功启航起到了资金支持作用。

其一，该笔业务是自贸试验区金融机构通过分账核算境外融资新政支持上海自贸试验区平行进口汽车进口试点的首单融资业务。该案例中的客户是首批参与自贸试验区平行进口汽车试点业务的企业之一。该笔分账核算境外融资下的借款，推动了平行进口汽车厂商的业务发展，积极响应了上海自贸试验区建设的号召，有利于丰富我国进口汽车渠道，促进进口汽车市场的发展，给消费者多样化的购车选择。

其二，作为首批开展自由贸易账户业务的外资银行，汇丰银行借助海外融资平台，落地了外资银行首笔自贸试验区分账核算境外借款业务。此次汽车4S店外币借款，充分利用了自贸试验区内的政策，打通了境外融资渠道，有效地利用境外市场资金服务了国内实体经济，巩固了该企业集团在汽车销售行业中的地位。

其三，该汽车销售公司的案例，也为更多企业带来融资启示，其产生了积极影响并可通过供应链，扩散到社会的方方面面，为广大消费者、上下游和其他行业都带来益处，让自贸试验区改革的福利为更多人所分享。

案例 2 | 全功能型跨境双向资金池为企业集团管理全球人民币流动性

　　DRF商业集团在中国境内经营零售业务，境内分支机构达300多家，销售业绩逐年攀升，随着境内经营规模的不断扩张，对流动性支持的需要日益增长，而企业境外母公司闲余资金充足，缺乏投资渠道。企业往常采用由境内各分支机构自行向境外母公司举借外债的方式实现集团内部资金的均衡调配，但该方式手续不甚便利，时效性差，且资金运作效率低。为便于企业更加灵活高效地管理集团内资金，实现本外币资金的在岸集约化管理，工商银行在《中国人民银行上海总部关于进一步拓展自贸试验区跨境金融服务功能支持科技创新和实体经济的通知》（银总部发〔2016〕122号）的政策支持下，依托自贸试验区分账核算单元优势，为其搭建了全功能型跨境双向人民币资金池，有效满足了企业跨境资金融通需求。

　　该资金池的主办企业KC投资（中国）有限公司是DRF集团在中国境内的投资主体和集团总部，负责DRF门店的统一采购销售、门店的资金管理以及FN网线上平台等。因该公司为"上海科技创新职业清单"内企业，可直接开立FTE账户并接受相关金融服务；入池的境内成员公司为DRF集团在中国境内的126家分支机构，全部采用在工商银行开立的人民币一般账户与主办企业FTE账户直接挂接；入池的境外成员公司为DRF集团境外母公司，采用在工商银行开立的FTN账户与主办企业FTE账户直接挂接。

　　借助自由贸易账户的多币种功能，DRF商业集团通过全功能型资金池将境外的本外币资金归集至主办企业FTE账户后，人民币直接"跨线"调拨至境内成员公司账户，外币则在FTE账户结汇后"跨线"调拨至境内成员公司账户。

实际操作中，银行按全功能型跨境资金池二线人民币有限渗透管理模式（不超过池内企业应计所有者权益×宏观审慎调节参数，参数为1）对资金池内人民币资金"二线"归集进行管理，通过系统设置自动控制资金池境内二线净流入/净流出规模，确保池内资金任意时点都在规模之内。该规模还可根据企业经营状况、财务指标的变化，以及企业的合理需求进行动态调整。该池建成后，DRF集团已通过上述模式从境外归集了一定规模的本外币资金并下拨给境内各门店用于日常经营周转。企业反馈全功能型跨境资金池使其集团内部资金使用效率得到了大幅提升，较之前单户单笔举借外债的方式更加灵活便捷。

此外，DRF全功能型跨境双向人民币资金池还配备了日间透支、隔夜透支等功能，同时还可享受协定存款、理财等保值增值服务，加之资金一线归集不受限制这一政策优势，企业可充分实现本外币资金的在岸集约化管理。

综合而言，全功能型跨境双向人民币资金池目前已经显现的应用价值如下：一是帮助跨国企业集团实现本外币资金的在岸集约化管理，在规避汇率风险、降低汇兑成本的同时，拓展资金跨境融通渠道并提高资金使用效率；二是将更多的金融资源分配到科技创新和实体经济，激发微观主体活力，有利于上海国际金融中心和科技创新中心建设；三是有利于促进跨境资金双向均衡流动，为人民币国际化战略装备新的武器，助推人民币国际化进程。

案例3 | 人民币跨境双向资金池改善跨国公司营商环境

L集团很早就在欧洲设立内部银行，以对其全球资金进行统一管理，包括全球的流动性管理和全球轧差结算管理。截至2013年5月，该企业集团在全球范围内已有175家成员企业参与到全球轧差结算管理的安排中。2011年起，该企业看到了人民币国际化的契机，并相信人民币将在今后的国际结算中发挥越来越重要的作用。在此判断之下，该企业果断决定将其中国企业的跨境交易结算币种由美元转变为人民币，并在花旗香港开立人民币离岸账户，开始进行跨境人民币结算交易。经过努力，目前该企业集团内和中国往来的各项跨境交易都已经使用人民币进行结算，这不仅包括经常项目下的货物、服务和其他项目结算，也包括资本项目下的一些交易。

在进行人民币国际结算的同时，该企业逐渐产生了一些迫切的资金安排需求，如由于相关法规的限制，在2014年之前，该企业中国区无法加入集团全球的资金池安排，也无法将中国区的企业加入到全球的轧差结算安排中去，这在某种程度上影响到了该企业中国区的资金使用效率。正是由于这种管理人民币资金的迫切需求，L集团十分关注中国的各项改革进程。2013年底至2014年初，正值上海自贸试验区的成立以及人民银行各项支持实体经济发展的政策落地之际，该集团企业与人民银行进行沟通，成为首批使用自贸试验区各项人民币跨境金融服务的企业之一。

花旗中国通过与该企业的长期合作以及对该集团业务的深入了解，为其量身定制了一套符合其发展要求的一揽子解决方案，其中包括人民币全自动跨境双向资金池和人民币经常项目集中收付业务。2014年2月，花旗银行为L中国在上海自由贸易试验区建立全自动人民币跨境双向资金池。这是中国人民银行发布《关于金融支持中国（上海）自由贸易试验区建设的意见》后上海自贸试验区内金融改革项目中率先启动的交易。之后，花旗中国通过L中国在自贸试验区内的企业，为其实施经常项下人民币跨境集中收付和轧差净额结算。作为区内首单该类业务，此举标志着上海自贸试验区内人民币跨境金融服务的一个重大突破。

在上文提及的人民币全自动跨境双向资金池和人民币经常项目集中收付一揽子解决方案中，花旗银行根据相关法规要求，为L集团开立了两个专户，一个是人民币跨境双向资金池专户，另一个是人民币集中收付专户，分别专门用于对应的业务，并明确了各个专户的资金性质、使用和来源。

该企业在跨境双向资金池架构下，将其境内资金零余额归集至集团总部，由总部统一管理、集中使用；而在集中收付业务项下，则是将中国区加入全球的轧差净额结算系统，加入之后，中国区的结算实现了与全球轧差净额结算周期同步。在每月月末的净额结算日，该集团中国区主办企业集中中国区成员企业的应付款和应收款，与海外的净额结算中心进行结算，该款项由成员企业通过花旗银行的全球支付平台划转至主办企业的人民币集中收付专户，通过人民币集中收付专户仅用一笔跨境支付即可划转至境外净额结算中心，到日末再通过花旗银行的全球资金池系统补足境内资金不足，从而实现企业资金的最有效运用。花旗银行为L集团搭建的全自动人民币跨境扫款架构，在人民币双向资金池的基础上，充分利用花旗银行的全球电子平台，使客户可以跨境自由扫款，无须提交支持文档或逐笔批复。人民币跨境集中收付和轧差净额结算则通过花旗银行全球统一的电子收付平台，将该企业集团内各成员企业人民币经常项下的跨境结算集中起来，通过集中收付和轧差的方式，与其境外的财资中心或净额结算中心直接结算。

人民币跨境双向资金池加上人民币集中收付这种一揽子解决方案的安排，可以为企业带来一系列资金使用上的便利，包括但不限于大大提高集团全球资金使用的效率，减少闲置资金，全球集团可以使用中国的冗余资金。由于集团内可以有效地调拨境内外的资金，从而大大降低了集团外的融资需求和相应的融资成本。为集团企业提供便捷有效的跨境收付渠道，将跨境收付由多笔变为一笔，不仅降低了跨境收付成本，而且提高了跨境收付效率。所有的外汇兑换将集中在总部进行，节约了集团内汇兑成本。加入集团的集中收付周期，该集团内部的结算更加有规律。跨境资金池与经常项目集中收付联动运作，从而提高了全球资金使用效率。

开展全自动人民币跨境双向资金池、集中收付结算业务是实现集团客户人民币全球资金管理的重大突破，花旗中国率先为区内企业提供一揽子的人民币跨境结算创新解决方案，全面提升和优化了企业财资管理，从而更为有效地支持试验区建设以及促进实体经济的发展。

案例4 | 内外联动助推人民币跨境服务"一带一路"企业

2016年1月初，中国银行上海市分行FTU（自贸试验区分账核算单元）通过"外保自贸贷"的创新模式，实现了与俄罗斯子行的海内外联动，成功参与了世界镍业巨头——俄罗斯诺里尔斯克镍业集团（Norilsk Nickel，以下简称俄镍集团）5年期备用银团贷款项目。本次银团贷款总金额为48亿元人民币。

该银团由工商银行俄罗斯分行担任牵头行和银团代理行，中国银行上海市分行和建设银行北京市分行作为参贷行，分别承贷20亿元、20亿元和8亿元人民币。2016年9月初，俄镍集团通过银团首次提款10亿元人民币，其中中国银行是唯一一家通过上海市分行签署贷款合同，并通过自贸分账核算单元直接投放贷款的金融机构，投放金额4.16亿元人民币。本次银团的顺利提款，标志着中国银行通过上海自贸试验区支持"一带一路"建设的又一金融创新，同时为中国银行上海市分行推进人民币国际化增添了浓墨重彩的一笔。

俄镍集团位于俄罗斯最大的矿业城市诺里尔斯克，是全球最大的镍生产商之一，也是世界领先的铂和铜生产商。近年来，中国银行上海市分行密切关注人民币国际化的趋势，与海外行保持着良好的业务沟通，充分寻找业务机会。在与俄罗斯子行的业务沟通中发现，俄镍集团的贸易链下游存在着大量中国买方。虽然计价和结算货币主要为美元，但在融资货币上还有相当大的选择灵活性。由于俄镍集团的生产经营需要大量融资，为了开辟一条美元和欧元传统货币之外的融资途径，规避俄罗斯特殊经济环境可能对贸易产生的影响，俄镍集团决定向当地的中资银行筹借人民币备用银团贷款。

然而，地处境外的中国银行俄罗斯子行面对如此巨大的人民币资金需求，感觉到了规模紧张的压力。那么，如何能帮助俄镍集团解决潜在的人民币融资需求，同时又能协助俄罗斯子行维护与俄镍集团的银企关系？上海市分行和俄罗斯子行多次召开电话会议，共同探讨解决方案。在一次讨论中他们发现，总行在风险批复中要求："俄罗斯子行在承担授信项下信用风险条件下，可委托集团内联行代为签署合同和放款"。上海市分行根据《中国人民银行上海总部关于印发〈中国（上海）自由贸易试验区分账核算业务实施细则（试行）〉和〈中国（上海）自由贸易试验区分账核算业务风险审慎管理细则（试行）〉的通知》（银总部发〔2014〕46号）中提到的"试验区分账核算业务是指上海市金融机构依据《意见》设立分账核算单元……按准入前国民待遇原则为境外机构提供的相关金融服务"，在满足有关跨境担保政策以及中资银行境外贷款有关管理规定的情况下，提出由俄罗斯子行承担授信风险，由上海市分行承担操作风险，对境外融资主体进行放款。这种"外保自贸贷"的模式，可以解决境外短缺人民币资金的困难。同时，通过上海自贸试验区分账核算单元为境外融资主体放款，还可以充分展示自贸试验区的人民币资金价格优势，进一步降低客户的融资成本。俄罗斯子行对这一建议表示充分理解和接受。

在接下来的授信业务准备期间，上海市分行多次与俄罗斯子行探讨授信发放方案，并对内部合作文本进行相应调整及完善。同时，上海市分行和其他银团成员一起，与银团聘请的外部律师事务所对国际银团合同文本进行多次讨论与修改。通过银团各成员单位的不懈努力，最终于2016年1月12日顺利完成了该笔银团贷款合同的签署工作，并且在同年9月5日完成第一笔放款。

在本笔银团的落地过程中，中国银行上海市分行是唯一一家通过上海市分行签署贷款合同，并通过自贸分账核算单元直接投放人民币贷款的金融机构。上海市分行此次成功参与俄罗斯镍业贷款项目，充分体现了中国银行海内外分支机构跨境联动的互补优势，这种优势不仅支持了中国企业"走出去"，还能够为中国企业的境外合作伙伴提供全方位支持。

俄镍集团"外保自贸贷"项目的成功叙做，不仅是中国银行在上海自贸试验区金融服务上的合理创新，更加凸显了上海自贸试验区助力人民币"走出去"、加快实现人民币国际化的优势，彰显出人民币在国际市场，尤其是

"一带一路"区域的影响力。我们坚信，人民币国际化时代已经到来。人民币伴随着国家战略，已经积极参与到中国经济体在全球的活动中，并逐渐被越来越多的国家和地区所接受。随着时间的推移和中国经济的进一步稳定扩张，人民币终将实现在全世界各个领域的流通。

案例5 ｜ 自由贸易账户精准服务科创企业跨境可转债融资

一、企业需求

上海股权托管交易中心（以下简称上海股交中心）是上海国际金融中心建设的重要组成部分，也是中国多层次资本市场体系建设的重要环节。上海股交中心致力于与中国证监会监管的证券市场实现对接。除为挂牌公司提供定向增资、重组购并、股份转让、价值挖掘、营销宣传等服务外，还对挂牌公司规范运作、信息披露等市场行为予以监管，努力为挂牌公司实现转主板、中小板、创业板上市发挥培育、辅导和促进作用。

上海TL航空用品股份有限公司（以下简称TL公司）是上海股交中心科技创新版E版的首批挂牌企业，注册在张江高科技园区，主要经营航空客舱用品的研发、设计和制造，主要产品包括客舱厕卫清洁用品、包餐与垃圾处理收储箱、客舱食品物品进出舱可追踪解决方案等。

TL公司大力发展新型环保产品，运用竹纤维、竹木、玉米浆料等材料，提供符合国际航空运输标准的整体解决方案。在解决航空公司控制机载物品重量问题的同时，新产品的废弃物还可降解以减少环境污染，使旅客的消费体验大自然化，提升客舱服务形象和服务满意度。企业以其前瞻性的设计及研发理念受到国际行业专刊的推广，合作客户包括新加坡航空、印度航空、埃及航空、卡塔尔航空、美联航等国外知名航空公司。

为进一步提高设计工艺和产品质量，TL公司计划优化国内的生产流水线，提高产品配套集成化、包装物流自动化和产品数据化，需要进一步补充营运资金。因为TL公司主要服务于国外知名航空公司，在国际航空用品的细分市场领域具有一定知名度，境外投资者看好公司未来的发展，希望进行战略投资。

由于境外投资者以外商直接投资形式增资企业，需要双方共同商定投资条款、业绩增长目标、股权转让比例等细节，中外双方需要多次谈判后才能达成共同接受的投资方案，耗时较长，不能满足TL公司短期内扩大生产经营需要资金的时效性要求。同时，境外投资者也希望能够尽快向TL公司提供资金支持，以掌握后期外商直接投资的优先权利。

二、服务对接

了解需求后，浦发银行与上海股交中心第一时间形成联动，根据上海自贸试验区自由贸易账户相关政策，为TL公司的跨境业务提供专业指导并设计了依托自由贸易账户的跨境可转债业务方案。

首先，通过全口径跨境融资引入境外战略投资者的资金，第一时间实现境外资金到位。其次，通过TL公司的FTE账户兑换成所需要的货币，用于TL公司境内和境外的日常经营支付需求，满足企业扩大生产经营规模的需求。最后，境外投资者可通过债转股选择权的行权，结合外商投资负面清单的备案管理，高效地完成对TL公司的股权投资。

依托自由贸易账户的跨境可转债通过将全口径跨境融资政策与自由贸易账户的本外币可兑换优势有机结合，为境内企业吸引外资提供了全新的思路。

2016年末，《中国人民银行上海总部关于进一步拓展自贸试验区跨境金融服务功能支持科技创新和实体经济的通知》（银总部发〔2016〕122号）发布，为自贸试验区建设与科创中心建设的联动推进提供了有力的政策框架支持。金融机构可以按科技创新生命周期规律，提供全过程、全方位的跨境服务，满足科技创新全生命周期内的各个阶段的全部跨境金融服务需求。

三、实践效益

通过依托自由贸易账户的跨境可转债业务，境内企业在吸引外资的过程中可尽早运用外方资金，有利于企业经营发展。融入资金可以自由汇兑，用于境内外的日常经营支付，进一步降低资金管理成本。境外投资者可根据境内企业经营情况作出投资或债权的选择，降低投资风险。

上海自贸试验区依托自由贸易账户的金融政策框架为上海科技创新搭建了当前全国最优的跨境金融服务环境，可以有效地动员境内外两个市场、两种资源参与上海科创中心的建设。浦发银行将与上海股交中心对接基于自由贸易账户体系的全面合作，探索形成可复制、可推广的金融创新服务模式，吸引境外资金通过自由贸易账户对接上海股交中心挂牌企业，精准服务科技型、创新型中小企业的客群，吸引更多境内外资金投资科技创新，探索为注册在上海自贸试验区的科技型挂牌企业提供便捷的跨境投融资服务。

案例6 │ 自由贸易账户支持区内要素市场对外开放

上海黄金交易所（以下简称金交所）通过依托自由贸易账户体系，按照"交易双向放开，资金封闭运行，实物分区交割"的原则推进国际板建设，在增强国际投资者参与交易便利性的同时，防范国际市场对国内市场的冲击，有效隔离市场风险。

一、会员管理

在会员管理上，国际板在现有会员基础之上，增加国际会员开展自营或代理国际投资者参与金交所的交易，实行会员分类管理制度。按照严格审慎的市场准入制度，有条件、有计划地引进国际会员，通过国际会员逐步引入合格的国际投资者参与交易。

二、合约与交易

在产品结构上，逐步丰富市场交易品种，完善市场服务功能。国际板产品以人民币计价、结算，金交所会员（包括主板会员、国际会员）均可参与国际板的交易。国际板现货实盘合约主要为iAu99.99、iAu99.5和iAu100g，逐步推出国际板代理业务、询价交易以及一系列创新业务。

三、资金与清算

在清算体系上，实行"净额、封闭、分级"的资金清算原则。国际板基于自由贸易账户体系，设立资金清算账户，对国际客户资金实行封闭运行管理。国际会员就其在金交所买卖的成交差额与国际中心进行净额清算；国际客户与国际会员的资金分账户设立和存管，国际客户资金全部存管在国际中心专用结算账户，全封闭运行；国际中心负责对国际参与者实行清算，清算原则与主板产品一致。

四、实物与交割

在实物交割上，建立自贸试验区交割仓库，开展实物黄金仓储服务。利用自贸试验区海关监管政策，在现行黄金进口管理的制度框架下，在自贸试验区内建立交割仓库，为国际投资机构提供标准实物黄金的入库、出库和账户划转服务，为国内黄金进口银行办理实物登记、存放和转运服务。按照分区交割原则制定相关制度，限制黄金境内境外交叉出入库，防范利用黄金交易进行资金转移的行为。

五、风险防范

在风险防范上，实行全流程的风险管控。国际板按照"风险可控、分步推进、逐步完善"的原则要求，有序、稳妥地向国际投资者开放市场，防止市场开放可能对国内市场带来的冲击。一是在业务规则设计上，严格限定国际投资者的资金和实物提取路径，防止利用贵金属交易进行跨境资金和跨境实物非法转移；二是在市场准入上，建立国际会员和国际客户适当性制度，设置资质门槛，按照"展业三原则"，严格履行"三反"的责任和义务，对国际会员和国际客户开展尽职调查；三是在跨境资金管理上，设立自由贸易账户资金清算账户，实行交易资金封闭运行；四是在风控制度方面，严格执行限仓制度、大户报告制度、强行平仓制度等风险控制措施，限定国际投资者交易规模，加强对国际投资者异常交易行为的监控，防范各种违法、违规、违约风险；五是加强对国际投资者异常交易行为的监控。

国际板通过自贸试验区自由贸易账户体系，引入国际投资者参与以人民币计价的黄金交易，交易的资金及其盈利在离开国际板后即可随时以投资者自由选择的货币跨境汇划。在确保跨境资金流动风险可测、可控的前提下，率先实现了我国黄金市场可兑换环境下的对外开放。

一是通过自由贸易账户体系，真正实现黄金市场可兑换环境下的对外开放。金交所的国际会员能够通过开立自由贸易账户，参与金交所国际板和主板市场，从而真正实现了我国黄金市场的对外开放，作为我国不可分割的金融要素市场对外开放的有益尝试，为国内其他金融要素市场开放探索了新路径，积累了新经验。

二是通过自由贸易账户体系，上海作为黄金定价中心的影响从自贸试验区辐射全球。国际板启动后，越来越多的国际投资者通过自由贸易账户参与我国黄金市场交易，增强了境外机构与境内机构、境外人民币与境内人民币的融合。随着国际板交易价格从区域性逐步向国际性发展，并将我国黄金市场的供求关系通过国际板传递到国际市场，我国黄金市场的全球价格发现功能不断增强。

三是通过自由贸易账户体系，有力促进了国际板业务的发展。国际板交易基于自由贸易账户体系，实行资金"从哪里来，回哪里去"的封闭运行模式，资金划转可测、可控，有效地防范交易资金以黄金市场为渠道向境内区外的大规模渗透。在资金封闭运行的模式下，通过自由贸易账户体系，国际板整体业务风险可控，黄金投资自由贸易账户资金规模不受限制，为做大做强国际板业务创造了有利条件，为国际板业务拓展和金交所国际化进程的推进提供了制度保障。

案例7 ｜ 自贸市政债同步面向境内外发行

2016年12月8日，上海市政府在上海自贸试验区成功发行了30亿元人民币地方政府债券，标志着银行间债券市场自贸试验区国际金融资产交易平台上的自贸债发行首单落地。

这笔3年期地方债主要面向上海自贸试验区内已开立自由贸易账户等的区内及境外机构投资者，是2016年9月此类债券业务指引发布以来的首单。参与招标的机构交易员称，债券获得了83.3亿元投标，最终发行利率落在2.85%。债券将在银行间债券市场的自贸试验区国际金融资产交易平台内交易流通。

这笔自贸市政债具有以下特点：一是新层次上的开放。首只自贸市政债的成功发行体现了我国金融服务领域进一步开放的决心和方向。从承销团的构成来看，这是首只由包括三家境内外资法人银行在内的承销团共同承销的境内债券。美韩自贸协定的内容显示，即便是美国在政府债券发行环节金融服务的开放也是讲究"对等开放"的。我国金融服务业对外资的开放也都一直秉持"对等开放"的观念。这一次在自贸试验区债券发行环节金融服务上的"主动开放"可谓一个积极的姿态，也符合自贸试验区先行先试，为国家积累新经验、探索新路径的建设宗旨。从开放环节来看，这只自贸市政债发行环节即实现了同步向境内外投资者开放。一直以来，我国债券市场对外开放都是二级交易市场的对外开放，境外投资者都是以QFII或RQFII的方式参与二级市场买卖，或者只能在境外离岸市场上参与一级市场的发行。这一次上海市政债在自贸试验区的发行则是在发行和交易环节的同步开放，且同时向境内和境外投资者开放，体现了"公平竞争、准入前国民待遇"等一系列自贸试验区对标国际规则开放建设的理念，为上海国际金融中心依托自贸试验区环境走向国际打开了新思路。二是充分发挥了在岸市场的人民币主场优势。这只自贸市政债的中标利率与同时在离岸市场发行的同期国债利率相比，呈现了"大幅低于同期限离岸国债"的特点。地方政府发行的市政债中标利率一般都会高于中央政府的"金边"国债。对这次同时发行的同期限市政债和国债的中标利率的倒挂现象，可以从以下方面进行解释：这一次自贸市政债的发行是依托自由贸易账户同步向区内和境外开放的，因此资金不仅来自境外，也来自区内。境外投资者的认购带来的是境外人民币，区内投资者的认购则动用的是自由贸易账户内的人民币。就如黄金交易国际板，境内外投资者同台认购、同台投资。自贸试验区作为人民币发行国的主场市场，发行者的募资对象打开了，资金来源渠道打开了，但区内与境外投资者同台认购，使这一次发行享有人民币的主场优势。

案例 8 │ 自由贸易账户助力民族品牌海外产业链建设

××电子公司是上海本地一家老牌知名电子公司，而跨境收购的标的也是位于印度的百年制造企业两家下辖子公司。本项并购案交易总价高达1.49亿欧元，主要由收购方注册于上海自贸试验区的全资子公司发起。此次收购完成后，将进一步整合收购方集团的下游供应链，提升集团整体产能，并降低运营成本。

针对收购标的A公司80%股权部分，××电子公司通过其全资子公司在境外下设SPV完成本次并购，详见图1。

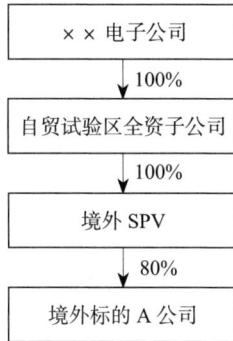

图 1　标的 A 公司并购交易结构

针对收购标的B公司80%股权部分，××电子公司通过其全资子公司直接收购B公司股权，详见图2。

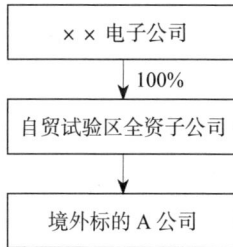

图 2　标的 B 公司并购交易结构

本次收购案中，客户主要具有有效降低融资成本、提升资金使用便捷度的基本需求，但由于并购标的较大，收购方要求的并购贷款期限长达7年，面临较大的利率和汇率管控风险；且由于在境外谈判过程中，并购标的下辖两家了公司的要求不同，需要采用境内和境外不同的主体进行收购，整体项目设计难度高，需要银行提供包括并购贷款、结算运营、汇率风险管理、法律税务在内的一揽子综合解决方案。

在经过反复磋商和讨论后，工商银行设计了由其向自贸试验区全资子公司和境外SPV子公司同时提供并购贷款、实施并购的主体方案，上述贷款均由其上海母公司提供连带责任保证担保，形成了一体化的并购解决方案。

在并购贷款的期限、利率和汇率风险控制上，工商银行以"前松后紧"、一年还款两次的还款方式达到客户贷款期限长达7年的要求。多年来，该企业与工商银行有着良好的合作关系，因此能获得优惠的利率，利率按3月期 LIBOR+200个基点执行，并提供一年内的远期购汇方案来防范汇率风险，最终为客户提供了妥善、安全的解决方案。同时，协助客户克服了并购方在法律法规、会计税收制度、商业惯例、经营理念、企业文化等经营管理环境方面存在的差异，最终于2016年1月完成此项并购案，并向境内自贸试验区和境外两家子公司发放了共计8940万欧元的并购贷款。

案例9 | 自由贸易账户一揽子金融服务助力自贸试验区中小企业发展

降低融资成本和拓宽融资渠道一直是中小企业首要的金融需求之一。同时，降低汇兑成本和汇兑风险对以进出口为主营业务的贸易型中小企业来说也非常重要。花旗银行（中国）客户中有很大一部分是中小企业客户，其中有很多客户涉及进出口业务，有大量的汇兑业务需求。此外，这些中小企业客户存在各种融资需求，例如更低的融资成本、更多的融资渠道、更灵活的融资方案。

很多自贸试验区企业日常需要处理多币种的资金结算和管理。由于传统账户是单币种账户，为了业务需要，企业往往需要开立多个账户处理不同币种资金的日常管理，不仅影响账户管理效率和结算，账户维护和管理成本也较高。创新高效的账户解决方案对规模小、人员少、重成本控制的中小企业来说意义重大。

自由贸易账户具有多币种多功能，可参考海外市场的汇率和利率开展相关业务，可办理直接跨境借款，同时具有基于自由贸易账户提供境内授信等多种优势。工商银行针对中小企业的特殊需求为客户提供了基于自由贸易账户优势的金融方案，支持自贸试验区中小企业发展。

一是基于账户多币种多功能的新型功能，仅为客户开立一个自由贸易账户，办理所有金融业务，帮助客户提高账户管理效率、降低账户维护成本。

二是参照人民币离岸市场利率基准，在分账核算单元下发放贷款，为企业提供较低成本的融资资金，一定程度上解决中小企业融资贵的问题。

三是借助自由贸易账户优势，提供自由贸易账户外保内贷等结构性融资服务，相比传统的外保内贷业务风险更低，中间环节更少，总体融资成本更低。

四是通过自由贸易账户，提供宏观审慎模式下的跨境直接融资服务，为企业提供海外直接融资渠道，解决中小企业融资渠道单一的问题。

五是通过自由贸易账户，开展出口托收等贸易结算业务，为进出口贸易型企业提供便利的贸易结算和融资类服务。

六是通过分账核算单元，参照离岸市场价格提供汇兑服务，自贸试验区中小企业客户可节省汇兑成本。

通过为中小企业客户开立居民自由贸易账户和非居民自由贸易账户，帮助中小企业降低运营成本和融资成本，提高资金结算效率和防范汇兑风险管理的能力，节约账户管理成本，使中小企业获得了实实在在的好处，支持了自贸试验区中小企业发展。

案例 10 | 做大金融服务出口，支持"一带一路"重大项目建设

一、项目基本情况

HY集团（B国）PMB石油化工项目（以下简称HY项目）是HY集团有限公司和B国财政部全资设立的主权基金（SDC）合资建设的千万吨炼油化工一体化项目，项目于2017年开工，计划2019年建成，项目总投资约40亿美元。

该项目是B国首批列入"一带一路"的重点建设项目，也是B国近年来最大的单一外商投资项目。

二、项目对金融服务的需求

项目总投资约40亿美元，建设资金主要来源于自有资金和银行融资。其中，近40亿元人民币自有资金由HY集团有限公司下属上市公司以定向增发方式募集。项目的资金结算、划付、境外融资等财务安排，均由HY集团在B国当地注册成立的HY实业（B国）有限公司负责。

项目建设过程中，在银行服务方面遇到的困难主要有：一是项目的上游、下游合作方均为中资企业，但B国当地无中资银行提供服务，因语言、文化、服务习惯等原因，HY公司希望获得中资银行的服务。二是项目主要财务管理权限集中在集团总部，核心财务人员主要在境内办公，在B国当地仅仅派驻基础财务人员。三是根据交易所对上市公司募集资金的使用要求，上市公司应与商业银行、保荐机构三方签署账户监管协议，按照上市公司公告对外支付和使用。但是，因该项目主要资金营运主体HY实业（B国）有限公司是

一家境外公司，现有境内银行无法提供"定增资金境外使用监管服务"，这成为制约该项目建设进展的重大难题。四是B国当地金融资源较为匮乏，不能为该项目提供全方位的金融服务。"一带一路"项目资金沉淀多、建设周期长、利率/汇率风险高、银行融资需求大，需要合作银行提供账户、结算、存款、交易、保值、理财、融资等一系列金融服务，但是B国当地银行金融服务能力有限，产品类别和服务深度难以满足客户需求。

三、上海自贸试验区自由贸易账户跨境金融服务"一带一路"项目方案

（一）上市公司定向增发资金FTN账户监管服务

根据上市公司定向增发募集资金监管制度和FTN账户功能，中国银行上海自贸区分行创新服务模式，与HY实业（B国）有限公司、保荐机构共同签署基于FTN账户的三方监管协议，完成上市公司定向增发募集资金的境外监管，解决了企业重大难题。

（二）项目建设过程中的资金保值增值服务

HY项目定向增发募集资金约40亿元人民币，但项目资金结算根据建设进度安排。因此，企业对沉淀资金具有保值增值需求，中国银行上海自贸区分行结合监管政策和企业资金结算周期，为企业提供了FTN通知存款、协定存款、表内理财等一揽子产品，有效满足了企业需求。

（三）项目的资金交易、汇率保值服务

项目定向增发资金为人民币，通过跨境人民币结算划入HY实业（B国）有限公司，但项目建设的部分承包商及供货商为B国当地企业，需要以当地货币或可自由使用货币结算。因此，中国银行上海自贸区分行为企业提供基于FTN账户的汇兑服务，并根据项目建设面临的利率、汇率风险，为企业提供基于FTN账户的远期、掉期、IRS、CCS等一揽子利率、汇率保值方案。

（四）项目的国际银团融资服务

接下来，中国银行将谋求发挥集团海内外联动优势，为该项目筹组国际银团，境内部分省分行、中银香港及上海自贸区分行将积极参与银团融资服务。

综上所述，上海自贸试验区的自由贸易账户可以全方位、全过程地服务"一带一路"建设中企业的投后管理以及金融机构的贷后管理，并利用境内外两个市场、两种资源来更好地开展项目建设及后期运营，降低企业经营和财务成本，降低投资风险和银行贷款管理中的风险。

参考文献

[1] 中国人民银行上海总部跨境人民币业务部课题组. 开放环境下跨境资金流动宏观审慎管理政策框架研究——基于上海自贸试验区的实践思考[J]. 上海金融, 2016(6).

[2] 李继伟. 我国资本项目开放中的风险预警研究[D]. 广州: 暨南大学, 2010.

[3] 王园园. 我国银行业系统性风险预警指标体系构建研究[D]. 太原: 山西财经大学, 2015.

[4] 亚洲开发银行. 金融危机早期预警系统及其在东亚地区的运用[M]. 北京: 中国金融出版社, 2006.

[5] 施琍娅等. 中国（上海）自由贸易试验区境外融资宏观审慎管理政策研究[R]. 2015.

[6] 许轩, 王雪. 分步推进外汇账户管理体系改革路径思考[J]. 国际金融, 2016（3）。

[7] 司斌涛. 可兑换条件下的外汇账户改革路径研究[J]. 中国外汇, 2016（3）.

[8] 人民银行石家庄中心支行经常项目课题组, 穆建敏, 牛珊珊. 跨境资金本外币一体化监管问题研究[J]. 河北金融, 2017（4）.

[9] 张鲁. 我国外汇账户管理体系的完善与发展研究[D]. 济南: 山东大学, 2010.

[10] 汪静漪. 基层央行监管实务视角下银行账户管理模式研究[D]. 合肥: 安徽大学, 2017.

后 记

  上海自贸试验区建设是一项国家战略。上海自贸试验区在上海市委、市政府的大力支持和中国人民银行的精心指导下，从金融服务实体经济以及涉外金融运行、风险监管双维角度开展了对标国际高阶贸易投资规则的金融改革开放创新，并成功实践了自由贸易账户体系下外债和跨境资金流动宏观审慎管理新模式，取得了较好的成效，实现了党中央、国务院关于上海自贸试验区"为全面深化改革和扩大开放探索新路径、积累新经验"的目标，尤其是在金融改革开放创新领域探索建立了适应金融全面开放环境的金融开放创新监管新机制和风险管理新模式。

  本书由中国人民银行上海总部参与自贸试验区金融改革开放团队的一线业务骨干参与撰写，书中观点仅代表作者在参与这项工作中的一些理性思考。其中，前言和第一章由张新撰写，第二章由童士清撰写，第三章由施玥娅撰写，第四章由许非撰写，第五章由施建东撰写，第六章由张敬之撰写，第七章由田海山、左娜撰写，第八章由马琪、林薇撰写，第九章由王长元撰写，第十章由陆简撰写，附录以吴鸣为主编写。全书由张新、施玥娅组织协调并统稿。

  在本书的写作过程中，上海财经大学李晓洁同学参与协助了案例选编。浦发银行上海分行、花旗银行（中国）有限公司、汇丰银行（中国）有限公司、中国工商银行上海市分行、中国银行上海市分行及自贸区分行、上海清算所、上海黄金交易所等提供了案例。中国人民银行上海总部的秦鹏、王映乔、高志明对部分章节的写作提供了帮助。中国人民银行上海总部跨境人民币业务部团队提供了实践支持和帮助。上海领军人才培养计划给予了部分支持，在此一并表示感谢。